〈第二版〉
# 専門士課程 建築施工

福田健策＋渡邊亮一［著］

学芸出版社

## はじめに～「建築施工」を学ぶ人たちへ

　建築学科の基本教科として，建築計画，建築施工，建築法規，建築構造と建築製図の5教科に大別される．これらの基本教科について，はじめて建築を学ぶ人のために適した教科書が少なく，多くの専門学校の現場から，平易でわかりやすく，なお二級建築士の教材としても活用できるテキストが求められてきた．この本では，著者自らが教壇に立ち，また長年にわたる二級建築士受験指導の経験に基づいて，私たち自身が使いやすいテキストづくりを目指した．

　もとより，テキスト執筆という点においては経験も浅く，また十分な総合的知識をも持ち合わせないまま，日頃の教育への熱意だけが頼りの道筋となった．については，多くの関連書籍を参考に，そのまとめ方の糸口とさせていただいた．多くの先輩諸兄のご努力に対し，深甚の敬意を表するものである．とりわけ身近な教材として参考にさせていただいているテキストの著者である〈西日本工高建築連盟出版委員会〉の諸先生方には，種々のご迷惑をおかけしたにも関わらず，懇切なご教示をいただいた．さらに，個々のお名前はご容赦いただくが，図表等を転載・引用させていただいた多くの先生方もふくめて，この場をかりて御礼申し上げる．

　これから初めて建築を学ぶ諸君は，ともすれば建築学は学ぶ範囲が広範で，なおかつ高い理数系の能力を必要とするように思われがちであるが，それは大きな誤解だと思ってもらいたい．建築は日々の生活行動と密接に関連している．その生活行動を，それぞれの分野ごとに詳細な検討を加えていくことで，今まで難解と思われていた事項も理解が安易なものとなる．

　また二級建築士受験を目指す諸君は，一次試験では4教科を受験した後に，二次試験の建築製図試験にのぞむことになる．近年，建築士試験は一級，二級とも非常に厳しい試験となり，合格率も一段と下がった．この本では，学科の基本解説の後に，各章ごとに過去の関連問題をのせた．この関連問題には，詳しく解答解説も加えてあるので，この部分も教材としてしっかりと活用してもらいたい．

　建築施工は，設計図書に示された建築物の内容を，施工者がその施工現場において「正確で迅速かつ安全に，さらにローコストに」工事を行うことである．特に安全面においては，法規上様々な規制がなされている．また，正確で迅速な施工を目指すには，技術的な面における工法上の検討，あるいは作業性能における能率の高い工法などの検討がなされている．コストの面では工事積算における検討も必要となる．

　このように建築施工という学科では，将来建築に関連する業務において知っておくべき最低限の現場実践的な理解を目指す学科といえる．

　この本では，二級建築士受験も考慮して，実際の工事順序と若干異なる部分もあるが，工事工程に従って，各工事ごとの章にまとめ，施工技術や工法の具体的な事項を学ぶ．

2004年　初春
執筆者

# 目　次

1　施工計画 …………………………8
　1・1　施工計画　……………8
　1・2　工程計画　……………8
　　　　例　　題　……………12

2　施工管理 …………………………14
　2・1　現場管理　……………14
　2・2　安全管理　……………14
　2・3　材料管理　……………16
　2・4　品質管理　……………18
　　　　例　　題　……………18

3　工事準備 …………………………20
　3・1　申請・届出・手続　……20
　3・2　各　調　査　……………20
　　　　例　　題　……………20

4　仮設工事 …………………………22
　4・1　仮設工事の要点　……22
　4・2　仮設工事の種類　……22
　4・3　仮囲い・仮設建物等　……22
　4・4　足場・桟橋・架設通路　……24
　4・5　安全施設等　……………26
　　　　例　　題　……………26

5　土工事・地業工事・基礎工事 ……28
　5・1　地盤調査　……………28
　5・2　土　工　事　……………30
　5・3　地業工事　……………34
　5・4　杭　工　事　……………34
　　　　例　　題　……………38

6　鉄筋工事Ⅰ ………………………40
　6・1　鉄筋の種類　……………40
　6・2　鉄筋の加工・組立　……40
　　　　例　　題　……………44

## 7 鉄筋工事 II ……………………46
- 7・1 鉄筋の定着 ……………………46
- 7・2 鉄筋の継手 ……………………46
-    例　題 ……………………50

## 8 型枠工事 ……………………52
- 8・1 計画と設計 ……………………52
- 8・2 型枠の材料 ……………………52
- 8・3 型枠の加工・組立 ……………………54
- 8・4 型枠の解体 ……………………56
- 8・5 形枠の特殊工法 ……………………56
-    例　題 ……………………56

## 9 コンクリート工事 I ……………………58
- 9・1 材　料 ……………………58
- 9・2 用語の説明 ……………………60
- 9・3 調　合 ……………………60
-    例　題 ……………………64

## 10 コンクリート工事 II ……………………66
- 10・1 製　造 ……………………66
- 10・2 運搬・打込・養生 ……………………66
- 10・3 品質管理・試験方法 ……………………72
- 10・4 各種コンクリート ……………………74
-    例　題 ……………………74

## 11 鉄骨工事 ……………………76
- 11・1 材　料 ……………………76
- 11・2 工場作業 ……………………76
- 11・3 接　合 ……………………78
- 11・4 現場作業 ……………………82
- 11・5 耐火被覆 ……………………84
-    例　題 ……………………84

## 12 組積工事 ……………………86
- 12・1 補強コンクリートブロック工事 ……………………86
- 12・2 ALC工事 ……………………88
- 12・3 れんが工事 ……………………90
-    例　題 ……………………90

## 13 木工事 ……………………92
- 13・1 材　料 ……………………92
- 13・2 木造の加工 ……………………96
- 13・3 造作工事 ……………………100
- 13・4 枠組壁工法（ツーバイフォー工法） ……………………100
-    例　題 ……………………102

## 14 防水工事 ……………………104
- 14・1 防水の種類 ……………………104
- 14・2 メンブレン防水工事 ……………………104
- 14・3 シーリング工事 ……………………108
-    例　題 ……………………108

## 15 左官工事 ……………………110
- 15・1 各種下地 ……………………110
- 15・2 塗り工事 ……………………112
- 15・3 吹付け工事 ……………………116
-    例　題 ……………………116

## 16 タイル工事・石工事 ……………………118
- 16・1 タイル工事 ……………………118
- 16・2 石工事 ……………………120
-    例　題 ……………………122

## 17 塗装工事 ……………………124
- 17・1 種類と特性 ……………………124
- 17・2 素地ごしらえ ……………………126
- 17・3 工　法 ……………………126
-    例　題 ……………………126

## 18 建具工事・ガラス工事 ……………………128
- 18・1 建具工事 ……………………128

18・2　ガラス工事 …………………130
　　　　　例　　題 …………………134

**19　内装工事・断熱工事** …………136
　　19・1　内装工事 …………………136
　　19・2　断熱工事等 ………………142
　　　　　例　　題 …………………144

**20　設備工事** ………………………146
　　20・1　給排水衛生設備工事 ……146
　　20・2　その他の設備工事 ………148
　　20・3　建築と設備の関連 ………150
　　　　　例　　題 …………………150

**21　各種工事・総合（屋根工事・金属工事）**
　　　　　　　　　　………………152
　　21・1　屋根工事 …………………152
　　21・2　金属工事 …………………156
　　　　　例　　題 …………………156

**22　施工用語・施工機械器具** ……158
　　22・1　揚重・運搬用機械 ………158
　　22・2　土工事用機械等 …………158
　　22・3　各種工事用機械 …………158
　　22・4　工法と工事等の関係 ……160
　　　　　例　　題 …………………160

**23　積　　算** ………………………162
　　23・1　工事費の構成 ……………162
　　23・2　積算用語 …………………162
　　23・3　積算の基本事項 …………162
　　23・4　各種工事の歩掛・割増率 …164
　　　　　例　　題 …………………164

**24　測　　量** ………………………166
　　24・1　縄張り・やりかた等 ……166
　　24・2　各種測量 …………………166

　　　　　例　　題 …………………168

**25　契約・仕様書** …………………170
　　25・1　施工方式 …………………170
　　25・2　工事契約 …………………170
　　　　　例　　題 …………………170

　　〈例題〉の解答編 …………………172

〈専門士課程〉建築施工

# 1 施工計画

## 1·1 施工計画

施工者は，施工計画として，次のような内容を作成・計画する．
　①実行予算書
　②工事工程表
　③施工計画書・施工計画図
　④現場員の編成・下請業者の選定
　⑤仮設・施工機械の計画
　⑥電力・給排水等の設備計画

- 施工計画書：設計図書，契約内容を十分に把握したうえで，工期・周辺環境・労働力などを検討し，使用材料・施工方法などを立案し，施工計画書・施工計画図としてまとめられる（表1·1参照）．
　工事監理者に提出し，承認を受けるとともに，工事関係者にも，十分に把握させる．
- 施工計画図：施工計画を図面で表現した図書（表1·2参照）．

## 1·2 工程計画

**(1) 契約書に定められた期日までに，能率的かつ経済的に完成するように工程表を作成・計画する**
建築主や工事監理者の承認を得る．
- 基本検討事項（表1·3参照）
- 考慮すべき事項（表1·4参照）

**(2) 経済性・品質**（図1·1参照）

　工程と経済性，工程と品質は密接な関係があり，工期が短ければ突貫工事となり，余分な支出を生じるとともに，一般的に品質は悪くなる．
　また，工期が長過ぎると無駄な経費がかかり，これも又経済的ではない．

**(3) 工程短縮**
- 各工事の特徴

　土工事・地業工事―――――屋外工事の場合が多く，天候に左右される．
　鉄筋コンクリート工事――天候に左右されるが，作業者数が特に工程に影響する．
　本　工　事(躯体)―――――天候に左右される．上記と同様，作業者数による．
　鉄骨工事――――――――天候に左右される．建方機械等による．
　仕上工事・設備工事――比較的天候に左右されないが，作業の種類が多いので十分な工期をとる．

　上記より，躯体工事など，比較的併行作業の少ない期間に，工法・機械化・労務力増強などで工期を縮める．

表1・1 施工計画書の記載事項 *1

① 一般事項（工事の概要）
　（工事名称，担当者，主要数量など）
② 使用材料と数量，受入れ検査の方法
③ 使用機械とその性能
④ 施工方法，施工手順
⑤ 仕上がり精度や検査・試験の方法
⑥ 養生方法
⑦ 安全対策
⑧ 特別な注意事項
⑨ 添付資料（工程表や施工計画図など）

表1・2 施工計画図作成上の注意事項 *1

① 施工上のポイントや問題点，懸案事項や特殊な条件などは明確にしておく．
② 正確にわかりやすいことが第一であり，美しく書くことよりも，速やかに作成することの方が大切である．
③ 実際に施工する作業員が現場で使用することを想定して，スケールアップしやすいよう1/100，1/50，1/20，1/10などの縮尺が望ましい．
④ 工事の進渉に応じて適時修正できるように鉛筆書きが望ましい．

表1・3 工程計画のための基本検討事項 *1

① 各作業量・工事数量の把握
② 各作業の所要日数の把握
③ 先行作業と後続作業の整理
④ 重複して行える作業の整理

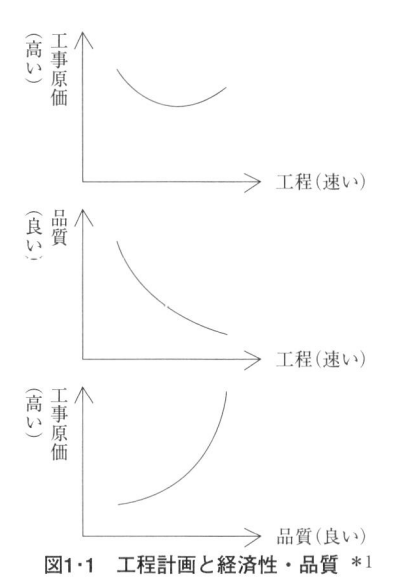

表1・4 工程計画時に考慮すべき事項 *1

① 作業の時期
　　工事の季節，天候，気温や，盆・暮・正月など，施工のできない特殊期間の有無．
② 周囲の状況
　　日曜・祝祭日，早朝・夜間などの作業制限や規制の有無．
③ 下請業者の施工能力
　　作業員の動員能力や施工技術力．
④ 工場製作物の所要日数
　　鉄骨，サッシ，タイルなど．
⑤ 資材の搬入期日
　　鉄筋，木材など．
⑥ 施工の関連作業工程
　　施工図の作図体制や承認を得るまでの所要日数など．
⑦ 施工機器
　　現場の状況と工事内容にそった施工機器の選定．
⑧ 作業員数の平準化
　　毎日の作業に必要な作業員の数を平準化することは，手配が容易になるばかりか，品質管理上も経済上も有利である．
⑨ 設備工事の試運転・調整工程
⑩ 別途工事の工程
⑪ 余裕日数
　　不測の事態に備え，若干の余裕日数を見込んでおく．

図1・1 工程計画と経済性・品質 *1

## （4）工程表

a）横線工程表（バーチャート）（図1・2参照）

横軸に時間（年・月・日）をとり，縦軸に各作業を列記し，作業の着手日と終了日を棒線で結んで表現したもの．

作業者は，非常にわかりやすいが，各作業の相互関係や余裕時間等が，把握しにくい．

b）ガントチャート（図1・3参照）

横軸に各作業の完了時点を100％とした，作業ごとの進捗状況を棒グラフに表わしたもので，出来高払い等に使用する．

予定工程表としては使えない．

c）ネットワーク工程表

作業を矢線で表わし，各作業の結合する点を丸印で表わす．

各作業の相互関係がわかりやすく，余裕の有無や遅れを把握でき，変更などにも対処しやすい工程表である．

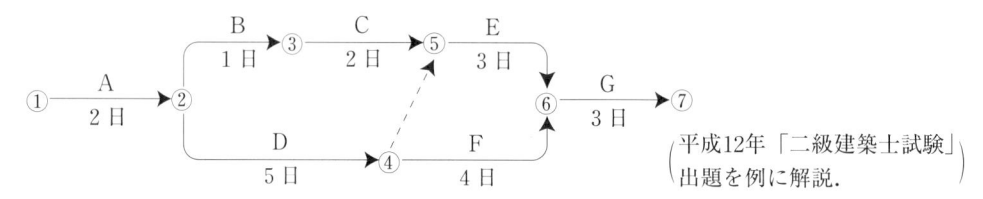

（平成12年「二級建築士試験」出題を例に解説．）

- 矢線（アロー）　元（開始）──作業名 所要日数──→先端（終了）　矢線は作業をあらわしている．
- ダミー　------→　作業の相互関係だけをあらわし，無作業無時間である．
- 結合点（ノード）　開始 ①→②→③→④ 終了　○は作業の結合点

- パス　開始結合点から終了結合点に至る作業の経路
    - A→B→C→E→G　（2＋1＋2＋3＋3＝11日）
    - A→D→E→G　　（2＋5＋3＋3＝13日）
    - A→D→F→G　　（2＋5＋4＋3＝14日）
- クリティカルパス　パスの中で，所要日数が最も大きいもの．
    - A→D→F→G　　14日
- EST（最早開始時刻）　各作業を最も早く始められる時刻．
- EFT（最早終了時刻）　上記の時刻に所要日数を加えたもの．
- LST（最遅開始時刻）　工期に遅れない範囲で各作業を最も遅く開始してもよい時刻．
- LFT（最遅終了時刻）　上記の時刻に所要日数を加えたもの．
- トータルフロート（TF）　ある作業でとれる総余裕日数

    最早開始時刻（EST）で始め，最遅終了時刻（LFT）で終了するときに生じる余裕日数．

    先行作業で使いきると後続作業に影響し，工程が遅延する．
- フリーフロート（FF）　後続作業に影響せず，その作業で自由に使える余裕日数．

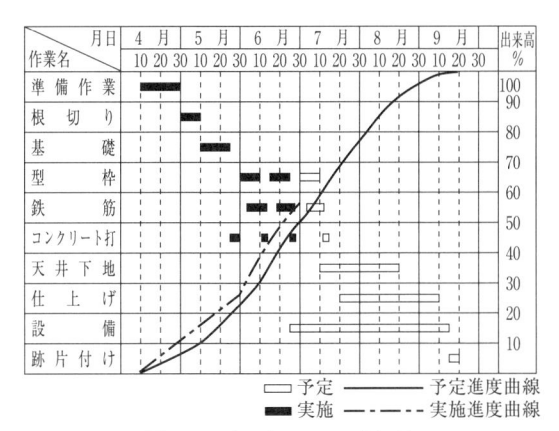

**図1・2 バーチャートの例** [1]

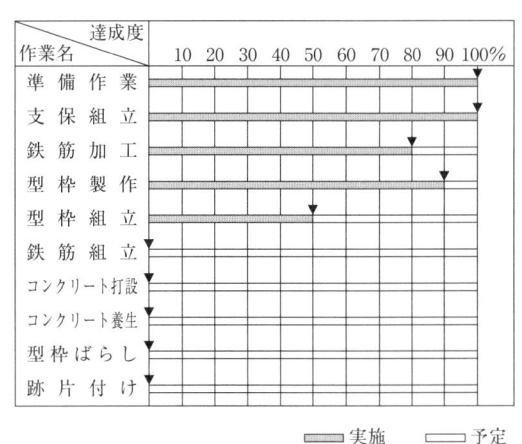

凡例: 予定 ☐　予定進度曲線 ——　実施 ■　実施進度曲線 -·-·-

**図1・3 ガントチャートの例** [1]

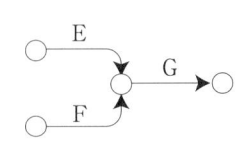

凡例: 実施 ▨　予定 ☐

---

E・F作業を先行作業，G作業を後続作業といい，E・F作業がともに終了しないと，G作業は開始できない．

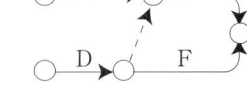

F作業は，D作業が終了すれば，開始できる．ダミーに関係するC，D作業の二つがともに終了しないと，E作業は開始できない．

**最早開始時刻（EST）の計算法**

| 結合点 | EFTの計算 | EST |
|---|---|---|
| ① |  | ⓪ |
| ② | ⓪ + 2 = 2 | ② |
| ③ | ② + 1 = 3 | ③ |
| ④ | ② + 5 = 7 | ⑦ |
| ⑤ | ③ + 2 = 5<br>⑦ + 0 = 7 | ⑦ |
| ⑥ | ⑦ + 3 = 10<br>⑦ + 4 = 11 | ⑪ |
| ⑦ | ⑪ + 3 | ⑭ |

**最遅終了時刻（LFT）の計算法**

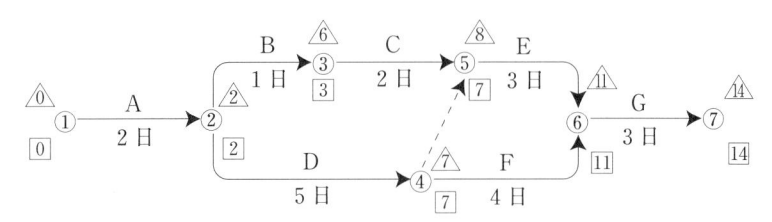

| 結合点 | LSTの計算 | LFT |
|---|---|---|
| ⑦ |  | △ |
| ⑥ | △ − 3 = 11 | △ |
| ⑤ | △ − 3 = 8 | △ |
| ④ | △ − 4 = 7<br>△ − 3 = 8 | △ |
| ③ | △ − 2 = 6 | △ |
| ② | △ − 1 = 5<br>△ − 5 = 2 | △ |
| ① | △ − 2 = 0 | △ |

---

| 作業名 | トータルフロート（TF） | フリーフロート（FF） |
|---|---|---|
| A | 2 − (0 + 2) = 0 | 2 − (0 + 2) = 0 |
| B | 6 − (2 + 1) = 3 | 3 − (2 + 1) = 0 |
| C | 8 − (2 + 3) = 3 | 7 − (2 + 3) = 2 |
| D | 7 − (2 + 5) = 0 | 7 − (5 + 2) = 0 |
| E | 11 − (7 + 3) = 1 | 11 − (7 + 3) = 1 |
| F | 11 − (4 + 7) = 0 | 11 − (4 + 7) = 0 |
| G | 14 − (11 + 3) = 0 | 14 − (11 + 3) = 0 |

$$TF = \boxed{LFT} - (EST + D)$$

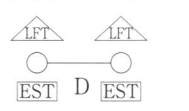

$$FF = 後続する\boxed{EST} - (EST + D)$$

【問題 1】 施工計画に関する次の記述のうち，最も不適当なものはどれか．
1. 仮設計画に当たり，敷地の地盤や周囲の状況を調査した．
2. 施工計画書には，実行予算に関する計画を記載した．
3. 施工計画書には，施工の順序・方法などを記載した．
4. 施工計画図の作成に当たり，設計図書を検討した．
5. 工程表として，バーチャート工程表とネットワーク工程表を用いた．

【問題 2】 施工計画に関する次の記述のうち，最も不適当なものはどれか．
1. 施工計画書には，総合施工計画書と工種別施工計画書の2種類がある．
2. 施工計画書は，施工の手段・方法を具体的に記述したもので，工程・仮設・工法・安全衛生等の内容を含む．
3. 工程表の作成に当たっては，検査及び施工の立会いを受ける時期を考慮する．
4. バーチャート工程表は，ネットワーク工程表に比べて，各種工事が複雑に関連している部分の工程管理に適している．
5. 仕上工事は，関連職種が多いので，一般に，工期の短縮を図るのが困難である．

【問題 3】 下に示すネットワーク工程表に関する次の記述のうち，最も不適当なものはどれか．

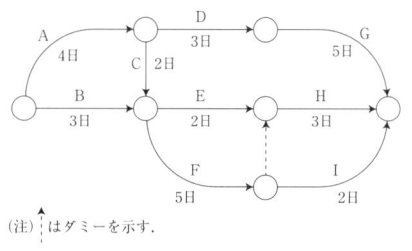

(注) はダミーを示す．

1. この工事全体は，最短で14日で終了する．
2. B作業のフリーフロート（後続作業に影響せず，その作業で自由に使える余裕時間）は，4日である．
3. D作業の所要日数が2日増加しても，この工事全体の作業日数には影響はない．
4. F作業の所要日数が3日減少すると，この工事全体の作業日数は，2日減少する．
5. C作業が終了しなければ，E作業及びF作業は開始できない．

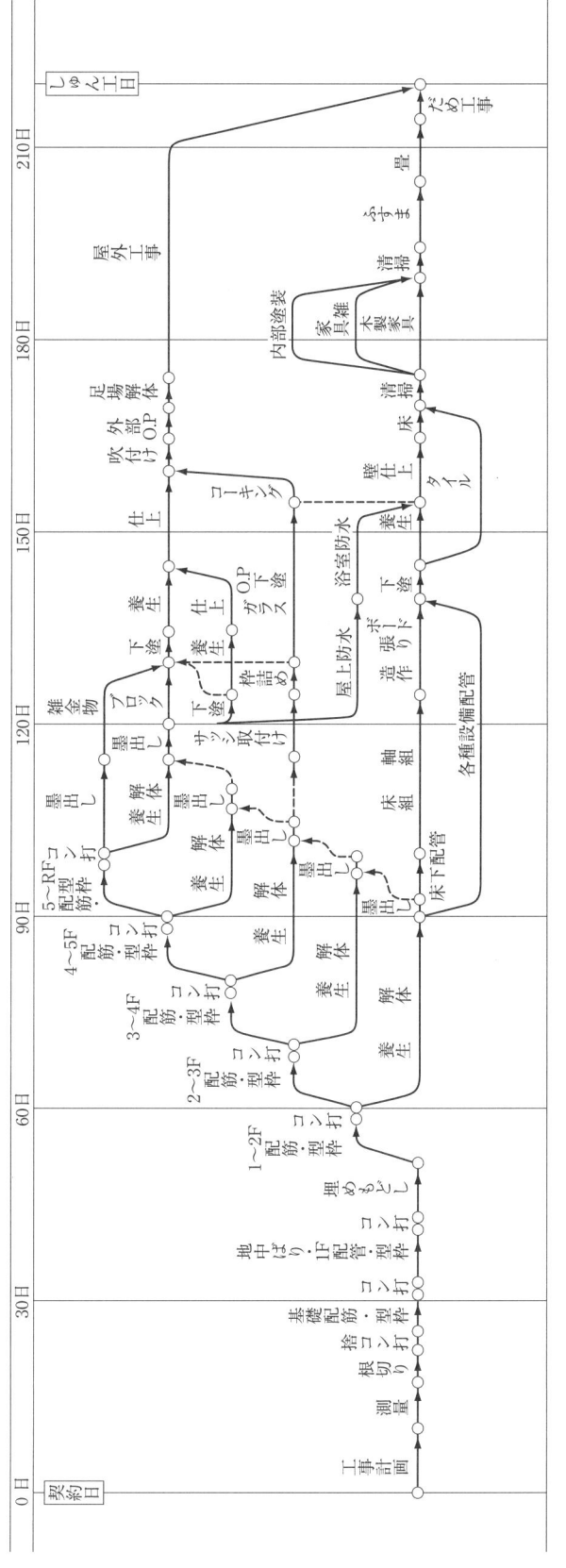

参考例 5階建鉄筋コンクリート造アパートのネットワーク（技報堂出版「最新建築施工 新版」より）

# 2 施工管理

## 2·1 現場管理

### (1) 工事に携わる人々

- 建築主（施主）　　発注者．
- 設計者　　　　　　建築主の依頼を受け，設計し，設計図書等を作成する者．
- 工事監理者　　　　発注者の立場にたち，設計図書や仕様書通りに施工されているか，施工者を指導監督する（表2·1参照）．
  通常，設計者が兼務する場合が多い．
- 施工者（請負者）　工事を施工する者．請負業者・建設業者．
  建設業の許可
  - 二つ以上の都道府県に営業所を置く建設業
    →国土交通大臣の許可
  - 一つの都道府県内に営業所を置く建設業
    →都道府県知事の許可
  
  ただし，工事一件の請負代金や延べ床面積が比較的小さな工事に限り，上記の許可・登録がない者でも施工者として工事を行うことができる（表2·2参照）．

- 現場代理人
  現場に，常駐し，運営管理する者（請負者の代理）．ただし，請負代金の変更および請求，工期の変更等の権限はない．また，主任技術者（または監理技術者）および専門技術者（作業主任者）を兼任することができる．
- 主任技術者・監理技術者
  施工に関しての技術上の管理を行う者．

## 2·2 安全管理

安全管理の目的は，現場において労務者等の安全・より良い作業環境を確保し，事故や災害の発生を未然に防止するものである．

現場では労働安全衛生法により，規模に応じて，総括安全衛生管理者・安全管理者・衛生管理者・主任責任者を選任しなければならない．

### (1) 主任責任者

危険作業を行う場合，専門の資格のある主任責任者を選任し，指揮・指導にあたらせ，安全管理につとめる（表2·3参照）．

### (2) クレーン作業

①吊り上げ荷重が5t以上のクレーン，デリックの運転は，クレーン運転士免許者でなければならない．

②クレーン玉掛け

　吊り上げ荷重　1t以上→有資格者

　　　　　　　　1t未満→特別に教育を受けた者

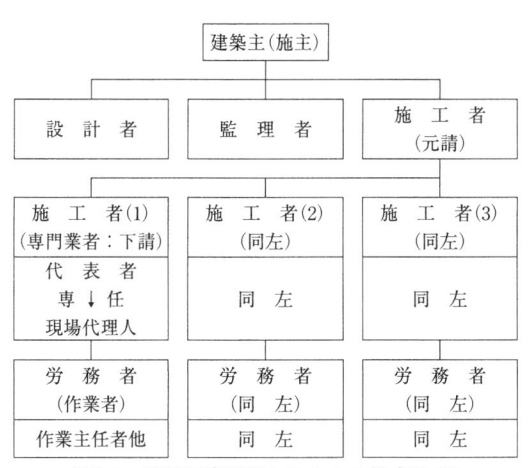

```
                    建築主(施主)
                         │
        ┌────────────┼────────────┐
        │            │            │
     設 計 者      監 理 者      施 工 者
                              （元請）
        │            │            │
   施 工 者(1)   施 工 者(2)   施 工 者(3)
  （専門業者：下請）  （同左）      （同左）
        │            │            │
     代 表 者
     専↓任         同 左         同 左
    現場代理人
        │            │            │
     労 務 者      労 務 者      労 務 者
     （作業者）    （同左）       （同左）
    作業主任者他    同 左          同 左
```

**図2·1　建築工事に携わる人々：模式図** *1

### 表2·1　工事監理者の主要業務 *1

① 建築主の代理として工事の実施状況を確認する．
② 施工者を指導・監督する．
③ 工事材料の検査・立会い．
④ 工程計画・施工図・製作図・見積などの承認．
⑤ 工事の完成を確認し，建物の引き渡しに立会う．

### 表2·2　請負代金等による許可登録 *1

① 建築一式工事費：1500万円未満
② 建築一式工事以外：500万円未満
③ 延べ床面積：150㎡未満の木造住宅

### 表2·3　作業主任者一覧表（建設業に関連のあるもののみ）*1

| 名　　称 | 選任すべき作業 | 準拠条文 | |
|---|---|---|---|
| 高圧室内作業主任者　　　　（免） | 高圧室内作業（大気圧を超える気圧下の作業室またはシャフト内） | 安衛則 | 16 |
| | | 高圧則 | 10 |
| ガス溶接作業主任者　　　　（免） | アセチレン溶接装置等を用いて行う金属の溶接・溶断・加熱の作業 | 安衛則 | 16 |
| | | 〃 | 314 |
| 木材加工用機械作業主任者（技） | 丸のこ盤等木材加工用機械を5台以上有する事業場での当該機械による作業 | 〃 | 16 |
| | | 〃 | 129 |
| コンクリート破砕器作業主任者（技） | クロム酸鉛を主成分とする火薬を用いるコンクリート破砕器による作業 | 〃 | 16 |
| | | 〃 | 321の3 |
| 地山の掘削作業主任者　　（技） | 掘削面の高さが2m以上となる地山の掘削作業 | 〃 | 16 |
| | | 〃 | 359 |
| 土止め支保工作業主任者(技) | 土止め支保工の切りばり，腹おこしの取り付け，取りはずしの作業 | 〃 | 16 |
| | | 〃 | 374 |
| ずい道などの掘削等作業主任者（技） | ずい道等の掘削またはこれに伴うずり積みずい道支保工の組立等の作業に係る作業 | 〃 | 16 |
| | | 〃 | 383の2 |
| ずい道などの覆工作業主任者（技） | ずい道等の覆工の作業に係る業務 | 〃 | 16 |
| | | 〃 | 383の4 |
| 採石のための掘削作業主任者（技） | 掘削面の高さが2m以上となる岩石の採取のための掘削作業 | 〃 | 16 |
| | | 〃 | 403 |
| はい作業主任者　　　　　（技） | 高さ2m以上のはいのはい付け，はいくずしの作業 | 〃 | 16 |
| | | 〃 | 428 |
| 型枠支保工の組立て等作業主任者 | 型枠支保工の組立て，解体の作業 | 〃 | 16 |
| | | 〃 | 246 |
| 足場の組立てなど作業主任者（技） | つり足場，張出し足場または高さが5m以上の構造の足場の組立て，解体又は変更の作業 | 〃 | 16 |
| | | 〃 | 565 |
| 鉄骨の組立てなど作業主任者（技） | 金属製の部材で構成される高さが5m以上の建築物の骨組み，橋梁の上部構造，塔の組立て，解体変更の作業 | 〃 | 16 |
| | | 〃 | 517の4 |
| 木造建築物の組立てなど作業主任者（技） | 軒高5m以上の木造建築物の構造部材の組立て又はこれに伴う屋根下地若しくは外壁下地の取付けの作業 | 〃 | 16 |
| | | 〃 | 517の7 |
| コンクリート造の工作物の解体など作業主任者（技） | 5m以上のコンクリート造の建築物などの破壊または解体の作業 | 〃 | 16 |
| | | 〃 | 517の12 |
| 酸素欠乏危険作業主任者（技）（第1種） | 酸素欠乏危険場所における作業 | 安衛則 | 16 |
| | | 酸欠則 | 11 |
| 酸素欠乏危険作業主任者（技）（第2種） | 酸素欠乏症及び硫化水素中毒にかかるおそれのある場所における作業 | 安衛則 | 16 |
| | | 酸欠則 | 11 |
| 有機溶剤作業主任者　　（技） | 屋内作業場，タンク，船倉坑内で許容消費量を超える有機溶剤を製造し又は取扱う作業 | 安衛則 | 16 |
| | | 有機則 | 19 |
| 吹付けアスベストの除去処理の石綿作業主任者 | 石綿若しくは石綿をその重量の0.1%を超えて含有する製剤その他のもの（石綿等）を取り扱う作業 | 安衛則 | 16 |

注　（免）…免許をうけた者，（技）…技能講習を終了した者

### (3) 落下物に対する防護

① 高さ7m以上の場所から落下物によって，危害を生じるおそれのある場合は工事現場の周囲を鉄網または，帆布でおおう．

② 工事現場の境界線から水平距離が5m以内かつ3m以上の高所から物体を投下するときは，ダストシュートなどの投下設備を設ける．

## 2・3 材料管理

材料の受入検査は原則として施工者が行い，施工者の責任で保管する．

- 既製コンクリート杭………仮置きの場合，まくら材を置き，1段に横置きとし移動しないようにくさびを設ける（図2・2(a)参照）．
- 鉄　　　　筋………かいものをし，直接地上に置かず，土，ごみ，油などの汚れがつかないようにし，雨露・潮風などにさらされないようシートでおおう（図2・2(b)参照）．
- 型　　　　枠………直接日光にさらされないようにシートでおおう．コンクリート表面の硬化不良の原因となるため，必要に応じて，はく離剤を塗布する（図2・2(c)参照）．
- 骨　　　　材………種類別に分離し，土が混入しないようにする．
- 軽 量 骨 材………表面乾燥状態（24時間吸水）のものを使用する．
- セ メ ン ト………防湿に注意し，通風等をさける．積重ね10袋以下とする．
- 高 力 ボ ル ト………乾燥した場所に保管し，施工直前に包装を解く．
- 溶　接　棒………湿気を吸収しないように保管する．湿気を含んだ場合は，乾燥器などで乾燥して使用する．
- 木　　　　材………乾燥させ腐朽しないようにし，野積みをさける．
- ガ ラ ス………室内で箱入り，たて置きとし，ロープで縛り，倒れないようにする（図2・2(d)参照）．
- ルーフィング………日光が入らず乾燥した涼しい室内で，立て積み1段とする（図2・2(e)参照）．
- Ａ Ｌ Ｃ 版………まくら材を置き，水平に保管する．積み上げ高さは，1段を1.0m以下とし，2段までとする（図2・2(f)参照）．
- アルミサッシ………室内に仮置きする場合は，立て置きとする．
- 木 製 建 具………フラッシュ戸は，平積み．ガラス戸・板戸・格子戸は，種類別に立てかけ，または平積み．障子・襖類は，種類別に立てかける．
- 塗　　　　料………防火に注意し，周囲の建物から，1.5m以上離れた独立した平家建とする（図2・2(g)参照）．
- ビニル壁紙………壁紙などの巻物（ロール状）材料は，折れぐせがつかないように，乾燥した屋内でたて置きとする．
- 大 理 石………あて木を施して，立てかけとする．

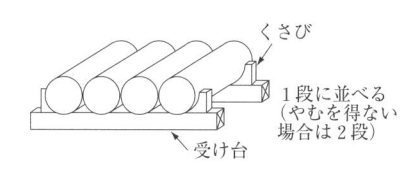

図2・2(a) 既製コンクリート杭
- くさび
- 1段に並べる（やむを得ない場合は2段）
- 受け台

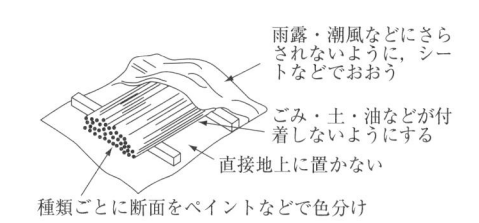

図2・2(b) 鉄筋
- 雨露・潮風などにさらされないように，シートなどでおおう
- ごみ・土・油などが付着しないようにする
- 直接地上に置かない
- 種類ごとに断面をペイントなどで色分け

図2・2(c) 型枠
- 日光
- シートを用いて保護
- 製材・乾燥・集積の際，直射日光にさらさない（表面硬化不良の原因となる）
- 打放しコンクリートのせき板に用いる合板は「型枠用合板」1種

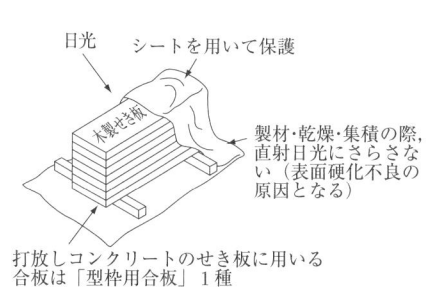

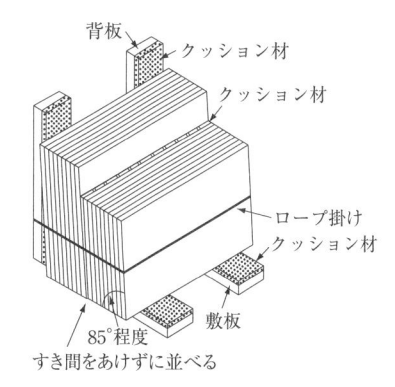

図2・2(d) ガラス
- 背板
- クッション材
- ロープ掛け
- クッション材
- 敷板
- 85°程度
- すき間をあけずに並べる

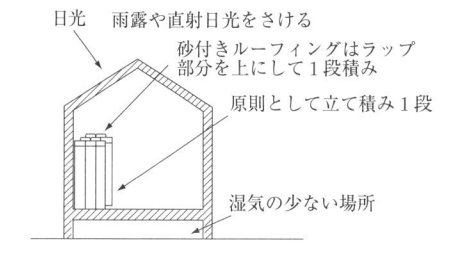

図2・2(e) ルーフィング
- 日光
- 雨露や直射日光をさける
- 砂付きルーフィングはラップ部分を上にして1段積み
- 原則として立て積み1段
- 湿気の少ない場所

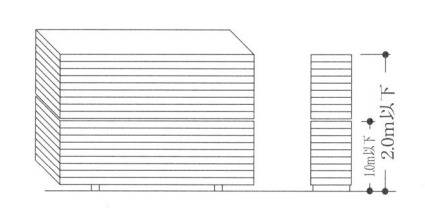

図2・2(f) ALC版
- 1.0m以下
- 2.0m以下

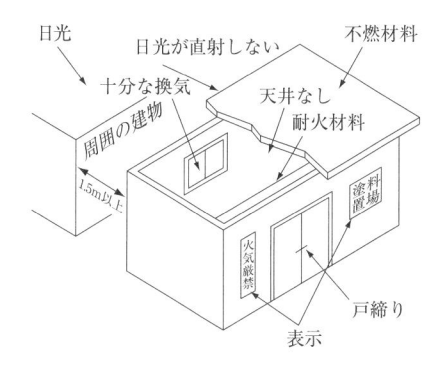

図2・2(g) 塗料
- 日光
- 日光が直射しない
- 不燃材料
- 十分な換気
- 周囲の建物
- 天井なし
- 耐火材料
- 1.5m以上
- 塗料置場
- 火気厳禁
- 戸締り
- 表示

産業廃棄物は,「廃棄物の処理及び清掃に関する法律」に基づき,許可認定指定業者が,所定の処理場へ破棄する.

● 産業廃棄物の種類
① 建築物等の撤去に伴って生じたコンクリート破片,その他の不要物
② 木くず
③ 金属くず
④ 燃えがら・汚泥・廃プラスチック類
⑤ ガラスくず・陶磁器くず

石綿建材の除去に伴い,飛散するおそれのある石綿は,特別管理産業廃棄物である.

特別管理産業廃棄物とは,爆発性・毒性・感染性等があり,健康・環境に影響を与えるおそれのあるものをいう.

## 2・4 品質管理

品質管理とは,量産される製品に対して,設計・製作・検査の各工程を通して,その製品の要求品質をいかに安く生産するか,その結果の調査と反省から改善点を処理して,さらに次に役立てるかという生産管理の考え方.

　　　……デミングサークル(図2・3参照)

総合的品質管理(TQC)

全員参加の品質管理であり作業にかかわる全員で品質に対する意識をもち,改善するための努力・研究を続けていく.

建築では,工事の問題点や改善点を状況を見ながら判断して,すみやかに原因を調査し,改善・是正し,最も経済的に施工を行うことである.

---

【問題 1】 建築士の工事監理業務に関する次の記述のうち,最も不適当なものはどれか.
1. 設計意図を正確に伝えるためのスケッチを施工者へ渡した.
2. 施工者の作成した施工図を検討し,承諾した.
3. 設計図書のとおり工事を実施するように施工者を指導した.
4. 契約の目的物の引渡しに立ち会った.
5. 過去の経験をもとに下請負者を選定した.

【問題 2】 工事現場における材料管理に関する次の記述のうち,最も不適当なものはどれか.
1. 鉄筋は,地面に角材を置き,その上に種類別に集積し,シートで覆って保管した.
2. アスファルトルーフィングは,吸湿,折損を考慮して,屋内の乾燥した場所に立てて保管した.
3. セメントは,吸湿,風化を考慮して,出入口以外に開口部のない気密性の高い倉庫に保管した.
4. 瓦は,破損を考慮して,合板の上に平積みして保管した.
5. 高力ボルトは,乾燥した場所に保管し,施工直前に包装を解いた.

【問題 3】 工事現場の安全確保に関する次の記述のうち,最も不適当なものはどれか.
1. 深さが1.5mの根切り工事なので,山留の必要性を検討しなかった.
2. スレート葺屋根の上で作業するので,幅30cmの歩み板を設け,防網を張った.
3. 地盤面からの高さが3mの場所からくずやごみを投下するので,投下設備としてダストシュートを設けた.
4. 移動はしごは,幅30cmの丈夫な構造とし,すべり止め装置を取り付けた.
5. 足場の登りさん橋の勾配が10度だったので,歩み板に滑止めを取り付けなかった.

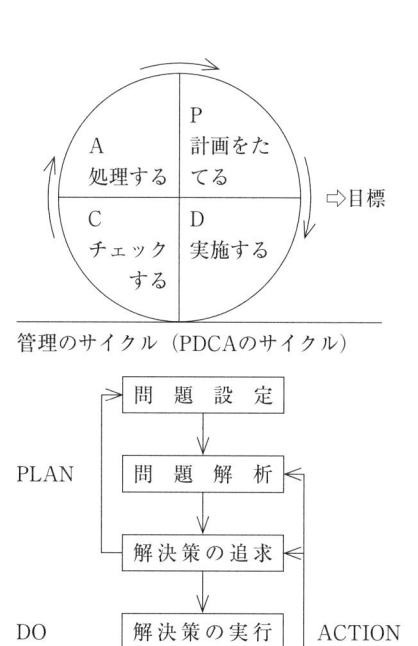

```
         P
   A    計画をた
   処理する  てる      ⇨目標
   C    D
   チェック 実施する
   する
```

管理のサイクル（PDCAのサイクル）

```
         ┌─→ 問 題 設 定
         │      ↓
PLAN     │   問 題 解 析 ←┐
         │      ↓         │
         └── 解決策の追求 ←┤
                ↓         │
DO         解決策の実行    │ ACTION
                ↓         │
CHECK       成 果 の 確 認
                ↓
ACTION     歯止め・標準化
```

**図2・3　管理の輪** *1

# 3 工事準備

## 3・1 申請・届出・手続 (表3・1参照)

建築を施工する場合，着工前から竣工時まで，各種の官庁への多くの手続きが必要である．

書式や提出時期が定められており，遅れると工事工程に影響がでる場合があるため，十分に注意する必要がある．

## 3・2 各調査

建築物を施工するためには，いろいろな側面から事前調査が必要である．

### (1) 敷地調査

a) 敷地境界

隣接する所有者等立合いの上，測量士に依頼して土地の登記簿等，測量図で境界標石の確認を行う．

b) 敷地測量

敷地の形状，寸法，高低差等を調査する（第24章測量参照）．ベンチマーク（BM）を設定し，これを基点として測量を行う．

### (2) 埋設物・障害物調査

- 埋　設　物：遺跡・ガス・給排水管・送電ケーブル・既存建物の基礎・杭等
- 地　　　上：電線・電話線・樹木・記念建造物等

### (3) 隣接建物・道路・環境の事前調査

- 隣接建物：表3・2参照
- 周辺道路：道路幅員・舗装状況・交通状況・埋設配管ケーブル，車輌や資材搬入時間帯に影響する．
- 環　　境：さまざまな環境に影響を及ぼすため，説明会などにより近隣住民に説明をする．

### (4) 地盤調査

設計段階では調査は行うが不十分なため，施工計画上必要であれば追加調査を行う（第5章土工事　5・1地盤調査参照）．

---

【問題 1】建築工事に関する申請・届等とその提出先との組合せとして，最も不適当なものは，次のうちどれか．
1．道路占用許可申請――――道路管理者
2．クレーン設備届――――警察署長
3．安全管理者選任報告――――労働基準監督署長
4．建築物除却届――――都道府県知事
5．工事完了届――――建築主事等

【問題 2】建築工事にともなう諸手続きに関する次の記述のうち，最も不適当なものはどれか．
1．道路上でクレーン車を使用するので，道路使用許可申請を道路管理者に提出した．
2．計画通知をして工事を行った官庁工事が完了したので，建築主事に通知した．
3．建築現場において事業場の安全管理者を選任したので，労働基準監督署長に報告した．
4．床面積が20m²の建築物を建築するので，建築工事届を知事に提出した．
5．液化石油ガス300kgの貯蔵用タンクを設置するので，消防署長に提出した．

表3・1 諸提出書類

| 提 出 書 類 | 提 出 先 |
|---|---|
| 確認申請書<br>工事完了届 | 建築主事<br>指定確認検査機関 |
| 建築工事届<br>建築物除却届 | 都道府県知事 |
| 道路占用許可申請書<br>沿道掘削願<br>歩道切下・切上願 | 道路管理者 |
| 道路使用許可申請書 | 所轄 警察署長 |
| 工事用仮設建築物届 | 市区町村長 |
| 時間外労働・休日届<br>工事機械の設置届（クレーン等）<br>現場内寄宿舎の設置届<br>事業所設置届<br>安全・衛生管理者選任届 | 労働基準監督署長 |
| 危険物貯蔵所設置許可 | 市町村長 |

表3・2 隣接物の調査項目 *1

① 隣接する建築物や工作物．特に古いもので障害を受けるおそれの大きいもの．
② 学校や幼稚園など，交通事故に特に注意を要する施設．
③ 学校や病院，特殊な工場や店舗など，振動や騒音を嫌う施設．
④ 街路樹や電柱，バス停や信号機，公衆電話や郵便ポスト，交通標識やガードレール・消火栓などの公共施設．
⑤ 工事のために電波障害を生じるおそれのある場合には，専門業者やNHKなどに依頼して現状調査を行い，受信状況の写真や記録を作成しておく．又，調査結果によって工事のどの段階で対策を講じるかを検討し，関係者の了承を得ておくことも必要である．

# 4 仮設工事

## 4・1 仮設工事の要点

仮設工事とは，完成する前に最終的には撤去されてしまう工事用の一時的で間接的な施設・設備・機械・資材及びこれらの総称である．

仮設の適否は，建物の品質・工事の工程・安全性，工事のコストにも大きく影響を及ぼすため，仮設計画に際しては，十分に検討しなければならない．

〈用語〉

建　地—足場の鉛直方向の部材．

布　　—足場の水平方向の部材で壁面に並行して設ける．

腕　木—水平方向の部材で，布に直交して設ける（腕木の上に足場板を敷いて作業床とする）．

足場板—合板，幅20cm以上，厚さ3.5cm以上，長さ3.6m，腕木（支点）からの突出を10cm以上とする．

作業床—足場板を敷きつめ，高所で作業を行うための床で，足場板の隙間は3cm以下とする．高さ2m以上の作業床は幅40cm以上とし，85cm以上の手すりを設ける（図4・1参照）．

## 4・2 仮設工事の種類

(1) **共通仮設工事**：工事全般に共通して必要な仮設物等．

　　a) 仮囲い・ゲート
　　b) 仮設建物・現場事務所・監理事務所・作業員詰所（下小屋）
　　c) 材料置場・倉庫
　　d) 仮設電気・給排水設備
　　e) 養生設備

(2) **直接仮設工事**：工事現場で施工するために直接的に必要な足場・安全設備等．

　　a) やり方・墨出し
　　b) 足場・桟橋・架設通路
　　c) 安全設備・墜落防止設備等（図4・2参照）
　　d) 揚重・運搬設備（第22章　施工用具・施工機械器具，参照）

## 4・3 仮囲い・仮設建物等

(1) **仮囲い**：工事期間中，建設現場の周囲を仮に囲うもので，設置に関しては，建築基準法施行令で定められている（表4・2参照）．

　　a) 工事範囲の明示
　　b) 工事関係者以外の立入防止
　　c) 工事資材・器材の盗難防止
　　d) 騒音・粉塵等の周囲への配慮

(2) **仮設建物等**

　　表4・3に示す．

### 表4・1 仮設工事の要点 *1

① 無駄のない必要最低限の計画と運用
　作業床の確保や昇降設備，手摺などはできれば本工事のものを利用する．
② 計画時点での十分な検討
　施工途中で，やり替えや手直し，補強工事などを発生させないよう，徹底した事前の検討作業が大切である．
③ 稼動率の向上
　一度搬入して使用・設置したものは反復してくりかえし利用し，遊休時間の少ない仮設計画にすることが大切である．
④ 運搬費の低減
　現場内での運搬（小運搬）も含めて，これらを最小限にした合理的な計画が，施工の能率向上にもつながる．
⑤ 省力化の推進
　現場での，特に高所での煩雑な作業は，創意工夫により工業化や合理化を推進して，安全性や施工能率を向上させる．

### 表4・2 仮囲いの規定 *1

**建築基準法施行令第136条の2の20**

木造の建築物では高さが13mもしくは軒の高さが9mを超えるもの又は木造以外の建築物で2以上の階数を有するものについて，建築，修繕，模様替又は除却のための工事を行う場合においては，工事期間中工事現場の周囲にその地盤面（その地盤面が工事現場の周辺の地盤面より低い場合においては，工事現場の周辺の地盤面）からの高さが1.8m以上の板塀その他これに類する仮囲いを設けなければならない．ただし，これらと同等以上の効力を有する他の囲いがある場合又は工事現場の周辺もしくは工事の状況により危険防止上支障がない場合においては，この限りでない．

### 表4・3 仮設建物の種類 *1

| 種　類 | 内　容 |
|---|---|
| 事　務　所 | 監督事務所，現場事務所，守衛詰所，その他 |
| 従業員宿舎 | 宿舎，食堂，炊事場，浴室，娯楽室，便所，その他 |
| 作業員用建物 | 詰所，宿舎，浴室，便所，炊事場，火焚場，湯沸場，道具置場，その他 |
| 倉庫変電所上家 | セメント倉庫，各種材料倉庫，危険物貯蔵所，変電所上家，機械上家，その他 |
| 下　小　屋 | 製材所，原寸加工場，各下小屋，その他 |

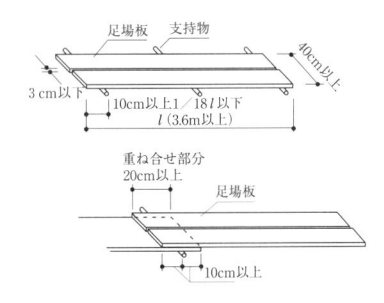

図4・1 作業床の3点支持 *1

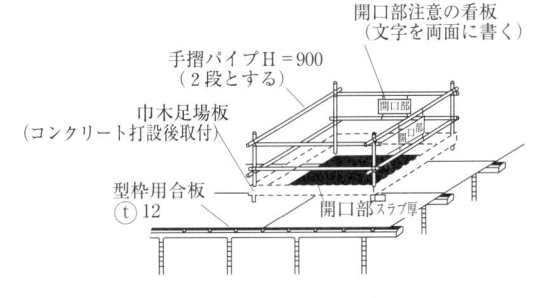

図4・2 安全設備の例 *1

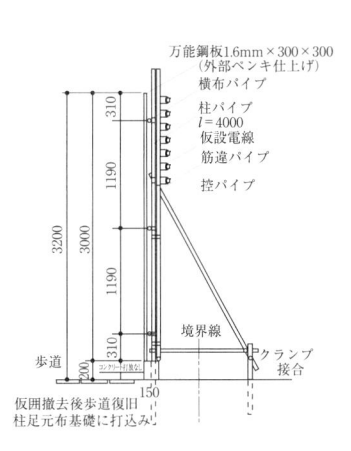

図4・3 仮囲いの計画例 *1

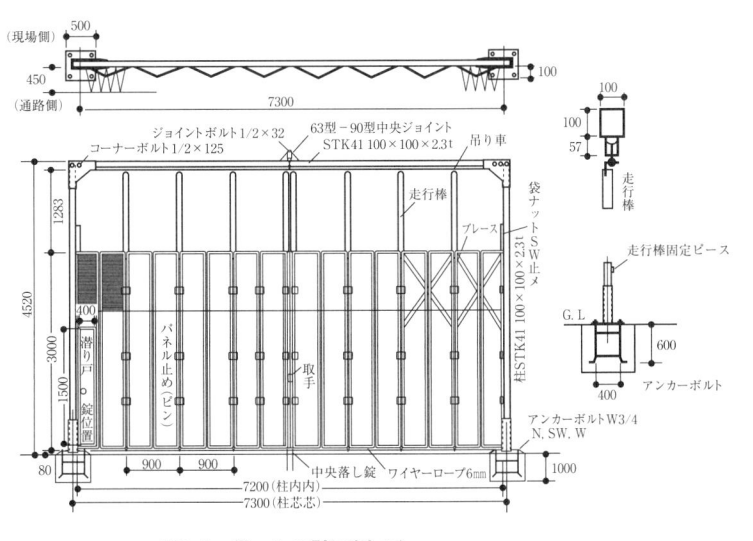

図4・4 ゲートの計画例 *1

## 4・4　足場・桟橋・仮設通路

### (1) 足場の種類

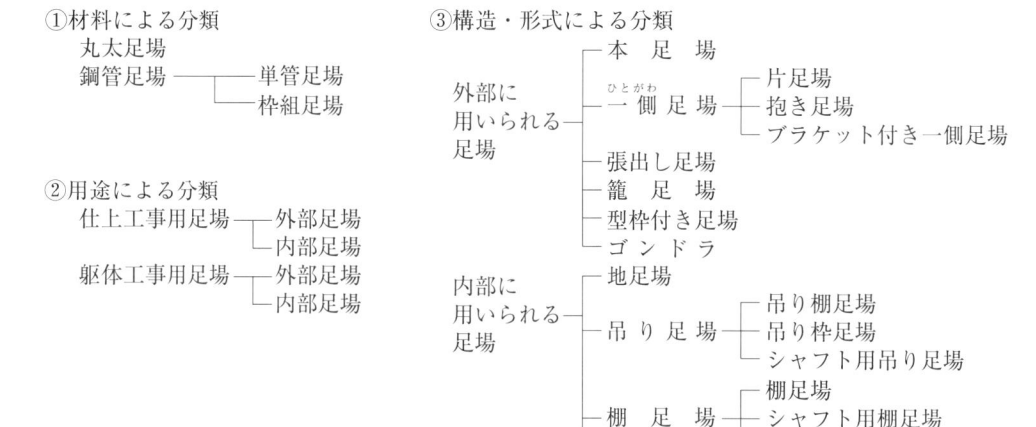

① 材料による分類
- 丸太足場
- 鋼管足場 ─┬─ 単管足場
　　　　　 └─ 枠組足場

② 用途による分類
- 仕上工事用足場 ─┬─ 外部足場
　　　　　　　　 └─ 内部足場
- 躯体工事用足場 ─┬─ 外部足場
　　　　　　　　 └─ 内部足場

③ 構造・形式による分類
- 外部に用いられる足場
  - 本足場
  - 一側（ひとがわ）足場 ─┬─ 片足場
　　　　　　　　　　　　 ├─ 抱き足場
　　　　　　　　　　　　 └─ ブラケット付き一側足場
  - 張出し足場
  - 籠足場
  - 型枠付き足場
  - ゴンドラ
- 内部に用いられる足場
  - 地足場
  - 吊り足場 ─┬─ 吊り棚足場
　　　　　　 ├─ 吊り枠足場
　　　　　　 └─ シャフト用吊り足場
  - 棚足場 ─┬─ 棚足場
　　　　　 ├─ シャフト用棚足場
　　　　　 └─ 階段足場
  - うま足場 ─┬─ うま足場
　　　　　　 └─ 脚立足場
  - 機械足場 ─┬─ 伸縮足場
　　　　　　 └─ 昇降足場
  - ローリング・タワー

図4・5　足場の分類

表4・4　足場の構成一覧 *4　　〔長さ単位m〕

| 項目 | | 丸太足場 労安 | 丸太足場 JASS | 単管足場 労安 | 単管足場 JASS | 枠組足場 労安 | 枠組足場 JASS |
|---|---|---|---|---|---|---|---|
| 建地の間隔 | | ≦2.5 | | けた行方向 ≦1.85 はり間方向 ≦1.5 | けた行方向 1.5〜1.8 はり間方向 0.9〜1.5 | | |
| 布 | 地上第一の布 | ≦3.0 | | ≦2.0 | ≦2.0 | | |
| | 布の間隔 | | | | ≦1.5 | | |
| 腕木の間隔 | | | | | ≦1.5 | | |
| 壁つなぎ間隔 | 垂直方向 | ≦5.5 | ≦5.5 | ≦5.0 | 5.0内外 | ≦9.0 | 6.0内外 |
| | 水平方向 | ≦7.5 | ≦7.5 | ≦5.5 | 5.0内外 | ≦8.0 | 6.0内外 |
| けた行筋かい | 水平面との角度 水平距離・垂直距離 | | 45° 約14内外 | | 約45° 約14内外 | | |

a）丸太足場（表4・4参照）

目通り（目の高さの直径）105mm以上で、長さ5〜9mの木皮をはいだ杉材とし、直径2.3mm以上のなまし鉄線で丸太を緊結する．

建地間隔は2.5m以下、第一の布は3m以下、壁のつなぎの間隔、縦5.5m以下、横7.5m以下．

b）鋼製単管足場（表4・4，図4・7参照）

建地間隔は、けた行方向1.85m以下、はり間方向1.5m以下、第一の布は2m以下、最高部から測って31mを超える部分の建地は、鋼管2本組とする．建地間の積載荷重は400kg以下とする．

c）枠組足場（表4・4，図4・8，図4・9参照）

ユニット型になっているため、組立・解体が容易であり、構造強度も高いことから広く用いられる．

壁のつなぎの間隔は、縦9.0m以下、横8.0m以下．

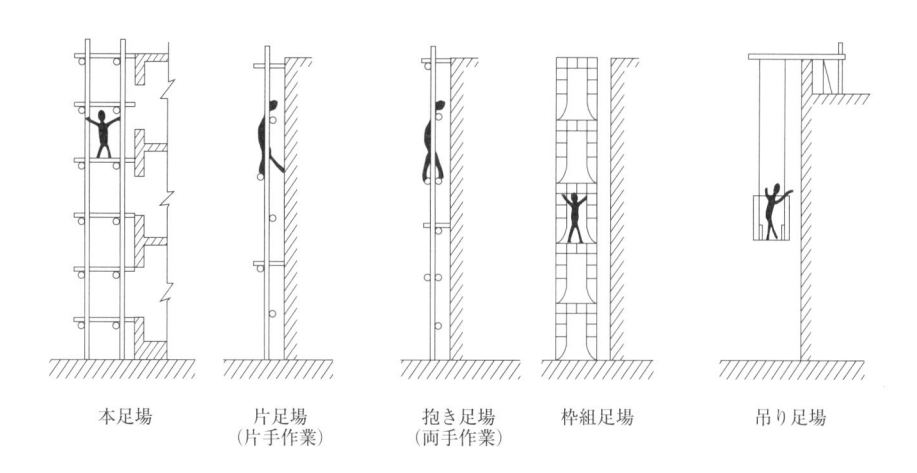

| 本足場 | 片足場<br>(片手作業) | 抱き足場<br>(両手作業) | 枠組足場 | 吊り足場 |

図4・6 足場の種類 *4

図4・7 単管本足場の例 *1

（けた行方向 1.85m以下、はり間方向 1.5m以下）
積載荷重 400kg以下（1スパン当り）
【壁つなぎ又は控えの間隔】（安則-570⑸）水平5.5m以下、垂直5m以下
(安則-571) 建地の最高部から測って31mをこえる部分の建地は鋼管2本組とする
地上第1の布 2m以下
45°程度

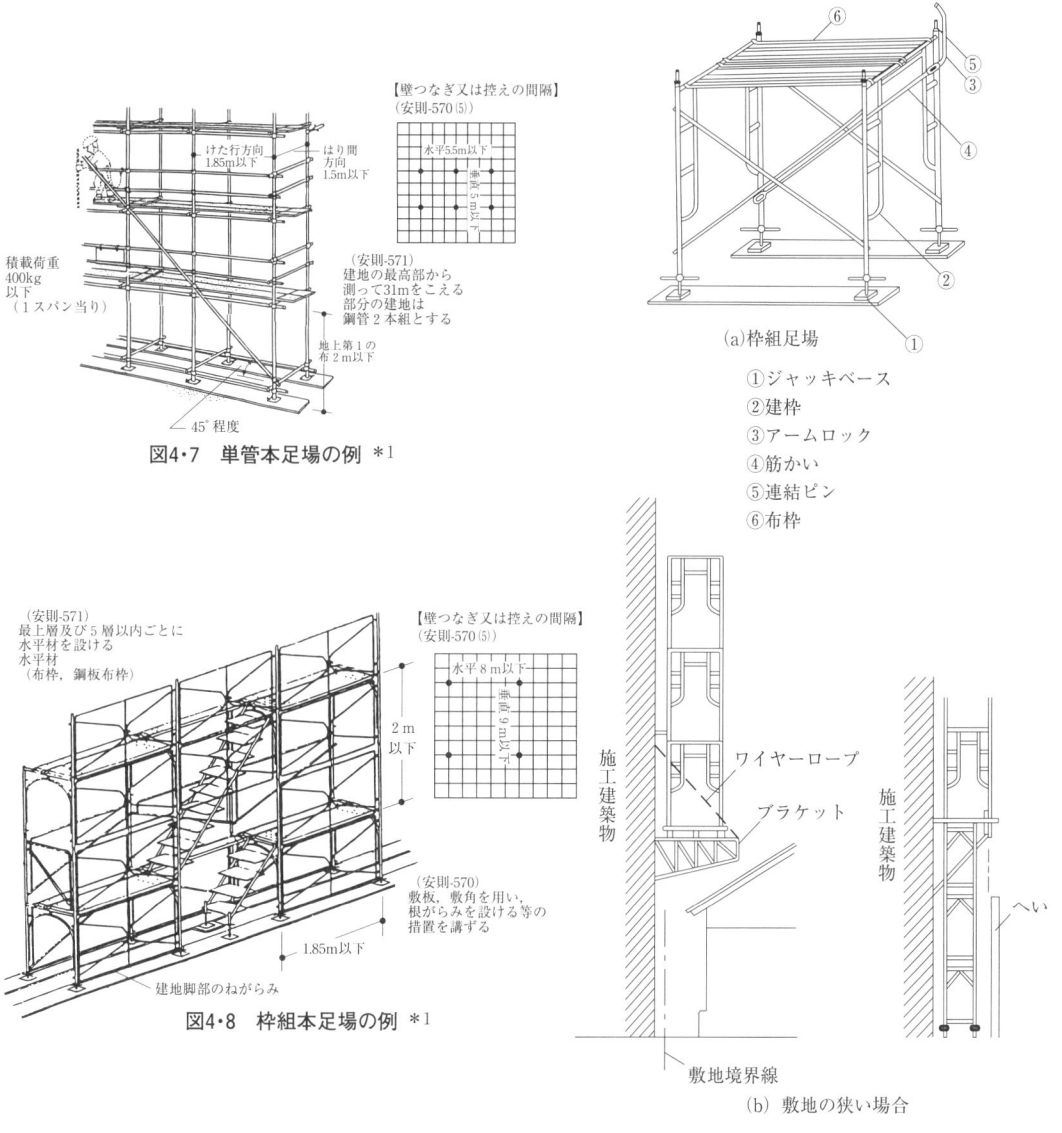

(a) 枠組足場

① ジャッキベース
② 建枠
③ アームロック
④ 筋かい
⑤ 連結ピン
⑥ 布枠

図4・8 枠組本足場の例 *1

(安則-571) 最上層及び5層以内ごとに水平材を設ける 水平材（布枠，鋼板布枠）
【壁つなぎ又は控えの間隔】（安則-570⑸）水平8m以下、垂直9m以下
2m以下
1.85m以下
(安則-570) 敷板，敷角を用い，根がらみを設ける等の措置を講ずる
建地脚部のねがらみ

ワイヤーロープ
ブラケット
施工建築物
敷地境界線

(b) 敷地の狭い場合

へい

図4・9 枠組足場 *4

d）吊り足場（図4・10(a) 参照）

　　鉄骨工事用の本締め，現場溶接等に用いられ，鉄骨の梁から，チェーンやワイヤーロープで吊る形式．

e）ローリングタワー（図4・10(b) 参照）

　　階高が高く，脚立足場などが使用できない場合で専用の枠組足場を用いた移動足場．作業床に人を乗せたまま移動してはいけない．

### (2) 桟橋・架設通路

a）登り桟橋（図4・11，図4・12参照）

　　幅75～90cm以上とし，勾配は30°以下とする．また15°以上のときは，1.5cm×3.0cm程度の滑り止め桟木を，30cm内外のピッチに釘止めする．

　　高さが8m以上となる場合は，7m以内ごとに踊り場を設置する．

　　高さ85cm以上の手すりを設ける．

b）渡り桟橋（図4・13参照）

　　橋のように架け渡した通路設備．

## 4・5 安全施設等

a）安全ネット

　　墜落防止用に設け，ナイロン製と金網がある．

b）防護シート

　　足場の外周に張るシート．

c）防護棚（図4・14）

　　落下物による危険防止措置のために設ける（あさがおとも言う）．

　　1段目は地上より5m以下．

　　2段目以上は，下の段より10m以下ごとに設置．

---

**【問題 1】** 仮設工事に関する次の記述のうち，最も不適当なものはどれか．
1. 市街地の鉄筋コンクリート造2階建住宅の新築工事に当たり，現場の周囲に仮囲いを設けなかった．
2. 水貫は，上端をかんな削りとし，水平に，地杭に釘打ちした．
3. 建築物の高低の基準として，ベンチマークを設置した．
4. 工事箇所がその敷地境界線から4mの距離にある外壁の修繕において，周囲を帆布で覆った．
5. 高さが2mの工事場所から，投下設備を設けず廃材等の投下を行った．

**【問題 2】** 仮設工事に関する次の記述のうち，最も不適当なものはどれか．
1. 高低差が2mの架設通路の勾配は，30度とした．
2. 足場における高さが2.5mの場所に設けた作業床で，墜落の危険のある箇所には，高さ70cmの手すりを設けた．
3. 工事現場の周囲に設ける仮囲いの高さは，地盤面から3mとした．
4. 丸太足場の地上第一の布は，地盤面から高さが2.5mの位置に設けた．
5. 単管足場の建地の間隔が，けた行方向1.8m，はり間方向1.5mのとき，建地間の最大積載量は，400kgと表示した．

**【問題 3】** 足場工事に関する次の記述のうち，最も不適当なものはどれか．
1. 枠組足場の壁つなぎの間隔は，垂直方向9m，水平方向8mとして計画した．
2. 高さが2mの登り桟橋の勾配を35度とした．
3. 勾配が15度を超えた登り桟橋には，滑止のために踏さんを設けた．
4. 丸太足場の建地の間隔は，2.4mとした．
5. 足場材の緊結，取りはずし，受渡し等の作業を行う場合の足場板の幅は，40cmとした．

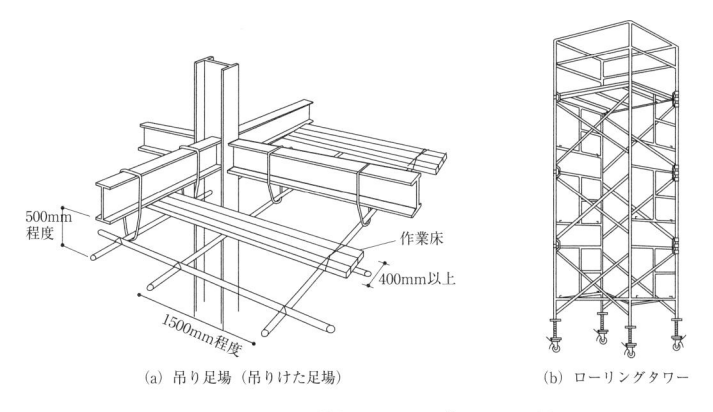

(a) 吊り足場（吊りけた足場）　　(b) ローリングタワー

**図4・10　吊り足場とローリングタワーの例**

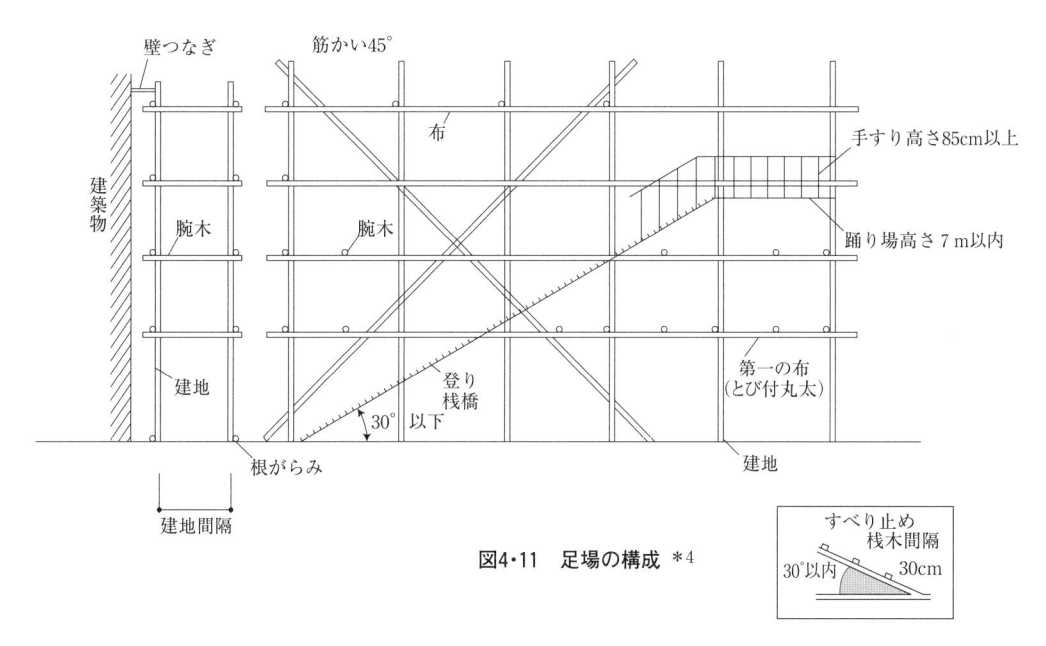

**図4・11　足場の構成** *4

**図4・12　登り桟橋の例** *1

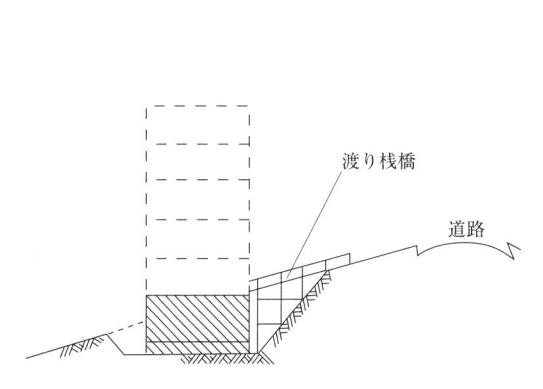

**図4・13　渡り桟橋の例**（地盤の高低差のあるとき） *1

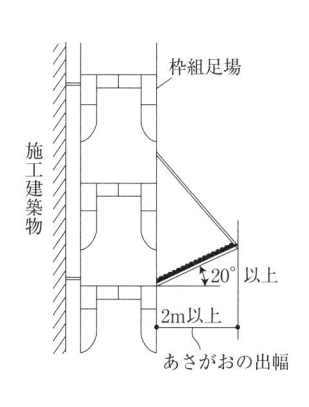

**図4・14　防護棚（あさがお）** *4

27

# 5 土工事・地業工事・基礎工事

## 5・1 地盤調査

　地盤調査は，建築物の基礎等を施工するために必要な土質地下水位などの調査をし，地盤の構成や性質を知るために行い，基礎工事・杭工事の工法を検討する．

$$\left[\begin{array}{l}\text{地盤の支持力} \rightarrow \text{土のせん断強さ}\\ \text{地盤の沈下量} \rightarrow \text{土の圧縮性}\end{array}\right] \text{試験項目（表5・1）}$$

### (1) ボーリング

　掘削用機械によって，地中に穴をあけ，各土質の深さ・厚さ・地下水位などを調査し，土質試験（表5・2）に必要な試料の採取（サンプリング）をし，地層の構成を調査する．

　　ロータリー式（回転式）：ビット（刃型を有する金具）を回転して土を削りとってせん孔する．スライムは泥水ポンプで排出する（図5・1参照）．

　　パーカッション式（衝撃式）：ビットの上下動によりせん孔する．その後でスライムを排出する．

　　ウォッシュ式（水洗式）：ビットから水を孔内に噴出させ，突きくずしてせん孔する．

　　オーガー式：ボーリングロッドの先端にオーガーを取り付け，人力または動力で回転させ，せん孔する．

### (2) 原位置試験

　サンプリングをしないで，現地で直接地盤の性状を調査する試験の総称．

　a) サウンディング

　　　ロッドにつけた抵抗体を地中に挿入し，貫入・回転・引抜きなどの抵抗から，地盤の状況を調べる．

　　　　ベーン試験：十字形の羽根（ベーン）を地中で旋回させ，軟らかい粘土地盤のせん断抵抗を調べる．

　　　　スウェーデン式貫入試験：荷重を段階的に増加させて，貫入量を計測し，100kgで止った所でそれ以後はハンドルを回転させて，貫入量を計測し，荷重と貫入の関係及び半回転数で，土層の硬軟を評価する方法（図5・2参照）．

　　　その他，オランダ式貫入試験（ダッチコーン）がある．

　b) 標準貫入試験（図5・3参照）

　　　63.5kgのハンマーを76cmの高さから自由落下させてロッドを打撃し，ロッドの先端に取り付けられた標準貫入試験用サンプラーを30cm打ち込むのに必要な回数を求める．この打撃この打撃回数を$N$値という（表5・3，表5・4参照）．砂と粘土では評価に大きな差があるので注意しなければならない．標準貫入試験は，同時にボーリングを行い，サンプリングできる．

　c) 平板載荷試験（図5・4参照）

　　　直径30cmの円形の載荷板を用いて地盤に載荷し，荷重と沈下量の関係から地耐力を求める方法．

　d) 電気探査

　　　地中に電流を流し，地下層の抵抗値及びその変化から土質状況を推定する．

表5・1　試験項目

|  | 分　類 | せん断強さ | 圧縮性 | 地下水 |
|---|---|---|---|---|
| 粘性土 | 粒度試験<br>含水比試験<br>液性限界・塑性限界試験 | 1軸圧縮試験<br>3軸圧縮試験<br>ベーン試験<br>ダッチコーン<br>平板載荷試験<br>杭の載荷試験 | 圧密試験<br>液性限界試験<br>および含水比試験 | 圧密試験<br>透水試験<br>間げき水圧測定 |
| 砂質土 | 粒度試験<br>含水比試験 | 標準貫入試験<br>またはダッチコーン<br>3軸圧縮または1面せん断試験<br>平板載荷試験<br>杭の載荷試験 | 標準貫入試験<br>またはダッチコーン<br>平板載荷試験<br>3軸圧縮または圧密試験 | 現場透水試験<br>粒度試験<br>水位測定 |

表5・2　室内土質試験 *1

| | | |
|---|---|---|
| 物理試験 | 自然含水比 | 自然状態の土の中に含まれる水の量を調べる |
| | 土粒子比重 | 土を構成する土粒子自体の比重を調べる |
| | 粒度分布 | 土を構成する土粒子を大きさごとに質量百分率で表わし，粒径加積曲線を得る．礫・砂・シルト・粘土などの構成比率を明らかにする |
| | 液性限界<br>塑性限界 | 粘性土が液体になる限界及び半固体になる限界の含水比を調べる |
| | 単位体積重量 | 土の湿潤密度（土中に含まれる水を考えた密度）を調べる |
| 力学試験 | 一軸圧縮試験 | 一軸圧縮強度qを知り，粘土，地盤の強さを求める．変形係数$E_{50}$を知る |
| | 三軸圧縮試験 | 非圧密非排水（uu）状態の粘性のc，φを求める．変形係数$E_{50}$を知る |
| | 一面せん断試験 | 土に垂直応力を与えながらせん断し，粘性土のc，φを求める |
| | 圧密試験 | 圧密降伏応力P，圧縮指数C，など圧密計算に必要なデーターを得る |

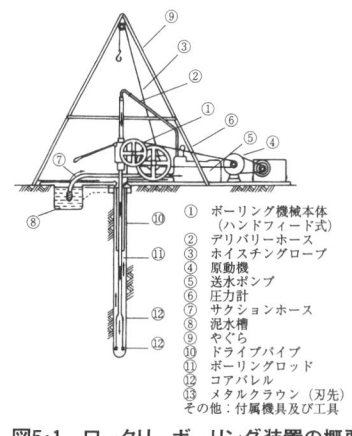

① ボーリング機械本体（ハンドフィード式）
② デリバリーホース
③ ホイスチングロープ
④ 原動機
⑤ 送水ポンプ
⑥ 圧力計
⑦ サクションホース
⑧ 泥水槽
⑨ やぐら
⑩ ドライブパイプ
⑪ ボーリングロッド
⑫ コアバレル
⑬ メタルクラウン（刃先）
その他：付属機具及び工具

**図5・1　ロータリーボーリング装置の概要** *1
（ハンドフィード式）

表5・3　N値と砂の相対密度との関係 *1

| $N$ 値 | 砂の相対密度 |
|---|---|
| ＜4 | 非常にゆるい |
| 4〜10 | ゆるい |
| 10〜30 | 中位の |
| 30〜50 | 密な |
| 50以上 | 非常に密な |

表5・4　N値と粘土のコンシステンシーとの関係 *1

| $N$ 値 | 粘土のコンシステンシー |
|---|---|
| ＜2 | 非常にやわらかい |
| 2〜4 | やわらかい |
| 4〜8 | 中位の |
| 8〜15 | かたい |
| 15〜30 | 非常にかたい |
| 30以上 | 固結した |

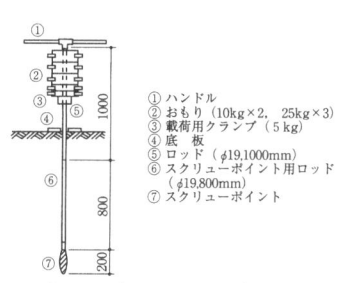

① ハンドル
② おもり（10kg×2，25kg×3）
③ 載荷用クランプ（5kg）
④ 底板
⑤ ロッド（φ19,1000mm）
⑥ スクリューポイント用ロッド（φ19,800mm）
⑦ スクリューポイント

**図5・2　スウェーデン式サウンディング試験機** *1

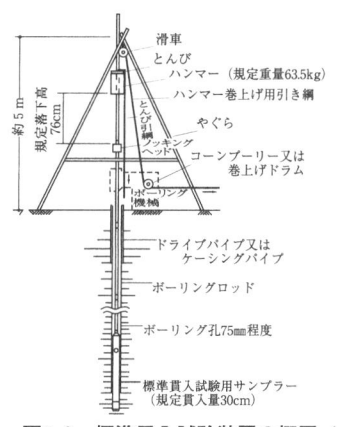

**図5・3　標準貫入試験装置の概要** *1

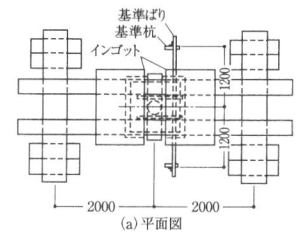

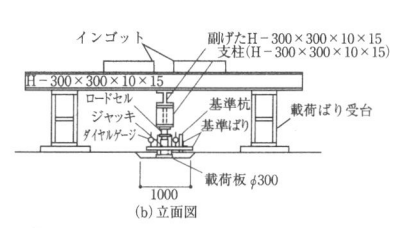

**図5・4　平板載荷試験の計画例** *1

## 5・2 土工事

根切り,埋戻し・すき取り,整地など,土の処理に関わる工事で,山留め,排水も含まれる.

### (1) 根切り:地盤を掘削すること. 必要に応じて排水工事を行う.

形状（図5・5参照）
- (a) つぼ掘り:独立基礎の形状に合わせ,その箇所ごとに必要な大きさに掘削すること.
- (b) 布 掘 り:布基礎・連続基礎・地中梁など,帯状に掘削すること.
- (c) 総 掘 り:地下やベタ基礎など基礎底面全体にそって掘削すること.

### (2) 排水工法 （図5・6参照）

- (a) 釜場排水　　　　　:根切り部分の一部に井戸状の掘下げた排水ピットを設け,これに集水し,ポンプで排水する動式排水法.
- (b) ウェルポイント工法:6〜7mの吸水管（ライザーパイプ）を1〜2m間隔に打込み,真空を利用して排水する強制排水法.
  　5〜6m程度の浅い砂質地盤に適している.
  　周辺地盤の沈下もあるので検討が必要.
- (c) ディープウェル工法:帯水層に300〜1000mmの縦孔,ウェル（井戸）を掘り,ポンプで排水する強制排水法.
  （深井戸工法）　　深い所に適している.

### (3) 山留め工法

根切りによる土砂の崩壊を防ぐもの.

- ●ヒービング現象　　　:軟弱な粘土層地盤において,掘削時に山留め壁,背面の土砂の重量などによって,上部地盤が陥没し,根切り底面が盛り上がる現象（図5・8参照）.
- ●ボイリング現象　　　:砂質土の根切り底などにおいて,上向きの水圧により水とともに砂が吹き上がる現象（図5・9参照）.
- ●パイピング現象　　　:ボイリング等により水が通りやすくなって,水の道ができる現象.
- ●クイックサンド現象:砂質地盤において浸透水が上昇することにより,砂と水が噴き上げられる現象.

各種の山留め工法

a) 山留め壁のないもの

①法付けオープンカット工法（図5・10, 11(a), 11(b),参照）
掘削側面を法面（のりめん）（傾斜面）として行う工法.
- ●敷地に余裕がある場合に有効.
- ●施工能率はよいが,根切り・埋戻し土量が多い.

岩盤:5m以上の掘削は75°以下
砂山:35°以下　5m未満
浸透水のおそれのある場合は,ウェルポイント工法と併用する.

b) 山留め支保工のないもの

①段逃げ山留め工法

(a) つぼ掘り　　(b) 布掘り　　(c) 総掘り

**図5・5　根切りの種類**

(a) 釜場排水　　(b) ウェルポイント工法　　(c) ディープウェル工法

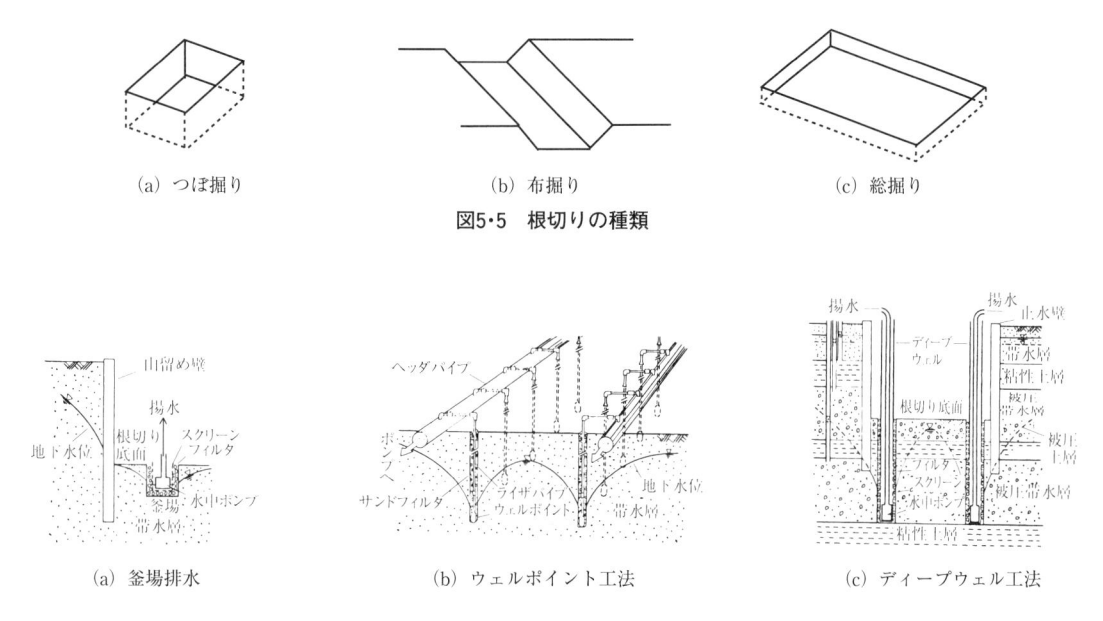

**図5・6　排水工法**　［単位：mm］（日本建築学会「山留め設計施工指針」による）

**図5・7　受働土圧** *8　　**図5・8　ヒービング現象** *8　　**図5・9　ボイリング現象** *8

**図5・10　法付けオープンカット工法**

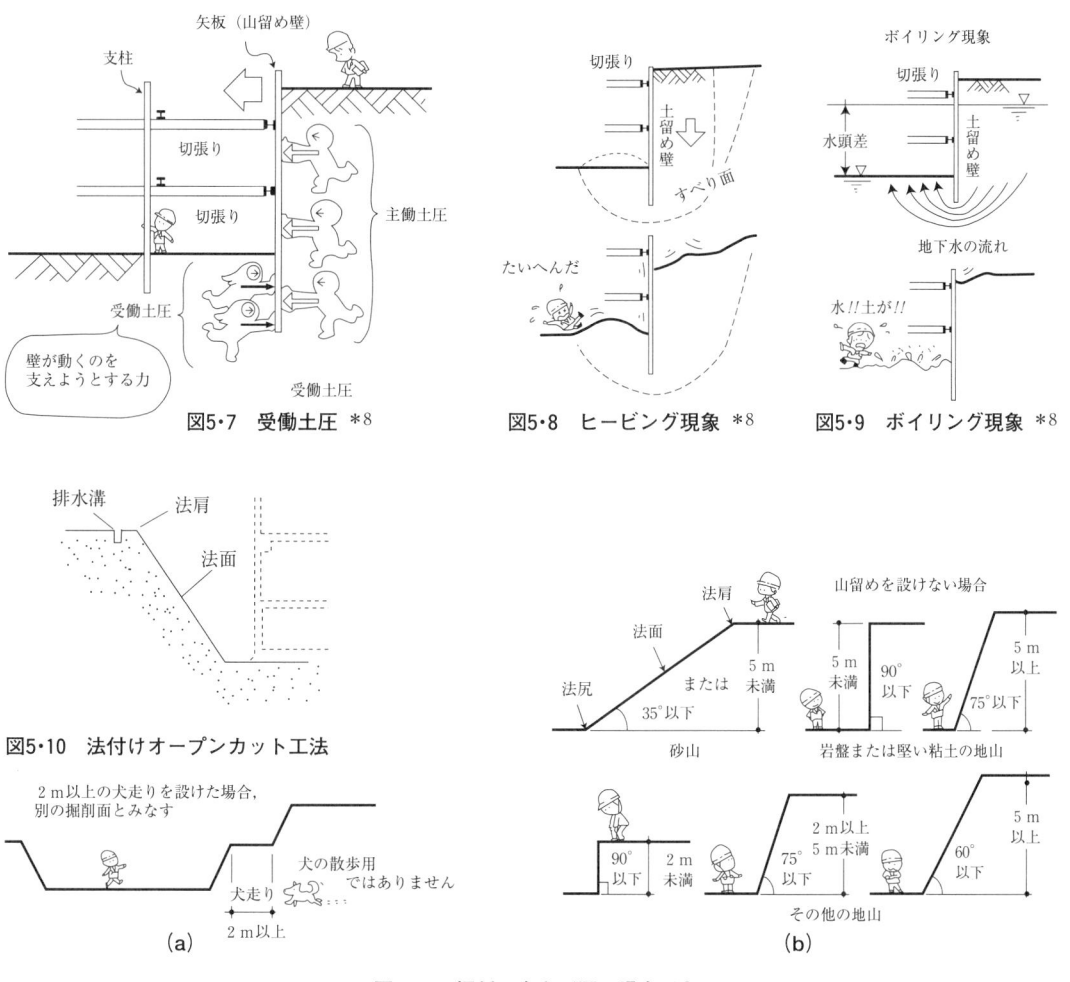

**図5・11　掘削の高さが深い場合** *8

31

c) 山留め壁による分類
　①親杭横矢板工法（図5・12参照）
　　　1m前後に親杭（H形鋼やレール）を打込み，この親杭間に横矢板をはめ込む工法．
　　　非常に軟弱な粘土またはシルト層，排水が完全にできない砂層には適さない．
　②鋼矢板（シートパイル）工法（図5・12参照）
　　　鋼矢板をかみ合せ，連続して打込む工法．
　　　透水性の大きい砂質地盤に適する．
　　　層の厚い軟弱地盤には適さない．
　③場所打ちRC山留め壁工法
　　● 連続山留め壁工法：山留め支保工がないため，大型掘削機械が可能となり，作業性が高い（図5・13(d)参照）．
　　● ソイルセメント列柱工法：振動・騒音が少なく，市街地で有効な工法（図5・13(c)参照）．

d) 山留め支保工による分類
　①水平切張り工法（図5・14参照）
　　　一般的に用いられ，山留め壁面を切張りと腹起しにより支える工法．
　②アースアンカー工法（図5・15参照）
　　　切張りのかわりに，アースアンカーを打込み，山留めを支える工法．切張りがない分，施工能率はよいが，アースアンカーが敷地外に出る場合は，撤去タイプのものを用いるのが原則である．
　③アイランド工法（図5・16参照）
　　　山留め壁に接して法面を残して土圧を支え，中央部を掘削し，構造物を施工し，構造物から斜め切張りを架設し，山留め壁を支え，外周部を根切りする．
　④逆打工法（図5・17参照）
　　　根切りと並行して地下構造物を施工し，これを支保工として下部の掘削と躯体の構築を下方に向かってくり返していく工法．
　　　コンクリートが逆打ちになるため，打継部の処理に問題がある．
　⑤トレンチカット工法
　　　建物周囲部を溝（トレンチ）掘りし，その部分に構造物を構築し，山留め壁とし，中央部を掘削していく工法．
　⑥ケーソン工法
　　　ケーソンの作業室から圧縮空気を送り，内部を掘削し沈下させていく工法．

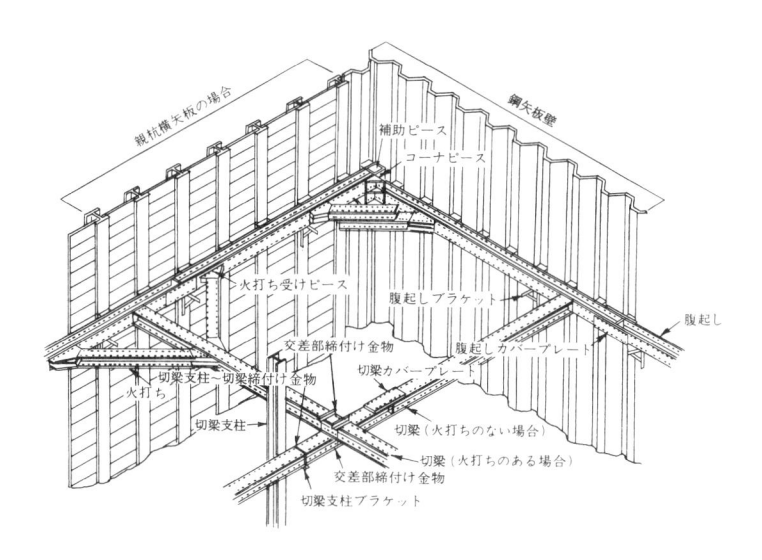

図5・12 山留め部材の例 (JASS3 山留工事より)

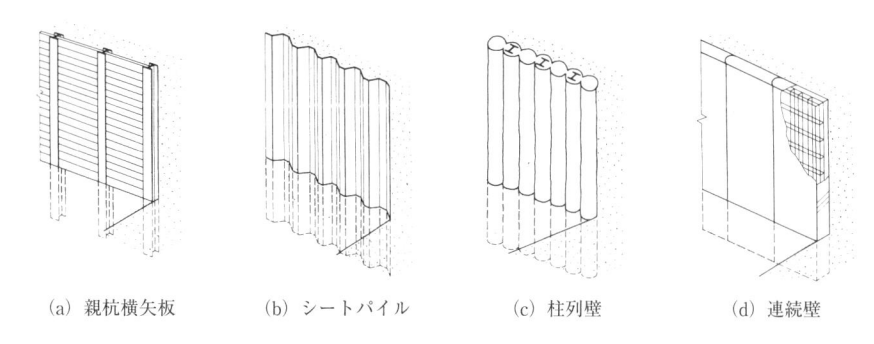

(a) 親杭横矢板　(b) シートパイル　(c) 柱列壁　(d) 連続壁

図5・13 連続山留め壁工法 (日本建築学会「構造用教材」より)

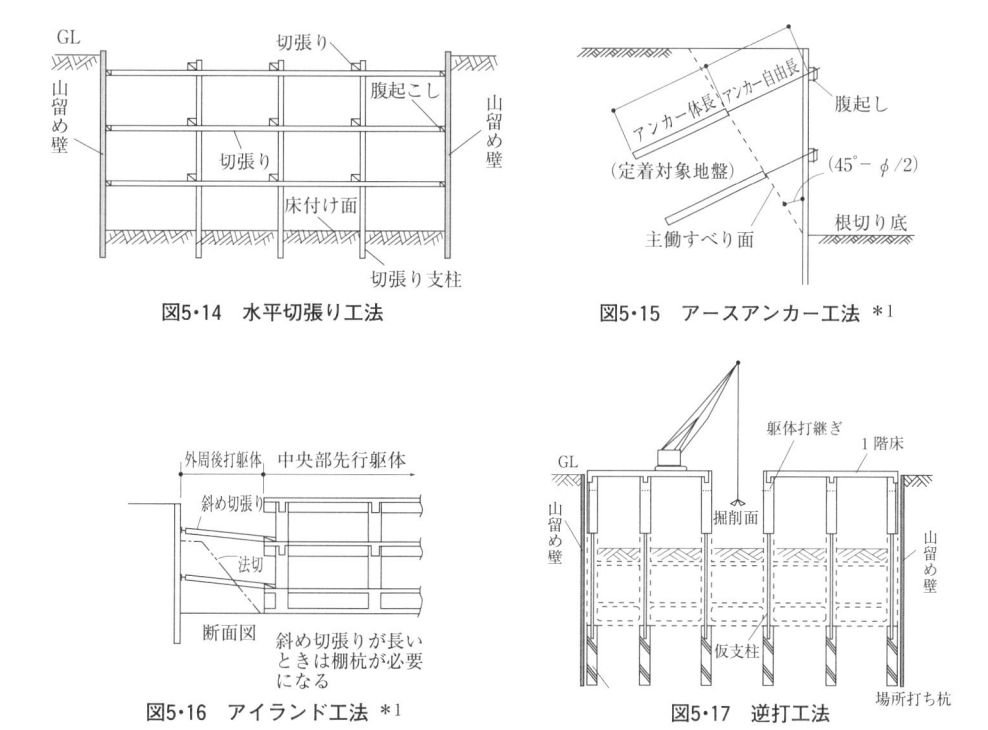

図5・14 水平切張り工法

図5・15 アースアンカー工法 *1

図5・16 アイランド工法 *1

図5・17 逆打工法

## 5・3 地業工事

### (1) 直接基礎地業
建築物の基礎からの荷重を直接地盤に伝える形式

- a) 地肌地業　　　　：支持力が十分で良好な地盤面をそのまま均して，捨コンクリートを打設して基礎の支持地盤とする（図5・18参照）．
- b) 砂　地　業　　　：表面の軟弱な土を砂と入れ替えて密実に締め固めた砂の層を支持地盤とする．
通常1m程度以内の厚さで施工される．
- c) 砂 利 地 業　　　：粒径45mm以上の砂利を50mm程度に敷き詰め突き固める．比較的良好な地盤で割ぐり地業の不要な場合に用いられる（図5・19参照）．
- d) 割ぐり地業　　　：割ぐり石や玉石を根切り底にすき間がないように小端立てに敷きならべ，その上に切込み砂利を充てんし，突き固める（図5・20参照）．
- e) 捨コンクリート地業：基礎・柱・基礎ばりの墨出しをするために設けられる地業で，地盤を強化するものではない．

### (2) 地盤改良工事
支持地盤の地耐力の増大，地盤沈下の抑制などを目的として，土の性質を改良すること．

- a) 強制圧密工法：強制的に間げき水を排除し圧密沈下を促進させる方法．粘性土に適している．
  - ●サンドドレーン工法（図5・21参照）
- b) 締固め工法　：物理的・機械的に水締め・振動締めにより密度を増大させる方法で，地震時の液状化現象の防止を目的としている．砂質土に適している．
  - ●バイブロフローテイション工法（図5・22参照）
  - ●サンドコンパクション工法（図5・23参照）
- c) 固 結 工 法：セメントや石灰，あるいは薬液の注入などにより，土粒子間の化学的結合力を増大させる方法．粘性土や砂質土に適している．
- d) 置 換 工 法：軟弱な粘土層を良質な土やソイルセメント（現地の土と混合かくはんしたもの）あるいは，コンクリート（ラップルコンクリートという）と置換する方法（図5・24参照）．
- e) 排 水 工 法：砂質地盤の過剰な水分（間げき水）を脱水させる方法．
  - ●ドレーンパイプ工法（図5・25参照）

## 5・4 杭工事

### (1) 杭の支持方法による分類（図5・26参照）
支持杭—支持地盤まで杭の先端を到達させる杭
摩擦杭—杭の外周面と地層との摩擦抵抗によって建物を支持する杭

図5・18　地肌地業

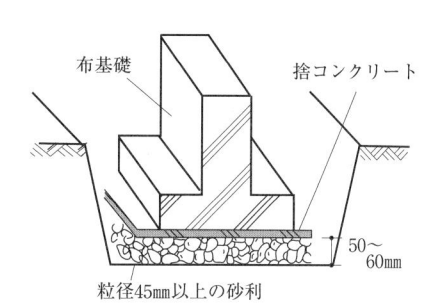

図5・19　砂利地業

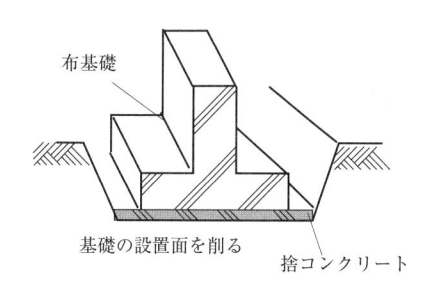

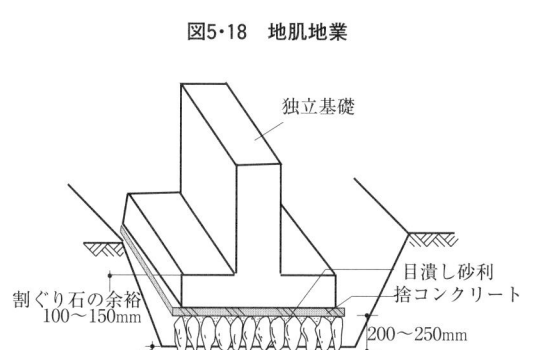

図5・20　割ぐり地業

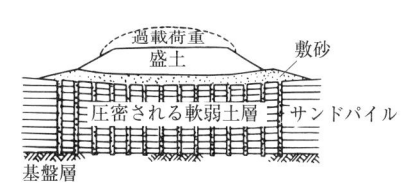

図5・21　サンドドレーン工法 *1

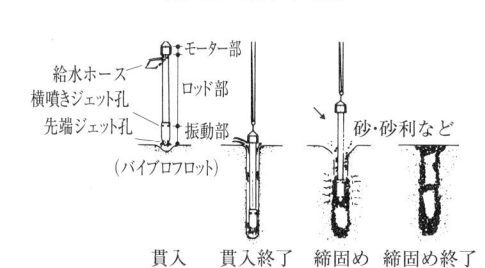

図5・22　バイブロフローテイション工法 *1

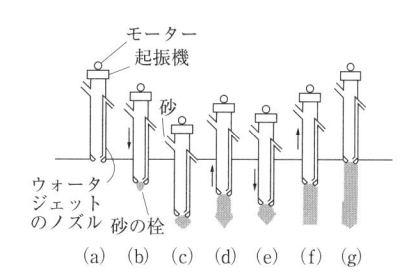

図5・23　サンドコンパクション工法 *1

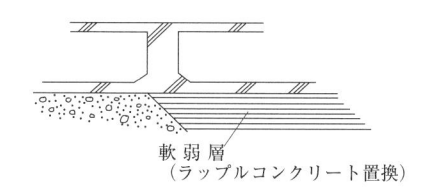

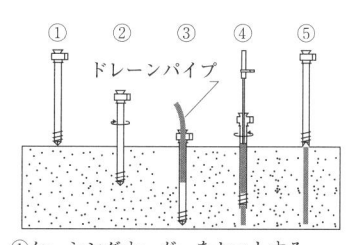

図5・24　置換工法：ラップルコンクリート *1

①ケーシングオーガーをセットする
②ケーシングオーガーを回転させる
③回転をとめて，ドレーンパイプを挿入する
④ケーシングオーガーを抜き取る
⑤施工完了

図5・25　ドレーンパイプ工法 *1

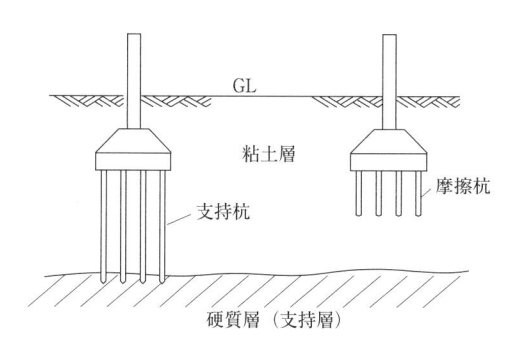

図5・26　支持の方法による分類

## (2) 材料による分類

a）木杭　　　　　　　：松丸太等の樹皮を除いたもので，末口の径は17cm以上とし元口から末口まで一様に径が変化したものとする．
- 腐食をさけるため地下水位以下で用いる．
- 打設間隔は，元口径の2.5倍以上かつ60cm以上．

b）鋼杭　　　　　　　：支持杭として用いられ衝撃に強く，小さな断面で耐力が得られる．
- 腐食対策に考慮する．
- 継手はアーク溶接とし，余盛3mm以下とする．
- 打設間隔は杭径2倍以上（閉端杭は2.5倍以上）かつ75cm以上．
- 鉛直精度1/100，杭頭の水平ずれ10cm以下．

c）既製コンクリート杭：支持杭，摩擦杭とも多く用いられる．一般にはPC（プレストレストコンクリート）杭が用いられる．自重が大きく，曲げ・引張りに弱いため取扱いには注意が必要である．
- 打設間隔　杭頭径の2.5倍以上かつ75cm以上
  　　　　　杭頭径の2.0倍（埋込み杭の場合）
- 鉛直精度1/100　杭頭の水平ずれ10cm以下

## (3) 工法による分類

a）既製杭

① 打撃工法：ハンマーで打撃を与えて貫入する．
- 騒音や振動が最も大きく，市街地での施工は困難．

② 振動工法：バイブロハンマーで杭に圧力をかけながら上下振動を与えて貫入する．
- 打撃工法と同様市街地での施工は困難．

③ 圧入工法：水圧ジャッキとウインチなどの力を併用して貫入する．
- 騒音・振動は小さいが，機械が大型化し，施工能率が小さい．

④ ジェット工法：杭の先端や側面に送水パイプを差し込み，高圧水を噴出させながら杭を押し込んでいく．
- 多量の水を使用し，給排水設備が必要．

⑤ 中掘り工法：先端開放型の杭の中に，掘削機（アースオーガー）を挿入して，掘削しながら杭を貫入する（図5・28参照）．
- 打撃工法・圧入工法などと併用したり，セメントミルクで根固めする．

⑥ プレボーリング工法：アースオーガーで掘削，削孔し，杭を建て込む工法（図5・29参照）．
- 貫入には打撃工法などが併用されるが，騒音・振動は低減される．

⑦ セメントミルク工法：アースオーガーで削孔後，セメントミルクで根固め・固定する（図5・30参照）．

```
既製杭 ─┬─ ⓐ木杭
        ├─ ⓑ鋼杭 ─┬─ 鋼管杭
        │          └─ H形鋼杭
        └─ ⓒ既製コンクリート杭
                ├─ 遠心力コンクリート杭
                │    ├─ 鉄筋コンクリート杭
                │    ├─ プレストレストコンクリート杭
                │    ├─ 高強度プレストレストコンクリート杭
                │    └─ 鋼管コンクリート杭
                └─ 振動締固めコンクリート杭
                   （つば付き鉄筋コンクリート杭）
```

```
打込 ─┬─ ①打撃工法
      ├─ ②振動工法
      ├─ ③圧入工法
      └─ ④ジェット工法
埋込 ─┬─ ⑤中掘り工法（図5・28）
      ├─ ⑥プレボーリング工法（図5・29）
      └─ ⑦セメントミルク工法（図5・30）
```

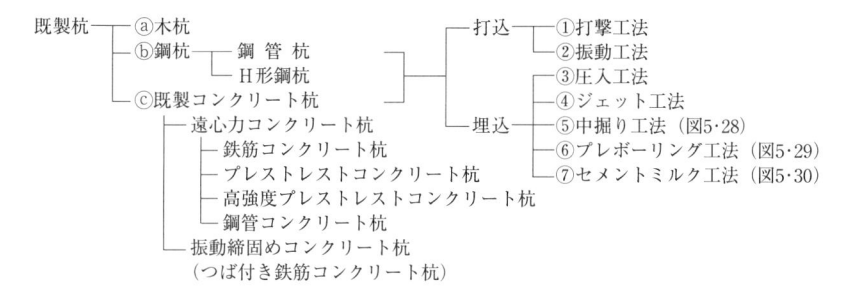

**図5・27　杭の種類**

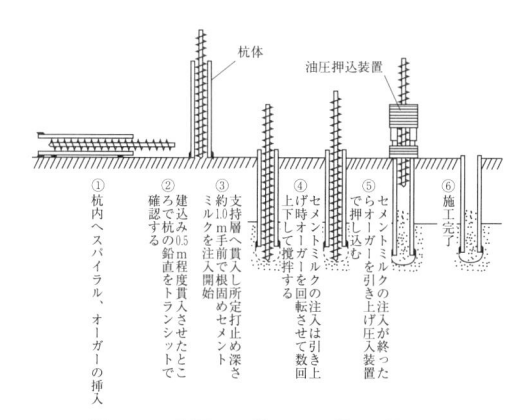

**図5・28　中掘り工法による杭の手順** *1

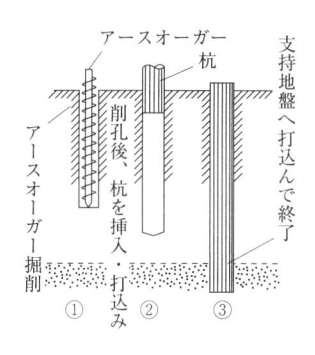

**図5・29　プレボーリング工法** *1

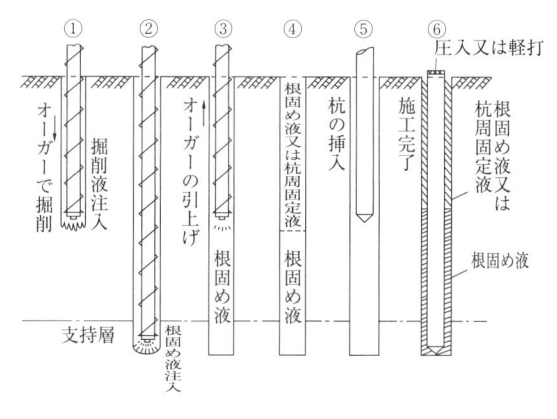

**図5・30　セメントミルク工法** *1

b) 場所打ちコンクリート杭
- 機械掘削工法
  - 孔壁保護にケーシングを使用 ── ①オールケーシング工法（ベノト工法）（図5・31）
  - 孔壁保護に清水・安定剤を使用
    - ②アースドリル工法　　　　　　　（図5・32）
    - ③リバースサーキュレーション工法（図5・33）
    - ④ボーリングホール工法（BH工法）（図5・34）
- 人力掘削工法 ── ⑤深礎工法　（図5・35）
- 置換工法 ── ⑥オーガーパイル工法

①オールケーシング工法（ベノト工法）

孔壁保護のためにケーシングを圧入し，ハンマーグラブで掘削・排土する．

②アースドリル工法

孔壁保護に表層ケーシングチューブとベントナイト溶液が用いられ，回転バケットで掘削・排土する．

③リバースサーキュレーション工法

孔壁保護は清水を用い，回転ビットで掘削し，水と土砂は共に吸上げて排水する．

④ボーリングホール工法（BH工法）

孔壁保護はアースドリル工法と同様であるが，ボーリングマシンを使用して掘削する．

⑤深礎工法

人力により掘削する．

⑥オーガーパイル工法

オーガーで掘削し，モルタルを注入しながらオーガーを引上げ鉄筋を挿入する．

---

【問題 1】 標準貫入試験に関する下記の文中の □ に当てはまる数値の組合せとして，最も適当なものは，次のうちどれか．

標準貫入試験におけるN値とは，質量 A kgはハンマーを B cm自由落下させ，標準貫入試験用サンプラーを C cm打ち込むのに要する打撃数をいう．

| | A | B | C |
|---|---|---|---|
| 1. | 62.5 | 76 | 25 |
| 2. | 63.5 | 76 | 30 |
| 3. | 63.5 | 80 | 25 |
| 4. | 65.0 | 80 | 30 |
| 5. | 65.0 | 80 | 25 |

【問題 2】 土工事及び山留め工事に関する次の用語の組合せのうち，最も不適当なものはどれか．
1. 根切り────────布掘り
2. 法付けオープンカット────腹起し
3. 山留め────────矢板
4. 埋戻し────────余盛り
5. 排水────────かま場

【問題 3】 地業とその説明との組合せとして，最も不適当なものは，次のうちどれか．
1. 地肌地業―堅固で良質な地盤をならして，支持面とする地業
2. 捨コンクリート地業（均しコンクリート地業）―コンクリートを打設して，地盤を強化するための地業
3. 砂地業―軟弱地盤に砂を充てんして，地盤を改良する地業
4. 砂利地業―根切り底に直接砂利を敷き並べて突き固める地業
5. 割栗地業―根切り底に割栗石を小端立てに並べて，砂利を充てんして突き固める地業

【問題 4】 杭打工事に関する次の記述のうち，最も不適当なものはどれか．
1. 節付コンクリート杭を摩擦杭として施工した．
2. 近隣への騒音・振動を考慮して，セメントミルク工法で施工した．
3. アースドリル工法で杭を施工し，支持地盤への到達の確認を，掘削深度及び回転バケットの回転速度で行った．
4. 既製コンクリート杭を作業地盤面以下に打ち込む場合には，やっとこを用いて，杭打ちを行った．
5. 既製コンクリート杭の継手は，アーク溶接による溶接継手とした．

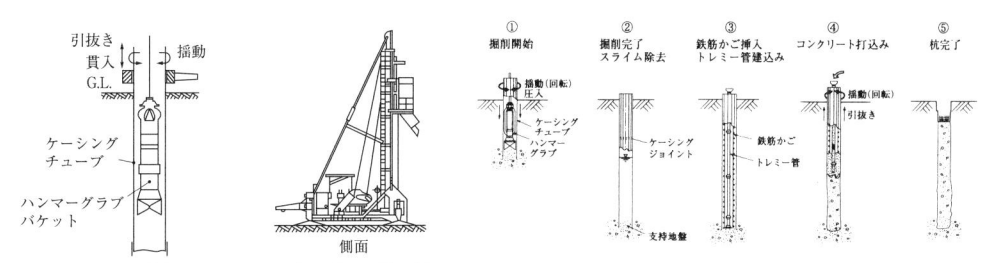

図5・31 オールケーシング工法 (左図は＊1，右図は公共建築協会「建築工事監理指針」より)

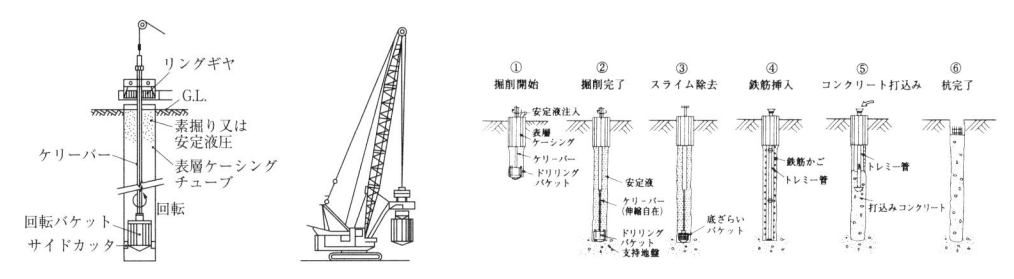

図5・32 アースドリル工法 (図5・31と同じ)

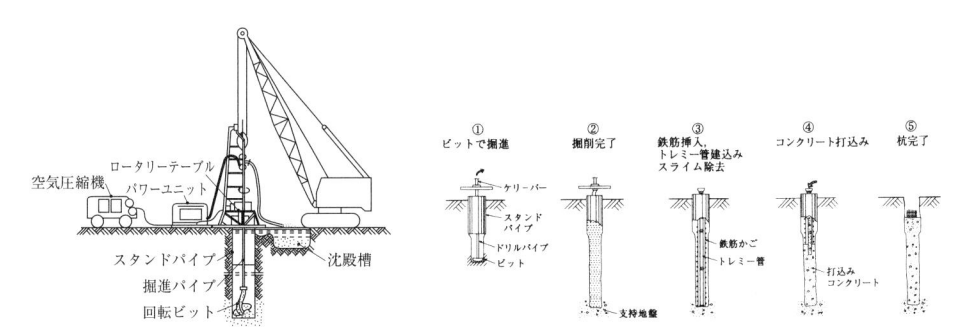

図5・33 リバースサーキュレーションドリル工法 (図5・31と同じ)

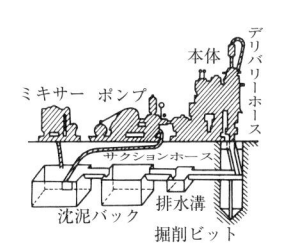

図5・34 ボーリングホール工法 ＊1

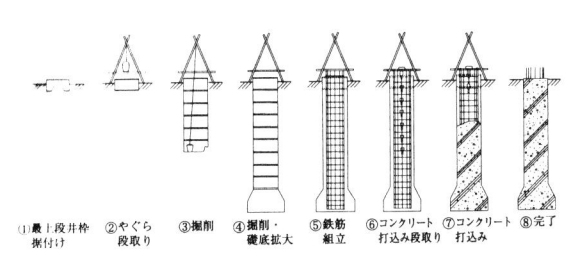

図5・35 深礎工法 (公共建築協会「建築工事監理指針」より)

# 6　鉄筋工事　I

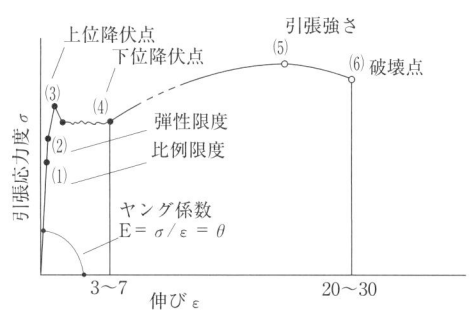

　鉄筋コンクリート構造においては，鉄筋（主筋）が引張応力，コンクリートが圧縮応力をそれぞれ負担し，またせん断力は，鉄筋（帯筋・あばら筋）で負担する．
　鋼材は，したがって引張材として用いられる．引張試験によるひずみとの関係は図6・1のようになる．

1）比例限度：外部応力とひずみ（伸び）とが正比例をなす限度
2）弾性限度：外部応力を除くとひずみがほぼなくなり，元の長さにもどる限度
　　……弾性
　　これ以降の状態（応力を除いても元の長さに戻らない）を塑性．
3）上位降伏点：上位降伏点から下位降伏点までは，応力を加えなくても伸びだけが進行する．
　　……降伏状態
4）下位降伏点：応力を加えると急に変形が増大し始める．
5）引張強さ：最大応力度点
6）破壊点：破断する位置

図6・1　引張応力～伸び曲線 [1]

## 6・1　鉄筋の種類（表6・1参照）

丸　　鋼　　　SR　熱間圧延丸鋼　　　　SRR　再生丸鋼
異形鉄筋　　　SD　熱間圧延異形棒鋼　　SDR　再生異形棒鋼

記号の後につく数字は，降伏点強度を示している．

## 6・2　鉄筋の加工・組立

### (1) 切断と加工

　切断は，シャーカッター又は，電動のこを用いる．
　曲げ加工は，電動鉄筋折曲げ機か，バーベンダーを用いる．
　　注）どちらも，冷間加工とし，ガス切断などの加熱して切断・加工する方法は，材の強度等に影響する可能性があるため，避けなければならない．

表6・1 鉄筋コンクリート用棒鋼の機械的性質

| 種類の記号 | 降伏点又は耐力 N/mm² | 引張強さ N/mm² | 引張試験片 | 伸び % | 曲げ性 曲げ角度 | 曲げ性 内側半径 |
|---|---|---|---|---|---|---|
| SRR235 | (1) 235以上 | 380〜590 | 2号 | 20以上 | 180° | 公称直径の1.5倍 |
| SRR295 | (1) 295以上 | 440〜620 | 2号 | 18以上 | 180° | 公称直径の1.5倍 |
| SDR235 | (1) 235以上 | 380〜590 | 2号に準じるもの | 18以上 | 180° | 公称直径の1.5倍 |
| SDR295 | (1) 295以上 | 440〜620 | 2号に準じるもの | 16以上 | 180° | 公称直径の1.5倍 |
| SDR345 | (1) 345以上 | 490〜690 | 2号に準じるもの | 16以上 | 180° | 公称直径の1.5倍 |
| SR235 | 235以上 | 380〜520 | 2号 | 20以上 | 180° | 公称直径の1.5倍 |
| SR235 | 235以上 | 380〜520 | 3号 | 24以上 | 180° | 公称直径の1.5倍 |
| SR295 | 295以上 | 440〜600 | 2号 | 18以上 | 180° | 径16mm以下 公称直径の1.5倍 |
| SR295 | 295以上 | 440〜600 | 3号 | 20以上 | 180° | 径16mmを超えるもの 公称直径の2倍 |
| SD295A | 295以上 | 440〜600 | 2号に準じるもの | (2) 16以上 | 180° | D16以下 公称直径の1.5倍 |
| SD295A | 295以上 | 440〜600 | 3号に準じるもの | (2) 18以上 | 180° | D16を超えるもの 公称直径の2倍 |
| SD295B | 295〜390 | 440以上 | 2号に準じるもの | (2) 16以上 | 180° | D16以下 公称直径の1.5倍 |
| SD295B | 295〜390 | 440以上 | 3号に準じるもの | (2) 18以上 | 180° | D16を超えるもの 公称直径の2倍 |
| SD345 | 345〜440 | 490以上 | 2号に準じるもの | (2) 18以上 | 180° | D16以下 公称直径の1.5倍 |
| SD345 | 345〜440 | 490以上 | 3号に準じるもの | (2) 20以上 | 180° | D16を超えD41以下 公称直径の2倍 / D51 公称直径の2.5倍 |
| SD390 | 390〜510 | 560以上 | 2号に準じるもの | (2) 16以上 | 180° | 公称直径の2.5倍 |
| SD390 | 390〜510 | 560以上 | 3号に準じるもの | (2) 18以上 | 180° | 公称直径の2.5倍 |
| SD490 | 490〜620 | 620以上 | 2号に準じるもの | (2) 12以上 | 90° | D25以下 公称直径の2.5倍 |
| SD490 | 490〜620 | 620以上 | 3号に準じるもの | (2) 14以上 | 90° | D25を超えるもの 公称直径の3倍 |

(JIS G 3112-1987による)

注1 耐力は,永久ひずみ0.2%で測定する.
注2 異形棒鋼で,寸法が呼び名D32を超えるものについては,呼び名3を増すごとに表の伸び値からそれぞれ2%減じる.ただし,減じる限度は4%とする.

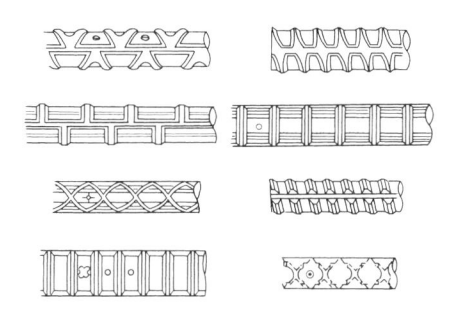

図6・2 異形鉄筋の形状

## (2) 曲げ加工

折り曲げ加工の形状と寸法は，表6・2，表6・3による．

末端部に関しては，

　丸鋼は，原則としてフックを設ける．

　異形鉄筋は，一般部はフックを設けないが，次の部分にはフックが必要である．

　　①柱及び梁（基礎梁を除く）の出隅部分の末端
　　②片持ち梁及び先端に荷重を受ける，片持スラブ先端部の上端筋の先端
　　③帯筋・あばら筋の末端
　　④煙突に用いる鉄筋の末端

## (3) 鉄筋の間隔・あき（表6・4参照）

あきは，●鉄筋径・呼び名（異形鉄筋）の1.5倍以上
　　　　●粗骨材寸法（表6・5参照）の1.25倍以上
　　　　●25mmのうち大きいほうの数値

例えば，D25の場合

- 鉄筋呼び名　　25×1.5　＝37.5
- 粗骨材　　　　25×1.25＝31.25
- 25mm　　　　　25　　＜37.5　　　よって，37.5mm以上となる

## (4) かぶり厚さ

かぶり厚さ：一番外側の鉄筋表面からコンクリートの表面までの距離（図6・3参照）．
　　　　　　各部により，数値が定められている（表6・6参照）．

適正なかぶり厚さを確保しないと，さまざまな問題が生じる．

- 耐火性に関して，コンクリートは耐火性はあるが，火災が起きるとコンクリートが熱せられ劣化し，内部の鉄筋の温度が上昇し，膨張すると共に強度が低下する．
- 錆に関して，　コンクリートはアルカリ性であるため，コンクリート中の鉄筋は錆にくい．
　　　　　　　硬化したコンクリートは，空気中の炭酸ガスの影響を受けて，徐々に中性化してくると錆が発生してくる．錆が発生すると膨張し，コンクリートはひび割れ，そこから水分・空気が浸入するとますます鉄筋の腐食を早める．

耐火性・耐久性・構造耐力・施工性等を考慮すると，適正なかぶり厚さを確保することは重要である．

建築基準法施行令79条で定められた数値は最小値であり，最小値で施工した場合，施工誤差等で確保出来なくなることも考えられるため，実際の施工時には誤差も含めて，10mm加えた値を最小値とおきかえる．

**表6・2 鉄筋中間部の折曲げ形状・寸法** *1

| 折曲げ角度 | 図 | 鉄筋の使用箇所による呼称 | 鉄筋の種類 | 鉄筋の径による区分 | 鉄筋の折曲げ内法の直径寸法(D) |
|---|---|---|---|---|---|
| 90°以下 |  | 帯筋 あばら筋 スパイラル筋 スラブ筋 壁筋 | SR235, SRR235 SD295A, SD295B SDR295, SR295 SRR295, SD345, SDR345 | 径16以下 D16以下 | 3d以上(1) |
|  |  |  |  | 径19以下 D19以上 | 4d以上 |
|  |  | 柱, 梁, 壁, スラブ 基礎梁などの主筋 | SD295A, SD295B SDR295, SD345, SDR345 SD390 | D16以下 | 4d以上 |
|  |  |  |  | D19〜D25 | 6d以上 |
|  |  |  |  | D29〜D41 | 8d以上 |

注1　dは丸鋼では径，異形鉄筋では呼び名に用いた数値とする．

**表6・3 鉄筋末端部の折曲げ形状・寸法** *1

| 折曲げ角度 | 図 | 鉄筋の種類 | 鉄筋の径による区分 | 鉄筋の折曲げ内法の直径(D) |
|---|---|---|---|---|
| 180° |  | SR235, SRR235 | 径16以下 | 3d以上(1) |
| 135° |  | SR295, SRR295 SD295A, SD295B SDR295 SD345, SDR345 | 径16以下 D16以下 | 3d以上 |
| 90° |  |  | 径19以下 D19〜D38 | 4d以上 |
|  |  |  | D41 | 5d以上 |
|  |  | SD390 | D16〜D41 | 5d以上 |

注1　dは丸鋼では径，異形鉄筋では呼び名に用いた数値とする．
注2　片持スラブの上端筋の先端，壁の自由端に用いる先端は，余長は4d以上でよい．

**表6・4 鉄筋の間隔・あきの最小値** *1

|  | あき | 間隔 |
|---|---|---|
| 異形鉄筋 | ・呼び名の数値の1.5倍<br>・粗骨材寸法の1.25倍<br>・25mmのうち大きいほうの数値 | ・呼び名の数値の1.5倍＋最外径<br>・粗骨材寸法の1.25倍＋最大径<br>・25mm＋最大径のうち大きいほうの数値 |
| 丸鋼 | ・鉄筋径の1.5倍<br>・粗骨材寸法の1.25倍<br>・25mmのうち大きいほうの数値 | ・鉄筋径の2.5倍<br>・粗骨材寸法の1.25倍＋鉄筋径<br>・25mm＋鉄筋径のうち大きいほうの数値 |

注　D：鉄筋の最外径，d：鉄筋径

**表6・5 粗骨材の最大寸法**

| 使用箇所 | 粗骨材の最大寸法 (mm) ||
|---|---|---|
|  | 砂利 | 砕石・高炉スラグ砕石 |
| 柱・梁・スラブ・壁 | 20, 25 | 20 |
| 基礎 | 20, 25, 40 | 20, 25, 40 |

注　鉄筋のあきの4/5以下，かつ最小かぶり厚さ以下
（JASS 5による）

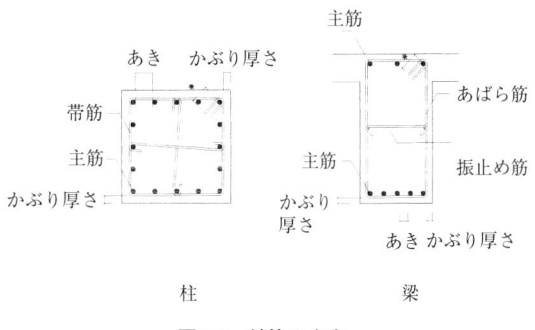

**表6・6 かぶり厚さの最小値（令79条）**

| 部位 |  | かぶり厚さ(mm) |
|---|---|---|
| 土に接しない部分 | 非耐力壁・床 | 20 |
|  | 耐力壁・柱・梁 | 30 |
| 土に接する部分 | 壁・柱・床・梁・布基礎の立上り部分 | 40 |
|  | 基礎（布基礎の立上り部分を除く） | 60 |

図6・3　鉄筋のあき

## (5) バーサポート・スペーサー（図6・4参照）

かぶり厚さ・鉄筋相互の位置を確保すること，コンクリート打込み作業中の衝撃や振動による配筋のずれ防止のために，バーサポート・スペーサーを配置する．

スラブ：1.3個/m$^2$
梁一般部：1.5m程度
梁端部：1.5m以内

種類は，コンクリート製・鋼製・プラスチック製・ステンレス製などを使用し，モルタル製は使用しない．

## (6) 組立

一般部　柱－壁－梁－床
基礎部　基礎－柱－基礎梁

- 配筋は，コンクリート打込時の衝撃や振動によって，動かないように鉄筋相互（交差部や重ね部）を径0.8mm程度のなまし鉄線で結束する．
- 梁の上端筋の2段配筋が3本以上ある場合は，鉄筋の受け用幅止め筋を用いて固定する（図6・5参照）．
- 柱の主筋が正しい位置からずれている場合，ゆるやかに主筋を傾斜させ，正規の位置に修正する．急に曲げて修正してはいけない，また加熱して修正してはいけない（図6・6参照）．
- 壁がダブル配筋の場合，約1mの間隔で幅止め筋を配筋する．

## (7) 開口部等の補強

壁や梁に開口部がある場合，開口部廻りにひび割れ等が発生しやすいために，斜め筋等の補強配筋をしなければならない．

- ダブル配筋の壁の開口補強筋は，壁筋の内側に配筋する（図6・7参照）．

---

【問題 1】 鉄筋コンクリート工事における鉄筋の加工・組立てに関する次の記述のうち，最も不適当なものはどれか．
1．コイル状の鉄筋は，直線器にかけてから加工した．
2．鉄筋の切断は，シャーカッター又は電動のこによって行った．
3．煙突の鉄筋の末端部には，フックを付けた．
4．鉄筋径D25の鉄筋を梁主筋に用い，鉄筋相互のあきは，35mmとした．
5．最上階における丸柱の柱頭の鉄筋は，定着長さが確保できたので，末端部にフックを設けなかった．

【問題 2】 鉄筋コンクリート工事に関する次の記述のうち，最も不適当なものはどれか．
1．使用する鉄筋がJIS規格品であったので，規格証明書を監理者に提出して承諾を得たうえで，鉄筋の材料試験は省略した．
2．床版の配筋において，スペーサーの個数は，特記がなかったので，上端筋，下端筋とも，それぞれ1m$^2$当たり8個とした．
3．最上階の柱の主筋上端の長さが不足したので，所定の継手長さをとって，鉄筋を補足した．
4．柱の鉄筋に対するコンクリートのかぶり厚さは，帯筋の外側から測定した．
5．梁の鉄筋のかぶり厚さの検査は，コンクリートの打込みに先立って行った．

【問題 3】 鉄筋コンクリート工事に関する次の記述のうち，最も不適当なものはどれか．
1．鉄筋組立ての結束線は，径0.8mm以上のなまし鉄線を使用し，その端部は躯体の中心方向に折り曲げた．
2．径の異なる鉄筋の重ね継手の長さは，細いほうの鉄筋径の45倍とした．
3．梁主筋の上端筋の2段目の鉄筋が3本以上ある場合，受け用幅止め筋を設けた．
4．ダブル配筋の壁において，開口補強筋は，壁筋の内側に配筋した．
5．柱主筋の継手中心位置を梁上端から上方40cmとした．

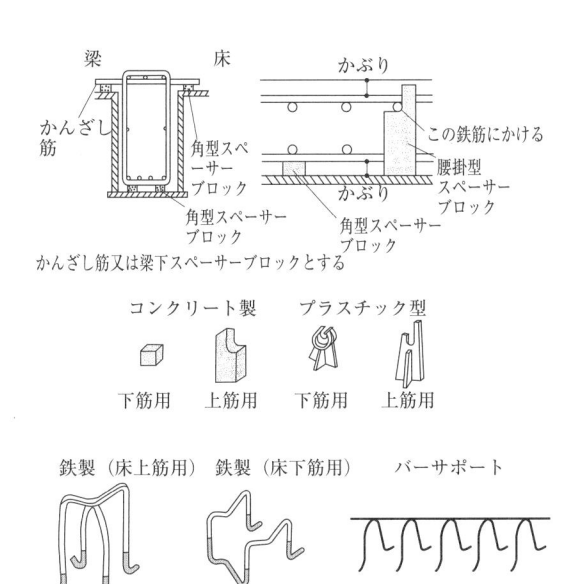

図6・4　梁・床用スペーサーブロック ＊1

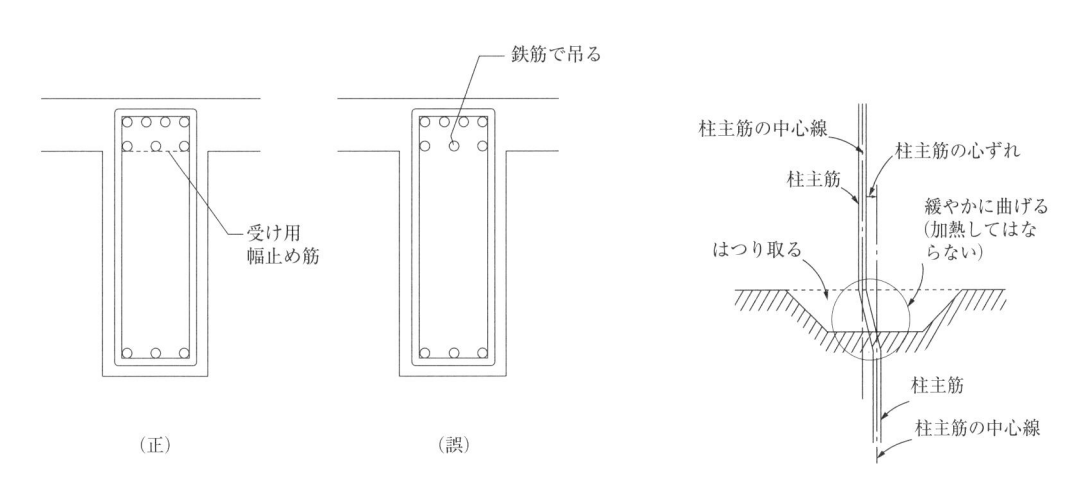

図6・5　上端筋の配筋

図6・6　柱主筋の台直し ＊5

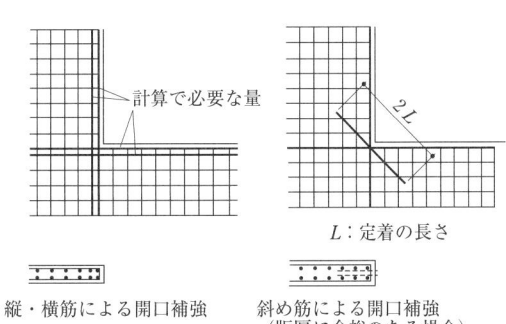

図6・7　壁・床の開口補強例 ＊1

# 7 鉄筋工事 II

## 7・1 鉄筋の定着

定着：梁と柱，柱と基礎等，構造耐力上一体化させるために定められた長さを埋め込ませる（表7・1，図7・2，図7・3参照）．

1）梁主筋の定着は，柱の中心部を超えてから折り曲げる．
2）最上階の梁上端主筋の定着は，折り曲げ部分の直線部から所定の長さを確保しなければならない．
3）最上階の柱の主筋の四隅部の末端は，フックをつける．

## 7・2 鉄筋の継手

種類

重ね継手 ……………………D16以下
ガス圧接継手 ……………D19以上
特殊継手 ……………………D29以上
重ねアーク溶接継手 ……閉鎖形の帯筋・あばら筋

図7・1 重ね継手

### (1) 重ね継手

継手の長さは，種類・強度等により定められている（表7・2参照）．

D29以上の鉄筋には，原則として使用しない．

異なる径の鉄筋を重ね継手する場合は，細い方の径に対する継手長さを算定する．

フックは，重ね継手長さに含まない．

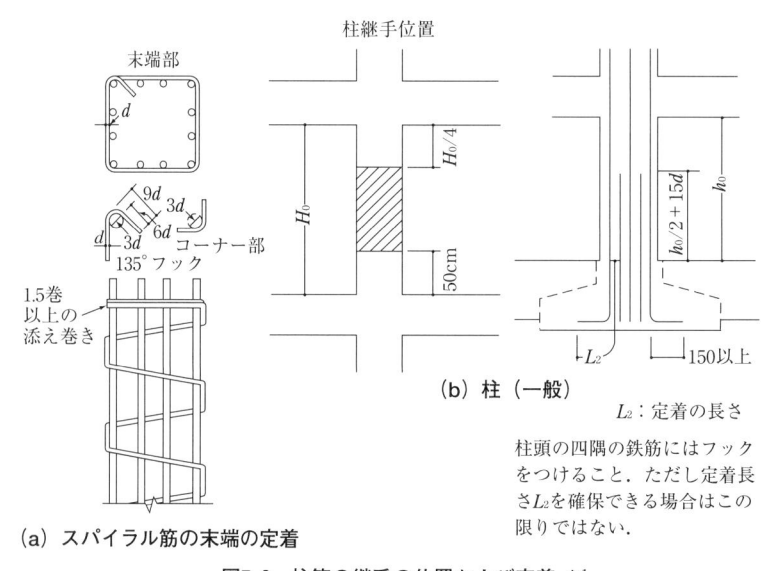

$L_2$：定着の長さ

柱頭の四隅の鉄筋にはフックをつけること．ただし定着長さ$L_2$を確保できる場合はこの限りではない．

図7・2 柱筋の継手の位置および定着 *1

表7・1 鉄筋の定着長さ ($L_2$, $L_3$) *1

| 種類 | コンクリートの設計基準強度 ($N/mm^2$) | 定着の長さ 一般 ($L_2$) | 下端筋 ($L_3$) 小梁 | 下端筋 ($L_3$) 床・屋根スラブ |
|---|---|---|---|---|
| SR235 SRR235 | 18 | 45$d$フック付き | 25$d$フック付き | 150mm フック付き |
| | 21, 24 | 35$d$フック付き | | |
| SD295A SD295B SDR295 SD345 SDR345 | 18 | 40$d$または 30$d$フック付き | 25$d$または 15$d$フック付き | 10$d$かつ 150mm以上 |
| | 21, 24 | 35$d$または 25$d$フック付き | | |
| | 27, 30, 33, 36 | 30$d$または 20$d$フック付き | | |
| SD390 | 21, 24 | 40$d$または 30$d$フック付き | | |
| | 27, 30, 33, 36 | 35$d$または 25$d$フック付き | | |

注1 末端のフックは定着長さに含まない．
注2 $d$は，丸鋼では径，異形鉄筋では呼び名に用いた数値とする．
注3 耐圧スラブの下端筋の定着長さは，一般定着 ($L_2$) とする．
注4 定着の長さの許容差は，−20mmとする．

表7・2 鉄筋の重ね継手長さ ($L_1$)

| 種類 | コンクリートの設計基準強度 ($N/mm^2$) | 一般 ($L_1$) |
|---|---|---|
| SR235 SRR235 | 18 | 45$d$フック付き |
| | 21, 24 | 35$d$フック付き |
| SD295A SD295B SDR295 SD345 SDR345 | 18 | 45$d$または 35$d$フック付き |
| | 21, 24 | 40$d$または 30$d$フック付き |
| | 27, 30, 33, 36 | 35$d$または 25$d$フック付き |
| SD390 | 21, 24 | 45$d$または 35$d$フック付き |
| | 27, 30, 33, 36 | 40$d$または 30$d$フック付き |

注1 末端のフックは，重ね長さに含まない．
注2 $d$は，丸鋼では径，異形鉄筋では呼び名に用いた数値とする．
注3 直径の異なる重ね継手の長さは，細いほうの$d$による．
注4 重ね継手の長さの許容差は，−20mmとする．

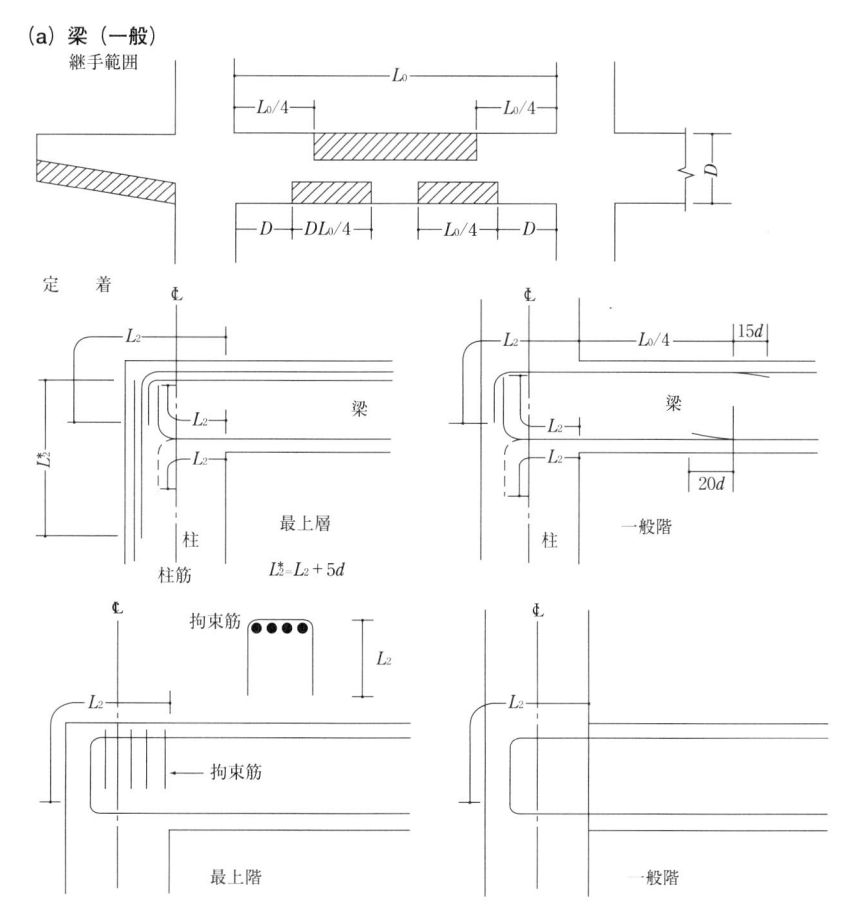

図7・3 梁筋の継手の位置および定着(1) *1

## (2) あき重ね継手

鉄筋相互のあき寸法が0.2Lかつ150mm以下であれば，重ね継手と同等に有効である（図7・4参照）．

## (3) 重ねアーク溶接継手

鉄筋端部を並行に沿わせ，フレアグルーブアーク溶接を行う継手．溶接長さは，片面溶接10$d$，両面の場合は5$d$．

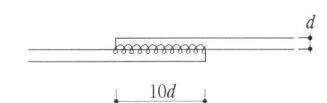

折り曲げ部分は，熱せられると脆くなるので，避ける．

## (4) ガス圧接継手

柱や梁の主筋の継手として，一般的な継手．

a）主要な注意事項
① 種類の異なる鉄筋の圧接継手を設けてはならない．
② 同一種類の鉄筋でも，径または呼び名の差が5mmを超える場合は，圧接継手をしてはならない．
③ 鉄筋の加工は，1箇所当たり，約1$d$〜1.5$d$縮むため，切断長さに注意しなければならない．

b）圧接作業時の注意事項
① 圧接工は，日本圧接協会が定めた検定試験に合格した有資格者でなければならない．
② 圧接面は，グラインダー等で平らに仕上げ，その周辺を面取りする．
③ 圧接面の隙間は3mm以下とし，形状はやや中高に仕上げる（図7・7参照）．
④ 雨・雪及び強風時は作業を中止する．
⑤ 4口以上の多口式火口を使用し，300kgf/m$^2$以上の加圧を行ない，火炎の中心は圧接面から外れないようにする．

c）圧接部の検査

● 引張試験（抜き取り検査）

1日当たり施工した箇所（200箇所程度）を1ロット．

1ロット→3本採取．最大引張強さがすべて母材の規格値以上であることを確認．

● 外観検査（全数検査）

形状（図7・8参照）
① 中心軸の偏心は，鉄筋径（径が異なる場合は細い方）の1/5以下．
② 圧接部のふくらみの径は，鉄筋径の1.4倍以上．
③ 圧接部のふくらみ長さは，鉄筋径の1.1倍以上とし，割れ，変形等がないこと．
④ 圧接面のずれは鉄筋径の1/4以下．

不良圧接の補正
①・④の数値が規定値を超えた場合は，圧接部を切断して再圧接．
②・③の数値が規定値に満たない場合は，再加熱し所定のふくらみとする．

形状がいちじるしく不良なもの，または圧接部に有害と認められる欠陥を生じた場合は，圧接部を切断して再圧接．

(b) 小梁

図7・4 あき重ね継手

図7・5 ガス圧接・アーク溶接のずらし方

小梁せいが小さく垂直（左図）で$L_2$がとれない場合，斜めにしてもよい．

(c) 基礎梁

基礎梁（耐圧スラブ付き）

継手位置は引張り応力の小さい部分とする

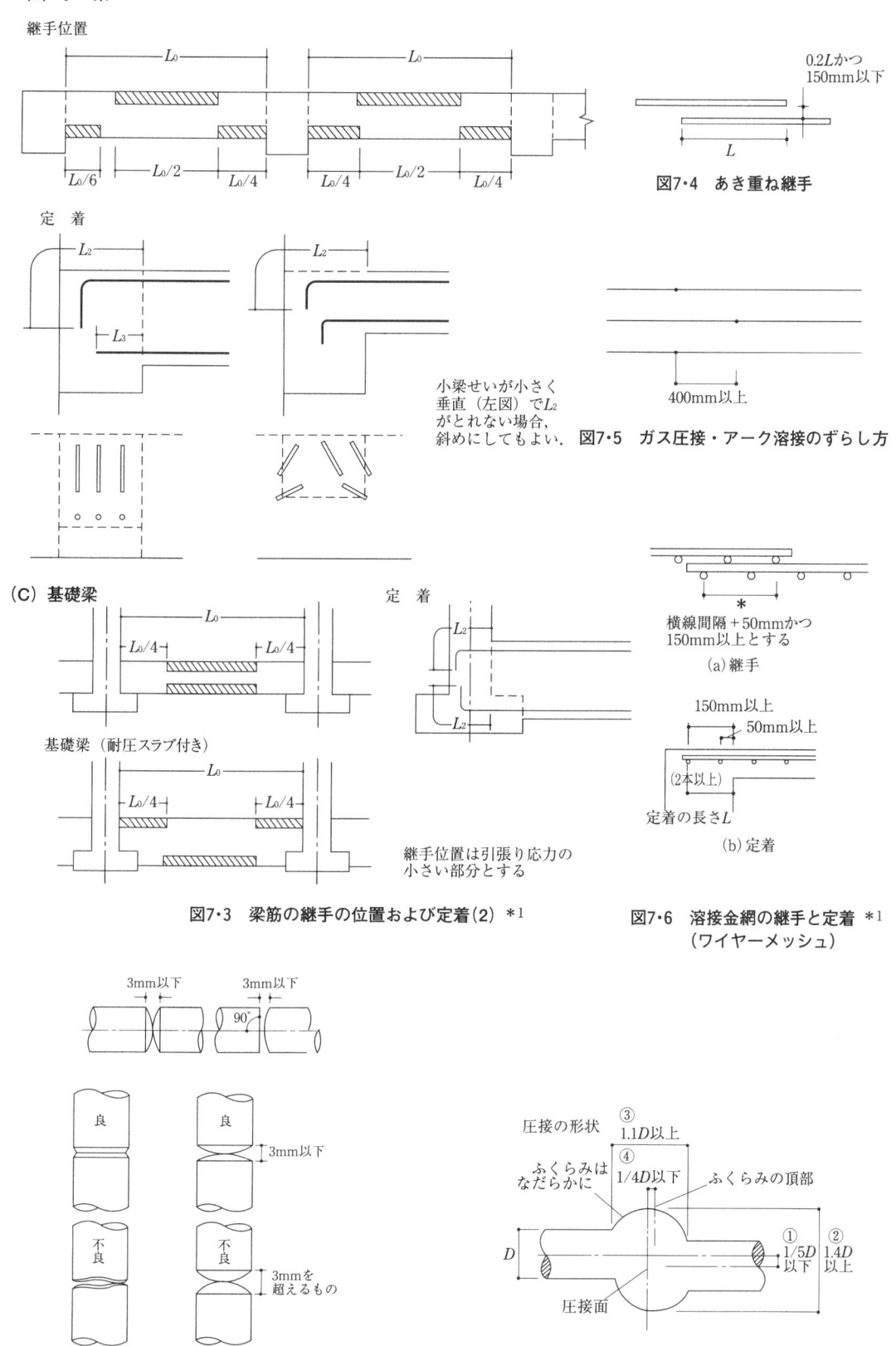

図7・3 梁筋の継手の位置および定着(2) *1

図7・6 溶接金網の継手と定着 *1
（ワイヤーメッシュ）

(a)継手 横線間隔＋50mmかつ150mm以上とする

(b)定着 定着の長さ$L$

図7・7 圧接の形状 *1

図7・8 圧接部のふくらみと長さ *1

(5) 特殊継手

　　グリップジョイント工法

　　　スリーブに鉄筋端部をそう入し，油圧で締め付ける工法．

　他（図7・9参照）

---

【問題 1】 鉄筋コンクリート工事における鉄筋の継手・定着に関する次の記述のうち，最も不適当なものはどれか．
1．鉄筋径D29の鉄筋の継手は，重ね継手とした．
2．継手・定着の長さは，末端のフックの長さを除いたものとする．
3．隣合う鉄筋の継手位置は，1か所に集中しないよう，相互に，継手長さの0.5倍ずらして設けた．
4．小梁外端部の定着は，斜め定着とした．
5．屋根スラブ下端筋の異形鉄筋の定着長さは，呼び名に用いた数値の10倍かつ150mm以上とした．

【問題 2】 鉄筋コンクリート造の鉄筋の継手・定着に関する次の記述のうち，最も不適当なものはどれか．
1．柱の主筋の継手中心位置は，梁上端から500mm以上，かつ，柱の内法高さの3/4以下とした．
2．径の異なる鉄筋の重ね継手の長さは，細いほうの鉄筋径の45倍とした．
3．種類の異なる鉄筋であったが，同じ径だったので，ガス圧接継手とした．
4．柱の主筋は異形鉄筋を用いて重ね継手とし，出隅部分の主筋の末端にフックを設けた．
5．梁の腹筋の継手長さは，150mm程度とした．

【問題 3】 鉄筋コンクリート造の柱の帯筋の加工・組立てに関する次の記述のうち，最も不適当なものはどれか．
1．帯筋のフックの位置は，直近のものと同じ位置とならないようにした．
2．帯筋の端部におけるフックの長さは，帯筋径の6倍とした．
3．梁の鉄筋を加工する際に見込んでおくかぶり厚さは，必要な最小かぶり厚さに10mmを加えた数値とした．
4．円柱に用いる丸形の帯筋の端部と端部を溶接としない場合，重なり部分の長さは，帯筋径の12倍とした．
5．帯筋の端部と端部を両面アーク溶接とする場合，溶接長さは，帯筋径の5倍とした．

【問題 4】 鉄筋のガス圧接部の品質検査に関する次の記述のうち，最も不適当なものはどれか．
1．圧接部の超音波探傷試験は，その試験の一部について，監督員の立会いのもとに実施した．
2．圧接部のふくらみの直径が規定値に満たなかったので，再加熱し，圧力を加え所定の寸法にふくらませた．
3．圧接部について外観試験を行ったところ，圧接部のずれが規定値を超えていたので，圧接部を切り取って再圧接した．
4．すべての圧接部について外観試験を行い，全数が合格と判定されたので，抜取り試験を省略した．
5．圧接部の試験片の引張試験を行ったところ，その引張強度が母体の規格値を下回ったので，直ちに作業を中止した．

(a) FDグリップ工法

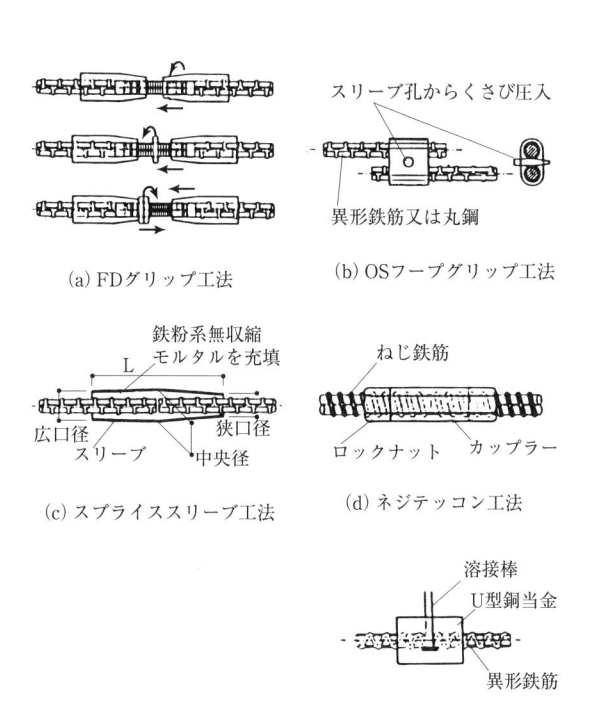

(b) OSフープグリップ工法

(c) スプライススリーブ工法

(d) ネジテッコン工法

(e) NKE溶接工法

図7・9　特殊継手の例　*1

# 8 型枠工事

## 8・1 計画と設計

### (1) 基本計画
① 転用回数を増やし，材料の使用量を少なくすると共に規格化をはかる．
② 現場での加工・組立が容易であること．
③ 解体・運搬・揚重が容易であること．
④ 型枠として強度が十分であり，作業中に破損しないこと．

### (2) 型枠の設計
荷重には，鉛直荷重（床・梁）　　　　　（表8・1）
　　　　　側　圧（柱・壁）　　　　　　（表8・2）
　　　　　水平荷重（床・梁の支保工の補強）（表8・3）

　鉛直荷重＝固定荷重＋積載荷重
　固定荷重＝鉄筋＋型枠＋コンクリート
　積載荷重＝作業荷重＋衝撃荷重

コンクリートによる側圧は，打設速度・打設高さ・コンクリート材料の単位重量（$W_0$）が主に影響する（表8・2，図8・1）．

**側圧と施工条件との関係**

| 項　目 | 側圧への影響 |
|---|---|
| 打込み速度 | 速度が速いほど側圧大 |
| コンシステンシー | 軟らかいほど側圧大 |
| コンクリートの比重 | 大きいほど側圧大 |
| コンクリートの温度・気温 | 高いほど側圧小 |
| せき板の平滑さ | 表面が平滑なほど側圧大 |
| せき板の透水性 | 漏水性が大きいほど側圧小 |
| せき板の間隔 | 間隔が大きいほど側圧大 |
| バイブレーターの使用 | 突固めるほど側圧大 |
| 打込み方法 | 高所より落下させるほど側圧大 |
| スランプ | 大きいほど側圧大 |
| セメント | 早強なほど側圧小 |
| 骨　材 | 重いほど側圧大 |
| 型枠の剛性 | 大きいほど側圧大 |
| 鉄筋または鉄骨量 | 多いほど側圧小 |

コンシステンシー：
まだ固まらないコンクリート等の流動性の程度

## 8・2 型枠の材料

### (1) せき板：コンクリートに直接接する型枠材料

　a）合　　　板：ラワン・米松の合板で，積層数が5層で厚12mmのものが一般的．

　b）塗装合板：合板の片面（コンクリートに接する部分）にウレタン系やアクリル系の耐アルカリ性樹脂を塗布したもので打放し面に使用する．

　c）鋼製パネル：メタルフォームとも呼ばれ，精度・平滑性，転用回数に優れているが，現場での切断・穴あけ等加工が出来ない．

　d）アルミ製パネル：アルフォームともいい，錆びにくいため耐久性に優れているが高価である．

　e）はく離剤：転用回数やコンクリート表面の平滑性向上を図るため，はく離剤を塗る．

表8・1 鉛直荷重の種類 [*6]

| 荷重の種類 | | 荷重の値 | 備考 |
|---|---|---|---|
| 固定荷重 | 普通コンクリート | $24kN/m^3 \times d$ | $d$：部材厚さ |
| | 軽量コンクリート（1種） | $20kN/m^3 \times d$ | 軽量1種 |
| | 軽量コンクリート（2種） | $18kN/m^3 \times d$ | 軽量2種 |
| | 型枠重量 | $0.4kN/m^3$ | |
| 積載荷重 | 通常のポンプ工法 | $1.5kN/m^3$ | 作業荷重＋衝撃荷重 |
| | 特殊な打込工法 | $1.5kN/m^3$以上 | 実情による |

表8・2 型枠設計用の側圧 [*6]

| 部位 | | 打込早さ (m/h) | 10以下の場合 | | 10を超え20以下の場合 | | 20を超える場合 |
|---|---|---|---|---|---|---|---|
| | | $H$(m) | 1.5以下 | 1.5を超え4.0以下 | 2.0以下 | 2.0を超え4.0以下 | 4.0以下 |
| 柱 | | | $W_0H$ | $1.5W_0 + 0.6W_0 \times (H-1.5)$ | $W_0H$ | $2.0W_0 + 0.8W_0 \times (H-2.0)$ | $W_0H$ |
| 壁 | 長さ3m以下の場合 | | | $1.5W_0 + 0.2W_0 \times (H-1.5)$ | | $2.0W_0 + 0.4W_0 \times (H-2.0)$ | |
| | 長さ3mを超える場合 | | | $1.5W_0$ | | $2.0W_0$ | |

〔注〕 $H$：フレッシュコンクリートのヘッド(m)（側圧を求める位置から上のコンクリート打込高さ）
$W_0$：コンクリートの単位容積質量 (t/m³) ×g (kN/m³)

表8・3 水平荷重の推奨値 [*6]

| | 水平荷重 | 例 |
|---|---|---|
| 型枠がほぼ水平で現場合せで支保工を組立てる場合 | 鉛直荷重の5% | パイプサポート、単管支柱、組立支柱、支保梁 |
| 型枠がほぼ水平で工場製作精度で支保工を組立てる場合 | 鉛直荷重の2.5% | 枠組支柱 |

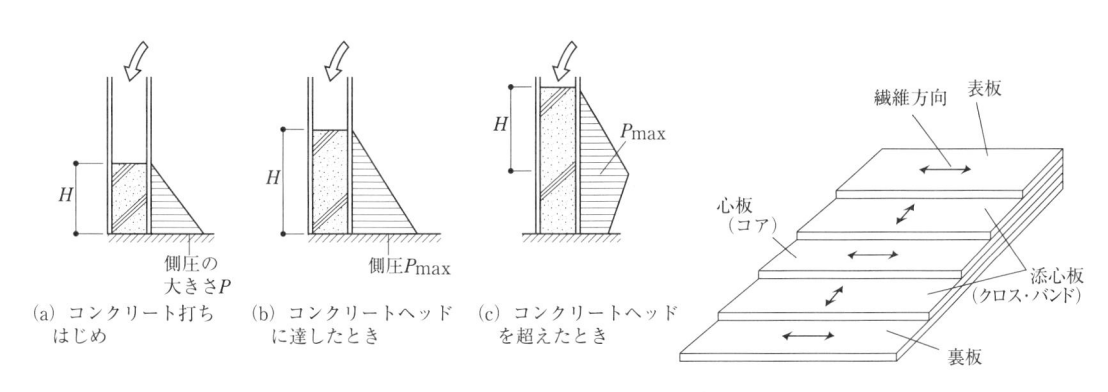

(a) コンクリート打ちはじめ
(b) コンクリートヘッドに達したとき
(c) コンクリートヘッドを超えたとき

図8・1 型枠に加わる側圧

図8・2 型枠用合板の例 [*1]

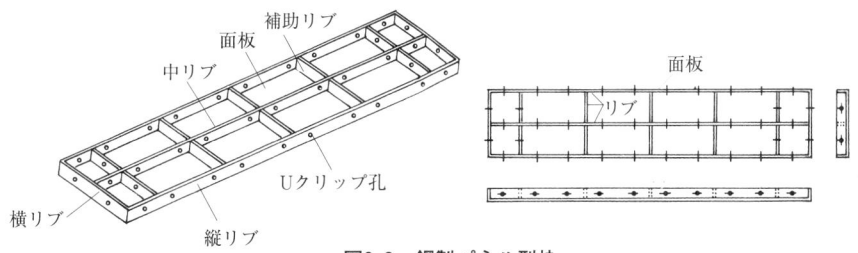

図8・3 鋼製パネル型枠

(2) **支保工**：せき板を所定の位置に固定する仮設構造物
- a) 鋼管パイプ：足場などの仮設工事等で用いられている単管パイプ（図8・10）．
  縦端太（内端太）・横端太（外端太）
- b) パイプサポート：床・梁の支保工に用いる支柱
  外管と差込管からなり，長さを調整できる（図8・8）．

(3) **緊結材**：締付け金物
- a) セパレーター：せき板の間隔を正しく確保するためのもの（図8・11）．
- b) フォームタイ：型板を両側から締付けるもので，丸セパレーターと組み合わせて用いる（図8・10）．
- c) コラムクランプ：柱型枠を簡単に締付けられる金物（図8・12）．
- d) ターンバックル：ワイヤーロープやチェーンの緊張用金物（図8・7）．

## 8・3　型枠の加工・組立

### (1) 組立の順序

柱－内壁－大梁－小梁－床－外壁　が一般的である．

外壁－柱－内壁－大梁－小梁－床 ｝
外壁－柱－大梁－小梁－内壁－床

### (2) 組立て時の注意事項

① 型枠は足場その他の仮設物に緊結してはいけない．
② 底部にコンクリート打ち前の掃除が可能な掃除口を設ける．
③ 支柱は，上下階できるだけ平面上の同一位置で立てる．
④ パイプサポートの高さが3.5mを超える場合は，高さ2m以内ごとに水平つなぎを2方向に設ける（図8・10）．
⑤ パイプサポートは3本以上継いではいけない．
⑥ パイプサポートを継いでいる場合，4本以上のボルト又は専用金物で継ぐ．
⑦ 柱型枠の下部は，床面のコンクリートの不陸を考慮し20mm程度短く加工し建方後，隙間をふさぐ（図8・4, 5）．
⑧ 梁の床の型枠は，中央部で支点間隔の1/300～1/500程度のむくりをつける．

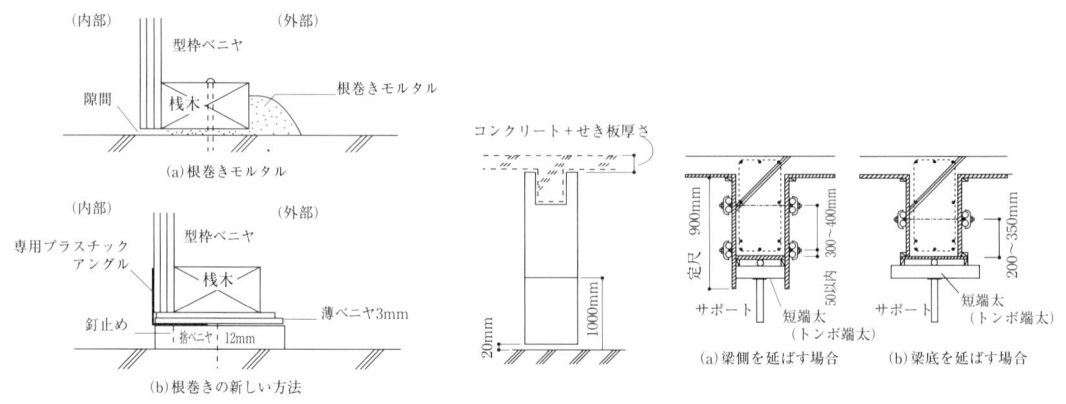

図8・4　根巻きモルタル　*1　　図8・5　柱型枠の加工　　図8・6　梁型枠

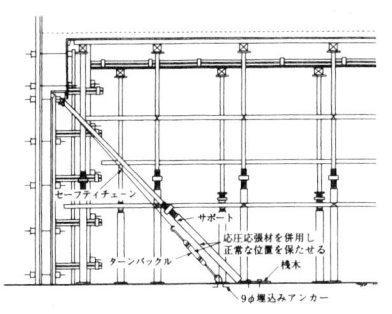

図8・7　梁の型枠の支持例（公共建築協会「建築工事監理指針」より）

図8・8　パイプサポート ＊1
(a) 外ねじ式構造のパイプサポート
(b) 内ねじ式構造のパイプサポート

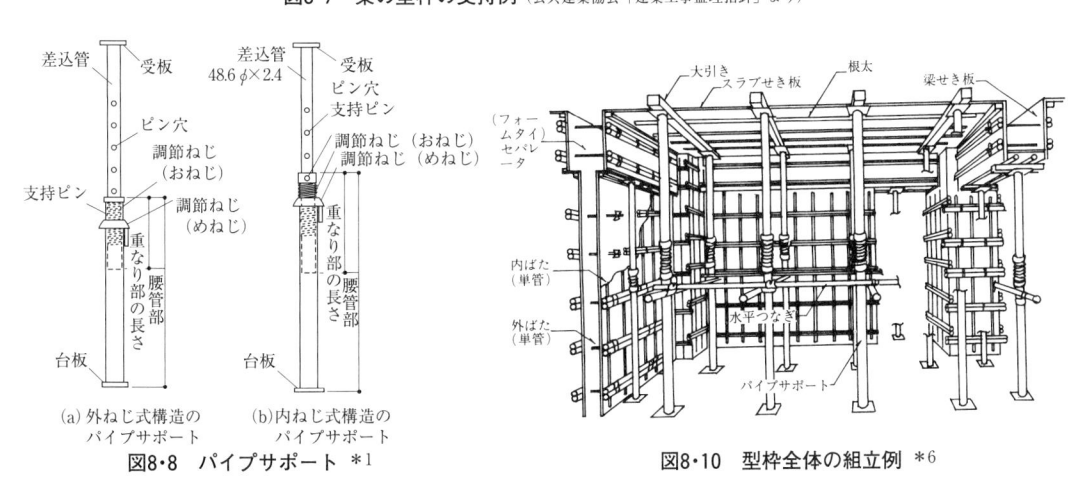

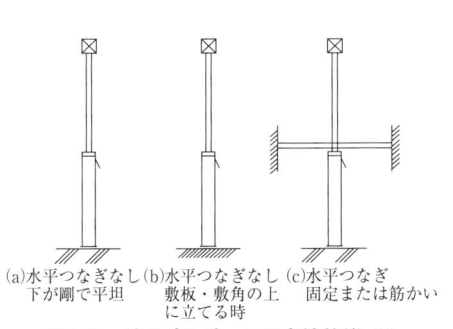

図8・10　型枠全体の組立例 ＊6

図8・9　パイプサポートの支持状態 ＊1
(a) 水平つなぎなし 下が剛で平坦
(b) 水平つなぎなし 敷板・敷角の上に立てる時
(c) 水平つなぎ 固定または筋かい

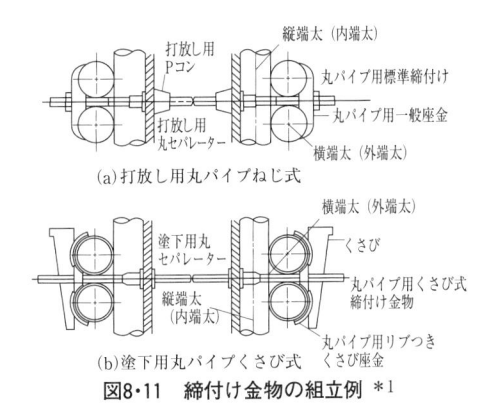

図8・11　締付け金物の組立例 ＊1
(a) 打放し用丸パイプねじ式
(b) 塗下用丸パイプくさび式

表8・4　バーサポート・スペーサーなどの種類及び数量・配置の標準

| 部位 | スラブ | 梁 | 柱 |
|---|---|---|---|
| 種類 | 鋼製・コンクリート製 | 鋼製・コンクリート製 | 鋼製・コンクリート製 |
| 数量又は配置 | 上端筋，下端筋それぞれ1.3個/m²程度 | 間隔は1.5m程度　端部は1.5m以内 | 上段は梁下より0.5m程度の位置中段は柱の中間　柱幅1.0mまで2個　柱幅1.0m以上3個 |
| 備考 | | 側梁以外の梁は上又は下に設置，側梁は側面にも設置 | |

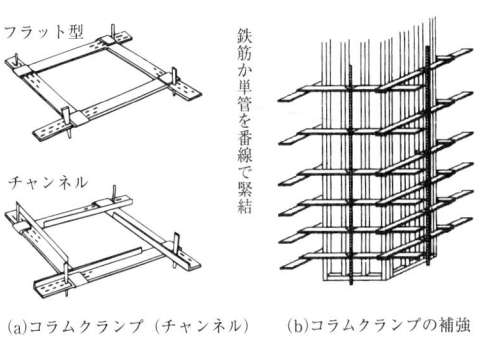

図8・12　柱型枠締付け金物 ＊1
(a) コラムクランプ（チャンネル）
(b) コラムクランプの補強

## 8・4 型枠の解体

- せき板・支保工の存置期間は、表8・5、表8・6に示す。
  最小存置期間が定められている。
  基礎・梁型・柱及び壁のせき板　：コンクリート圧縮強度　5 N/mm² 以上
  スラブ下・梁下の支保工(せき板)：設計基準強度の100％以上のコンクリート圧縮強度
- 注　支柱の盛替えは、原則として行ってはいけない。

## 8・5 型枠の特殊工法

表8・7による。

---

【問題 1】 型枠工事に関する次の組合せのうち、最も不適当なものはどれか。
1. ターンバックル────ねじによる引締め金具
2. コラムクランプ────単管支柱
3. メタルフォーム────鋼製型枠
4. フォームタイ────型枠締付け用ボルト
5. セパレーター────せき板の間隔保持金具

【問題 2】 型枠工事に関する次の記述のうち、最も不適当なものはどれか。
1. 型枠は、転用型枠を多くし、現場合わせ型枠を少なくした。
2. 支柱として用いるパイプサポートは、2本継ぎまでとした。
3. 木製せき板には、コンクリートの硬化不良を防ぐために、長期間太陽光線で乾燥させたものを使用した。
4. コンクリート表面の仕上がりを平滑にするために、金属製型枠を使用した。
5. 梁下の支柱は、コンクリートの圧縮強度が設計基準強度以上で、かつ、施工中の荷重及び外力について、構造計算により安全であることを確認した後に取り外した。

【問題 3】 型枠工事に関する次の記述のうち、最も不適当なものはどれか。

1. パイプサポートを支柱として継いで使用するに当たっては、2本のボルトで継いだ。
2. せき板を再使用するので、表面をよく清掃し、破損箇所等を修理のうえ、はく離剤を塗布した。
3. 鋼管（パイプサポートを除く。）を支柱として用いるに当たっては、高さ2m以内ごとに水平つなぎを2方向に設けた。
4. スラブ下・梁下のせき板は、支保工を取り外した後に、取り外した。
5. 柱・壁のせき板は、コンクリートの圧縮強度が5N/mm²以上に達したことを確認した後に取り外した。

【問題 4】 型枠工事に関する次の記述のうち、最も不適当なものはどれか。
1. 型枠の取り外しは、所定の最小存置期間の経過後に行った。
2. 梁下のせき板は、支保工を取り外した後に、取り外した。
3. 梁下の支柱は、コンクリートの圧縮強度が設計基準強度以上で、かつ、施工中の荷重及び外力について、構造計算により安全であることを確認した後に取り外した。
4. 柱・壁のせき板は、コンクリートの圧縮強度が5 N/mm²以上に達したことを確認した後に取り外した。
5. コンクリートの圧縮強度が、設計基準の85％に達したので、梁下の支柱を取り外した。

**表8・5　せき板の存置期間 *1**

| | 平均気温 (℃) | 規定の存置期間(日) | | | 緩和規定(日) | | |
|---|---|---|---|---|---|---|---|
| | | H | N, BA SA, FA | BB, SB FB | H | N, BA SA, FA | BB, SB FB |
| 国土交通省告示 | 15 ≦ t | 2 | 3 | 5 | コンクリートの圧縮強度が5N/mm²以上であることを試験で確認すれば，規定数未満でもよい | | |
| | 5 ≦ t ≦ 15 | 3 | 5 | 7 | | | |
| | t < 5 | 5 | 8 | 10 | | | |
| JASS 5 | 20 ≦ t | コンクリートの圧縮強度が5N/mm²以上であることを試験で確認 | | | 2 | 4 | 5 |
| | 10 ≦ t < 20 | | | | 3 | 6 | 8 |
| | t < 10 | | | | 緩和規定なし | | |

H ：早強ポルトランドセメント　　FA：フライアッシュセメントA種
N ：普通　　　　　　　　　　　　FB：フライアッシュセメントB種
BA：高炉セメントA種　　　　　　SA：シリカセメントA種
BB：高炉セメントB種　　　　　　SB：シリカセメントB種

**表8・6　支保工の存置期間 *1**

| | 部位 | 平均気温 (℃) | 規　　定 | | | 緩和規定 |
|---|---|---|---|---|---|---|
| | | | H | N, BA SA, FA | BB, SB FB | |
| 国土交通省告示 | スラブ下 | 15 ≦ t | 8日 | 17日 | 28日 | コンクリートの設計基準強度の85%以上であることを試験で確認すれば規定日数未満でもよい |
| | | 5 ≦ t < 15 | 12日 | 25日 | 28日 | |
| | | t < 5 | 15日 | 28日 | 28日 | |
| | 梁　下 | | 28日 | | | コンクリートの設計基準強度の100%以上であることを試験で確認すれば規定日数未満でもよい |
| JASS 5 | | | スラブ下・はり下とも設計基準強度の100%以上の圧縮強度が得られたことが確認されるまでとする. | | | 対象とする部材に，取外し直後に加わる荷重に対して，安全に支持できる強度を適切な構造計算で求め，その強度を上回ることを確認すれば取外してよい．ただし，最低12N/mm²以上でなければならない |

**表8・7　型枠の合理化工法**

| 名　　　称 | 工 法 な ど の あ ら ま し |
|---|---|
| スリップフォーム工法（滑動型枠工法） | スリップフォーム工法は，サイロなどで採用され，スライディングフォーム工法ともいう．コンクリートを継続的に打設しながら，一定速度で型枠を滑動・せり上げていく工法で，工期を短縮できるとともに，コンクリートの打継面に欠陥を生じ難いという利点がある． |
| デッキプレート型枠工法 | 鋼製のデッキプレートを，床型枠として用いる工法であり，型枠を支持するために支柱を用いる必要がなく，また，解体作業も不要である．S造では最も一般的であるが，SRC造・RC造でも広く適用されている．<br>建物の軽量化・工期の短縮・安全性の向上・経済性などを目的として，様々なタイプのものが規格化・市販されている． |
| プレキャストコンクリート型枠工法 | プレキャストコンクリート部材を型枠としてコンクリートに打込む工法である．捨型枠として構造断面には算入されないのが一般的であるが，近年，柱用の構造型枠材として，せん断補強筋を打込み，遠心成形されたタイプのものも開発されている． |
| ラス型枠工法 | 合板の代わりに特殊リブラス（鋼製ネット）などをせき板として使用する工法であり，地中ばりや基礎の他，仕上げの施される壁面用にも使用されることがある． |
| 薄板打込型枠工法 | 壁の内外装の一部として機能する仕上げ用パネルを，コンクリート打込時にせき板に使用する工法であり，仕上げ工程の短縮が可能である． |

# 9 コンクリート工事 Ⅰ

## 9・1 材料

**コンクリート用材料**：セメント・骨材・練り混ぜ水・各種混和材料からなる.

①セ メ ン ト：水と反応して硬化する鉱物質の粉体.
　　　　　　　ポルトランドセメント他，表9・1，表9・2による.

②骨　　　材：細骨材と粗骨材とに分類される.
　　　　　　　細骨材－5mmのふるいを質量比で85％以上通過する骨材
　　　　　　　粗骨材－5mmのふるいに質量比で85％以上とどまる骨材
　　　　　　　　　　最大寸法（表9・3）

　　　　　　　比重に　┌重量骨材
　　　　　　　よる分類─普通骨材
　　　　　　　　　　　└軽量骨材

　　　　　　　塩化物の許容量
　　　　　　　細骨材中の塩化物の許容量は，0.04％（質量比）以下

③練り混ぜ水：コンクリートの練り混ぜに用いる水で，通常，上水道水を使用する.
　　　　　　　上水道水以外を使用する場合は品質規定した水を用いる.

④混 和 材 料：混和材と混和剤とがある.

　　　混 和 材：粉末状の材で比較的多く（コンクリート1m³当たり数10kg）を混入する混和材料.
　　　　　　　　フライアッシュ・シリカシューム・ポゾラン高炉スラブ粉末・膨張材など.

　　　混 和 剤：薬液状のもので少量（セメント量の1％以下）を混入する混和材料.
　　　化学混和剤（表面活性剤）

　　　　　　Ａ　Ｅ　剤：独立した無数の微細な空気泡を連行して，コンクリートのワーカビリティーや耐久性を向上させるために用いる.

　　　　　　減　水　剤：所定のスランプを得るのに必要な単位水量を減少させ，コンクリートのワーカビリティーなどを向上させるために用いる.

　　　　　　ＡＥ減水剤：AE剤と減水剤の双方の性能を有するもの.

　　　　高性能AE減水剤：AE減水剤よりも高い減水性能と，良好なスランプの保持性能を有する.

　　　流動化剤：あらかじめ練り混ぜられたコンクリートに添加・かくはんし，流動性を増してコンクリートの品質の確保と施工性の改善をする混和剤.

　　　防 錆 剤：コンクリート中の鉄筋などの防錆を目的として使用する.

表9・1　各種セメントの特徴

| 分類 | 名　称（規格） | 特徴と主な用途 |
|---|---|---|
| ポルトランドセメント | 普通ポルトランドセメント（JIS R 5210） | 最も一般的なセメント．一般のコンクリート工事に広く使用される． |
| | 早強ポルトランドセメント（JIS R 5210） | 普通セメントよりも強度発現が早く，低温でも強度を発現する．緊急工事，冬期工事，寒冷地での使用，コンクリート製品などに使用される． |
| | 超早強ポルトランドセメント（JIS R 5210） | 早強セメントよりも，さらに強度発現が早い．低温でも強度を発揮する．緊急工事，冬期工事に使用される． |
| | 中庸熱ポルトランドセメント（JIS R 5210） | 水和熱が小さく，乾燥収縮が少ない．マスコンクリート，遮蔽用コンクリートで，ダムや道路などの土木工事に使用される． |
| | 耐硫酸塩ポルトランドセメント（JIS R 5210） | 硫酸塩に対する抵抗性が大きい．硫酸塩を含む海水，土壌，地下水，下水などの工事に使用される． |
| 混合セメント | 高炉セメント（JIS R 5211） | 早期強度の発現はゆっくりしているが，長期強度は普通セメントよりも大きい．化学抵抗性，耐海水性などが大きい．ダムや護岸工事，地中構造物などに使用される． |
| | シリカセメント（JIS R 5212） | 化学抵抗性，耐水性などが大きい．海水，河川工事に使用される． |
| | フライアッシュセメント（JIS R 5213） | ワーカービリティーがよく，長期強度が大きく，乾燥収縮が小さく，水和熱が小さい．ダム工事などに使用される． |
| その他 | | 白色ポルトランドセメント，アルミナセメントなどがある． |

表9・2　セメントの種類と圧縮強度 *1

| 種　類 | | 圧縮強度（N/mm²） | | | |
|---|---|---|---|---|---|
| | | 1（日） | 3（日） | 7（日） | 28（日） |
| ポルトランドセメント（JIS R 5210） | 普通 | — | 12.5以上 | 22.5以上 | 42.5以上 |
| | 早強 | 10.0以上 | 20.0 〃 | 32.5 〃 | 42.5 〃 |
| | 超早強 | 20.0 〃 | 30.0 〃 | 40.0 〃 | 50.0 〃 |
| | 中庸熱 | — | 7.5 〃 | 15.0 〃 | 32.5 〃 |
| | 耐硫酸塩 | — | 10.0 〃 | 20.0 〃 | 40.0 〃 |
| 高炉セメント（JIS R 5211） | A種 | — | 12.5 〃 | 22.5 〃 | 42.5 〃 |
| | B種 | — | 10.0 〃 | 17.5 〃 | 42.5 〃 |
| | C種 | — | 7.5 〃 | 15.0 〃 | 40.0 〃 |
| シリカセメント（JIS R 5212） | A種 | — | 12.5 〃 | 22.5 〃 | 42.5 〃 |
| | B種 | — | 10.0 〃 | 17.5 〃 | 37.5 〃 |
| | C種 | — | 7.5 〃 | 15.0 〃 | 32.5 〃 |
| フライアッシュセメント（JIS R 5213） | A種 | — | 12.5 〃 | 22.5 〃 | 42.5 〃 |
| | B種 | — | 10.0 〃 | 17.5 〃 | 37.5 〃 |
| | C種 | — | 7.5 〃 | 15.0 〃 | 32.5 〃 |

表9・3　粗骨材の最大寸法

| 使用箇所 | 粗骨材の最大寸法(mm) | |
|---|---|---|
| | 砂　利 | 砕石・高炉スラグ砕石 |
| 柱・梁・スラブ・壁 | 20, 25 | 20 |
| 基　礎 | 20, 25, 40 | 20, 25, 40 |

注　鉄筋のあきの4/5以下，かつ最小かぶり厚さ以下
（JASS 5による）

表9・4　砂利・砂の品質 *6

| 種　類 | 絶乾密度（g/cm³） | 吸水率（％） | 粘土塊量（％） | 洗い試験によって失われる量（％） | 有機不純物 | 塩化物（NaClとして）（％） |
|---|---|---|---|---|---|---|
| 砂　利 | 2.5以上 | 3.0以下 | 0.2以下 | 1.0以下 | — | — |
| 砂 | 2.5以上 | 3.5以上 | 1.0以下 | 3.0以下 | 標準色より濃くない | 0.04以下 |

図9・1　混和剤の種類

- 化学混和剤
  - ・AE剤
  - ・減水剤
  - ・AE減水剤
- 混和剤
  - ・高性能AE減水剤
  - 凝結遅延剤
  - 硬化促進剤
  - 流動化剤
  - 防錆剤

## 9・2 用語の説明

① 普 通 コ ン ク リ ー ト：普通骨材を用いたコンクリート．
② 軽 量 コ ン ク リ ー ト：軽量骨材（コンクリートの重量軽減・断熱性向上などを目的とする比重の小さい骨材）を用いたコンクリート．
　　　　　　　　　　　　1種　1.7～2.1t/m³
　　　　　　　　　　　　2種　1.4～1.7t/m³
③ フレッシュコンクリート：練り上がり後から硬化前までのコンクリート．
　　　　　　　　　　　施工性の良否は，
　　　　　　　　　　　　スランプ
　　　　　　　　　　　　ワーカビリティー
　　　　　　　　　　　　コンシステンシー　によって表される．
④ ス ラ ン プ：フレッシュコンクリートの流動性の程度（図9・2，表9・5参照）．
　　　　　　　　　　この値が大きいほど，流動性が大きい．
⑤ ワーカビリティー：打込み・締固め・仕上げなどの作業が容易にできる程度を示すフレッシュコンクリートの性質．
　　　　　　　　→施工性
⑥ コンシステンシー：フレッシュコンクリートの流動性の程度．

## 9・3 調合

- 計 画 供 用 期 間：建物の構造体及び部材についての供用予定期間．三つに区分されている（表9・6）．
- 耐久設計基準強度（$F_d$）：供用期間に応ずる圧縮強度（表9・6）．
- 設 計 基 準 強 度（$F_c$）：構造計算に際し基準としたコンクリートの圧縮強度．
　　　　　　　　　　　18～36N/mm²
- 品 質 基 準 強 度（$F_q$）：コンクリートの品質の基準として定める強度．
　　　　　$\begin{cases} 耐久設計基準強度（F_d） \\ 設計基準強度（F_c） \end{cases}$
　　　　　上記の計算式で出た値の大きい方が$F_q$となる．
- 調 合 強 度（$F$）：コンクリートの調合を決める場合に目標とする圧縮強度．
　　　　　$\begin{bmatrix} F_{28} \geq F_m + 1.73\sigma \\ F_{28} \geq 0.85F_m + 3\sigma \end{bmatrix}$　両方とも満足しなければならない．
　　　　　$\sigma$：標準偏差　使用するコンクリートの強度のばらつき
- 調合管理強度（$F_m$）（表9・6）
　　　　　$F_m = F_q + S$　（N/mm²）
　　　　　$S$：構造体強度補正値（N/mm²）

### 表9・5 スランプの標準値と許容差

(1) スランプの標準値

| 種類 | | スランプ(cm) |
|---|---|---|
| 普通コンクリート | 一般の場合[(1)] | 18以下 |
| | 流動化剤を用いた場合 | ベースコンクリート15以下 |
| | | 流動化コンクリート21以下 |
| 軽量コンクリート | 一般の場合 | 21以下 |
| | 流動化剤を用いた場合 | ベースコンクリート18以下 |
| | | 流動化コンクリート21以下 |
| 高強度コンクリート[(2)] | | 21以下 |
| プレストレストコンクリート[(3)] マスコンクリート しゃへい用コンクリート | | 15以下 |
| 水中コンクリート | | 21以下 |

(JASS 5による)

注(1) 品質基準強度が33N/mm²未満の場合．同33N/mm²以上の場合は21cm以下．
注(2) 設計基準強度36N/mm²以上50N/mm²未満の場合．同50N/mm²以上60N/mm²以下の場合は23cm以下．
注(3) ポストテンション方式の場合．

(2) スランプの許容差（レディーミクストコンクリート）

(単位：cm)

| スランプ | スランプの許容差 |
|---|---|
| 2.5 | ±1 |
| 5 および 6.5 | ±1.5 |
| 8 以上 18 以下 | ±2.5 |
| 21 | ±1.5 |

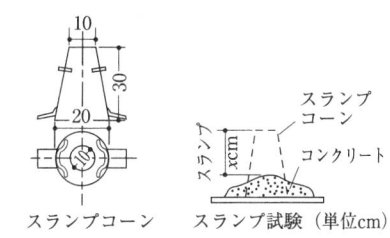

**図9・2 スランプ試験**

### 表9・6 *1

〈計画供用期間〉

建築主又は設計者が，建物の構造体及び部材について，設計時に計画する供用予定期間で，一般・標準・長期の3つの級に区分されている．

(1) 一般（大規模補修不要予定期間としておよそ30年，供用限界期間としておよそ65年）
(2) 標準（大規模補修不要予定期間としておよそ65年，供用限界期間としておよそ100年）
(3) 長期（大規模補修不要予定期間としておよそ100年）

〈耐久設計基準強度（$F_d$）〉

構造物及び部材の供用期間に応ずる耐久性を確保するために必要とする圧縮強度．

| 計画供用期間の級 | 耐久設計基準強度（N/mm²） |
|---|---|
| 一般 | 18 |
| 標準 | 24 |
| 長期 | 30 |

#### 構造体強度補正値（S）の標準値

| セメントの種類 | コンクリートの打込みから材齢28日までの期間の予想平均気温θの範囲（℃） | |
|---|---|---|
| 普通ポルトランドセメント 混合セメントのA種 | $0 \leq \theta < 8$ | $8 \leq \theta$ |
| 早強ポルトランドセメント | $0 \leq \theta < 5$ | $5 \leq \theta$ |
| 中庸熱ポルトランドセメント | $0 \leq \theta < 11$ | $11 \leq \theta$ |
| 低熱ポルトランドセメント | $0 \leq \theta < 14$ | $14 \leq \theta$ |
| 高炉セメントB種 | $0 \leq \theta < 13$ | $13 \leq \theta$ |
| フライアッシュセメントB種 | $0 \leq \theta < 9$ | $9 \leq \theta$ |
| 構造体強度補正値(S)(N/mm²) | 6 | 3 |

#### コンクリートの性質

| | | | |
|---|---|---|---|
| 強度 | 水セメント比 | 小さい 大きい | 強度大 強度小 |
| | 気温 | 高い 低い | 強度大 強度小 |
| ワーカビリティー | 骨材 | 増す 減す | スランプ小 スランプ大 |
| | 骨材 | 大きい 小さい | スランプ小 スランプ大 |
| セメント量 | 骨材 | 大きい 小さい | スランプ少 スランプ多 |

**コンクリートの強度**

a) 水セメント比（$W/C$）（表9・7）

フレッシュコンクリートに含まれるセメントに対する水の質量比.

$$水セメント比（W/C）= \frac{単位水量（W）}{単位セメント量（C）} \times 100\%$$

コンクリートの強度は，水セメント比で決まる（図9・3）.

水セメント比の最大値は表9・7による.

b) 単位水量（$W$）

フレッシュコンクリート1 m³中に含まれる水量.

単位水量の最大値——185kg/m³以下

単位水量が多いほど乾燥収縮が大きくなるので，ワーカビリティーの得られる範囲内で小さくする.

c) 単位セメント量（$C$）（表9・8）

フレッシュコンクリート1 m³中に含まれるセメント量.

$$単位セメント量（C）= \frac{単位水量（W）}{水セメント比（W/C）} \times 100\%$$

単位セメント量の最小値——270kg/m³以上

d) 細骨材率

骨材（砂と砂利）に対する細骨材（砂）の絶対容積比.

$$細骨材率 = \frac{細骨材の絶対容積}{骨材の絶対容積} \times 100\%$$

細骨材率が大きすぎると，セメントペーストを多く必要とし乾燥収縮などをまねきやすい.

e) 塩化物量（図9・3）

コンクリート1 m³中に含まれる塩化物（塩素イオン量）——0.3kg/m³以下

f) スランプ（表9・5(2)）

品質を左右するが，強度とは直接関係しない.

　最大値　普通コンクリートの場合　18cm以下
　　　　　軽量コンクリートの場合　21cm以下
　　　　スランプ大　やわらかいコンクリート
　　　　スランプ小　硬練りのコンクリート

g) 空気量（表9・9）

普通コンクリートの場合，4%以上5%以下とする.

```
┌─────────────────────────┐
│   調合強度：$F$の決定      │
│ $F_{28} \geq F_q + t + 1.73\sigma$ │
│ $F_{28} \geq 0.85(F_q + t) + 3\sigma$ │
│ $F_q$：品質基準強度        │
│ $\sigma$：標準偏差         │
│ $t$：温度補正値            │
└─────────────────────────┘
            ⇩
┌─────────────────────────┐
│     水セメント比の決定      │
│  水の質量                 │
│ ─────────── ×100(%)      │
│ セメントの質量             │
│ 水セメント比大→強度小      │
│ 水セメント比小→強度大      │
│ 通常60～65%以下           │
└─────────────────────────┘
            ⇩
┌─────────────────────────┐
│        骨材粒度           │
│ 粗骨材  25mm以下          │
│ 細骨材   5mm以下          │
│ 塩分含有率 0.04%以下       │
│ （イオン量0.3kg/m³以下）   │
└─────────────────────────┘
            ⇩
┌─────────────────────────┐
│      スランプの決定        │
│ スランプの標準値           │
│ ・$F_q < 33$N/mm²の場合18cm以下 │
│ ・$F_q \geq 33$N/mm²の場合21cm以下 │
│ 打込み場所別スランプ        │
│ ・基礎・梁・床  15～18cm以下 │
│ ・柱・壁        18～21cm以下 │
└─────────────────────────┘
            ⇩
┌─────────────────────────┐
│      混和材の使用量        │
│ スランプの調整             │
│ ・AE剤      空気量4～5%   │
│ ・AE減水剤                │
│ ・高性能AE減水剤           │
└─────────────────────────┘
```

**図9・3 調合設計の手順（模式図）**[*1]

**表9・8 各種コンクリートの単位セメント量の最小値**[*1]

| コンクリートの種類 | 単位セメント量の最小値(kg/m³) |
|---|---|
| 普通コンクリート | 270 |
| 軽量コンクリート | 320（$F_c \leq 27$N/mm²） |
|  | 340（$F_c > 27$N/mm²） |
| 高強度コンクリート | 320 |
| 水中コンクリート | 330（場所打ち杭） |
|  | 360（地中連続壁） |

**表9・7 水セメント比の最大値**[*1]

(1) 各種セメントの水セメント比の最大値

| セメントの種類 | 水セメント比の最大値(%) |
|---|---|
| ポルトランドセメント[(1)]<br>高炉セメントA種<br>フライアッシュセメントA種<br>シリカセメントA種 | 65 |
| 高炉セメントB種<br>フライアッシュセメントB種<br>シリカセメントB種 | 60 |

注1　低熱ポルトランドセメントを除く.

(2) 各種コンクリートの水セメント比の最大値

| コンクリートの種類 | 水セメント比の最大値(%)[(1)] |
|---|---|
| 普通コンクリート（基本仕様） | 65 |
| 軽量コンクリート | 55（$F \leq 27$N/mm²） |
|  | 50（$F_c > 27$N/mm²） |
| 高流動コンクリート | 水結合材比　50 |
| 高強度コンクリート | 55 |
| 水密コンクリート | 50 |
| 海水の作用を受けるコンクリート | 45（海水作用の区分A） |
|  | 50（海水作用の区分B） |
|  | 55（海水作用の区分C） |
| 水中コンクリート | 55（地中連続壁） |
|  | 60（場所打ち杭） |
| 凍結融解作用を受けるコンクリート | 55（性能区分C） |
| 遮蔽用コンクリート | 60 |

注1　ポルトランドセメントの場合

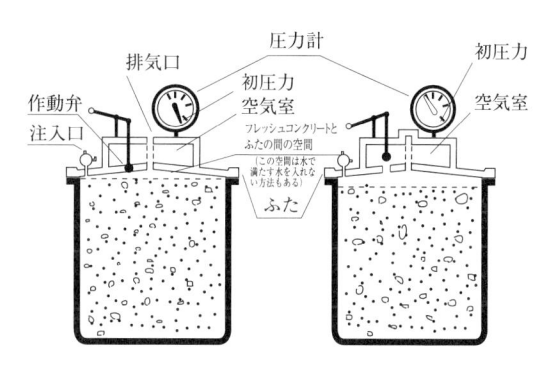

**図9・4 空気量の測定：エアメーター**

**表9・9 空気量の標準値と許容差**

(1) 空気量の標準値

| 種　　　類 |  | 空気量(%) |
|---|---|---|
| 普通コンクリート | 一　般 | 4～5 |
|  | 流動化コンクリート | 4.5 |
| 軽量コンクリート | 一　般 | 5 |
|  | 流動化コンクリート | 5 |
| 水密コンクリート |  | 4.5以下 |
| 凍結融解作用を受けるコンクリート | 粗骨材の最大寸法40mm | 4.5 |
|  | 粗骨材の最大寸法25, 20mm | 4.5～5[(1)] |

注1　高流動コンクリートでは5.5%，軽量コンクリートでは6%.

(2) 空気量の許容差（レディーミクストコンクリート）

| コンクリートの種類 | 空気量 | 空気量の許容差 |
|---|---|---|
| 普通コンクリート | 4.5 | ±1.5% |
| 軽量コンクリート | 5.0 |  |
| 舗装コンクリート | 4.5 |  |

（JASS 5による）

強度・耐久性・施工性の良いコンクリートにするには，
　①水セメント比
　②単位水量
　③単位セメント量（270kg/m³以上）
　④スランプ
　⑤空気量
　⑥細骨材率
　　上記の項目を，所要のワーカビリティーの得られる範囲でできるだけ小さくする．
　　一般に単位水量をいかに小さくするかが重要なポイントとなり，次の方法が考えられる．
　骨材　粗骨材の最大寸法を大きくする．
　　　　実績率を大きくする．
　　　　細骨材の粒度を粗くする（粗粒率を大きくする）．
　　　　細骨材率を小さくする．
　混和剤（材）　　フライアッシュを使用する．
　　　　　　　AE剤・AE減水剤又は高性能AE減水剤を使用する．

【問題 1】 レディーミクストコンクリートの運搬，打込みに関する次の記述のうち，最も不適当なものはどれか．
1．片持ちスラブ部分には，ポンプ工法によるコンクリートの輸送管の配置を避けた．
2．壁の打込みでは，1～2m間隔で平均に落し込み，横流しとならないようにした．
3．荷卸しをしたコンクリートのスランプが減少していたので，コンクリートに水を加えて，圧送しやすくした．
4．コンクリートの荷卸しを行うに際しては，その直前にトラックアジテーターを高速で回転させた．
5．コンクリートの打込みを，やむを得ない理由で一時中断したが，50分後に再開した．

【問題 2】 コンクリート打込みに関する次の記述のうち，最も不適当なものはどれか．
1．壁の打込みは，型枠内で大山をつくり横流しで平らにした．
2．振動機は，直接鉄筋に触れないよに差込み，5～10秒程度ずつ振動させて締固めを行った．
3．梁の打込みは，梁の全高を，同時に両端から中央へ向かって行った．
4．スラブの打込みは，遠方から手前に打ち続けた．
5．コンクリートの打込みを中断する時間は，1時間以内とし，かつ，先に打込まれたコンクリートが再振動可能な時間内とした．

【問題 3】 鉄筋コンクリート造の床版のひび割れ防止対策に関する次の記述のうち，最も不適当なものはどれか．
1．コンクリートの打込み速度を，速くした．
2．コンクリートのスランプを小さくした．
3．打込み後7日間は，散水などによりコンクリート面を湿潤に保った．
4．打込み後のコンクリートは，凝結前にダンピングを十分に行った．
5．床上での墨出し作業は，コンクリートの打込み後，24時間以上経過してから行った．

【問題 4】 コンクリートの打上り後の欠陥とその防止対策の組合せとして，最も不適当なものはどれか．
1．初期強度の不足―打込み後のコンクリートに十分な水分を与え，シートをかけて適当な温度に保った．
2．じゃんか―コンクリートが分離しないように，低い位置から平均に落とし込んだ．
3．コールドジョイント―コンクリートの打込みは，できるだけ中断しないよう連続的に行った．
4．沈み裂―コンクリートの単位水量を大きくし，打込み速度を速くした．
5．スクリーニング―型枠及び鉄筋は，かぶり厚さが不足しないよう組み立てた．

【問題 5】 コンクリートの調合・強度に関する次の記述のうち，最も不適当なものはどれか．
1．打設されるコンクリートのスランプと所要スランプとの差が3cmであったので，許容範囲内とした．
2．骨材の細骨材率の増減によって，スランプは変化する．
3．断面が大きな部材に用いるコンクリートであったので，単位セメント量は，所要の品質が得られる範囲内で，できるだけ少なくした．
4．AE材は，単位水量を減少させ，ワーカビリティーもよくする．
5．単位水量は，コンクリートの所要の品質が得られる範囲内で，できるだけ少なくした．

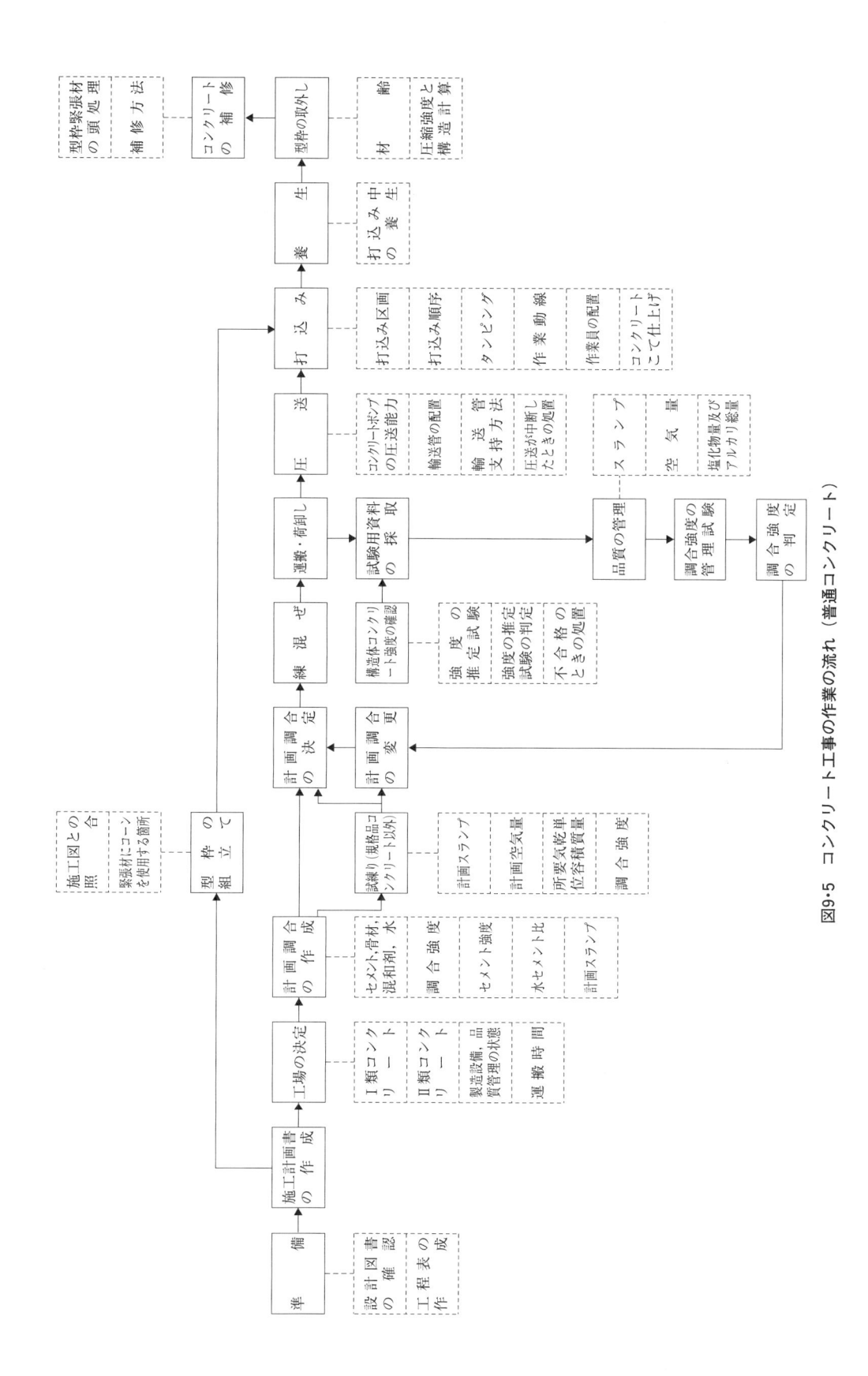

図9・5 コンクリート工事の作業の流れ(普通コンクリート)

# 10 コンクリート工事 II

## 10・1 製造

コンクリートの製造は，一般にコンクリート工場で行う．

工場で製造されたコンクリートをレディーミクストコンクリートといい，施工者は強度・スランプ値・空気量等を指定・発注する（表10・1，10・2参照）．

## 10・2 運搬・打込・養生

### (1) 運搬

工場から現場までは，アジテータートラック（生コン車・トラックミキサー）で運搬し，荷卸し直前にアジテーターを高速回転し，十分かくはんさせてから排出する．

　　コンクリートの練り混ぜから打込み終了までの時間の限度

　　　外気温　25℃未満　120分以内

　　　外気温　25℃以上　90分以内

荷卸しする場合には，ワーカビリティーやスランプ・空気量などあらかじめ抜取り検査のうえ，品質を確認してから打設作業を行う．

### (2) ポンプ圧送工法

コンクリートポンプには，ピストン式（往復動）とスクイーズ式（しぼり出し）がある．

①輸送管は，呼び径が100mm以上とする．

②テーパー管は，圧送抵抗，閉そく防止の点から，なるべく長い管を使用する．

③ベント管は，なるべく大きい曲げ半径のものを使用する．

④輸送管は，型枠や配筋に直接振動などの影響を与えないよう，配管経路や固定方法に注意する．

⑤コンクリートの圧送に先立ち，先送りモルタル（通常・富調合モルタル）を圧送する．

⑥コンクリートの打込みは，コンクリートポンプに遠い区画から先に行う．

⑦圧送距離は，おおよそ水平距離で500m，高さ方向で120m位までとする（表10・3参照）．

表10・1　レディーミクストコンクリートの種類

| コンクリートの種類 | 粗骨材の最大寸法 (mm) | スランプ (cm) | 呼び強度 (N/mm²) | | | | | | | | |
|---|---|---|---|---|---|---|---|---|---|---|---|
| | | | 18 | 21 | 24 | 27 | 30 | 33 | 36 | 40 | 曲げ4.5 |
| 普通コンクリート | 20, 25 | 8, 12 | ○ | ○ | ○ | ○ | ○ | ○ | ○ | ― | ― |
| | | 15, 18 | ○ | ○ | ○ | ○ | ○ | ○ | ○ | ― | ― |
| | | 21 | ― | ○ | ○ | ○ | ○ | ○ | ○ | ― | ― |
| | 40 | 5, 8, 12, 15 | ○ | ○ | ○ | ○ | ○ | ― | ― | ― | ― |
| 軽量コンクリート | 15, 20 | 8, 12, 15 | ○ | ○ | ○ | ○ | ○ | ― | ― | ― | ― |
| | | 18, 21 | ○ | ○ | ○ | ○ | ○ | ― | ― | ― | ― |
| 舗装コンクリート | 20, 25, 40 | 2.5, 6.5 | ― | ― | ― | ― | ― | ― | ― | ― | ○ |

(JIS A 5308より)

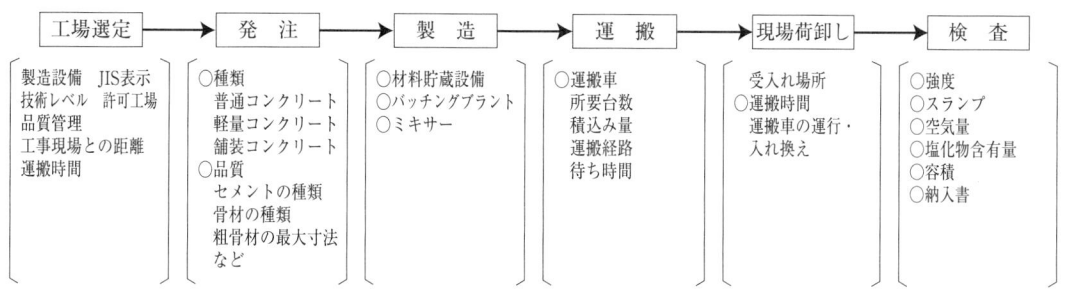

```
┌─────────┐   ┌─────┐   ┌─────┐   ┌─────┐   ┌──────────┐   ┌─────┐
│ 工場選定 │ → │発 注│ → │製 造│ → │運 搬│ → │現場荷卸し│ → │検 査│
└─────────┘   └─────┘   └─────┘   └─────┘   └──────────┘   └─────┘
```

| 工場選定 | 発注 | 製造 | 運搬 | 現場荷卸し | 検査 |
|---|---|---|---|---|---|
| 製造設備　JIS表示<br>技術レベル　許可工場<br>品質管理<br>工事現場との距離<br>運搬時間 | ○種類<br>　普通コンクリート<br>　軽量コンクリート<br>　舗装コンクリート<br>○品質<br>　セメントの種類<br>　骨材の種類<br>　粗骨材の最大寸法<br>　など | ○材料貯蔵設備<br>○バッチングプラント<br>○ミキサー | 運搬車<br>所要台数<br>積込み量<br>運搬経路<br>待ち時間 | 受入れ場所<br>運搬時間<br>運搬車の運行・<br>入れ換え | ○強度<br>○スランプ<br>○空気量<br>○塩化物含有量<br>○容積<br>○納入書 |

**図10・1　レディーミクストコンクリートの生産過程**（○印はJIS A 5308）

**表10・2　生コンの指定事項** *6

| 材料関係 | ○セメントの種類<br>○骨材の種類<br>○粗骨材の最大寸法<br>○骨材のアルカリシリカ反応性による区分，区分Bの骨材を使う場合は，アルカリ骨材反応の抑制対策の方法<br>○混和材料の種類および使用量 |
|---|---|
| 品質関係 | ○規定値と異なる塩化物含有量の場合は，その上限値<br>○呼び強度を保証する材齢<br>○規定値と異なる空気量の場合は，その値<br>○軽量コンクリートの単位容積質量<br>○コンクリートの最高または最低の温度 |
| 調合関係 | ○水セメント比の上限値<br>○単位水量の上限値<br>○単位セメント量の下限値または上限値<br>○流動化コンクリートの場合は，スランプの増大量 |
| その他 | ○必要な事項 |

〔注〕購入者がアルカリ総量による抑制対策を指定する場合は，流動化剤によって混入されるアルカリ量を生産者に通知する．

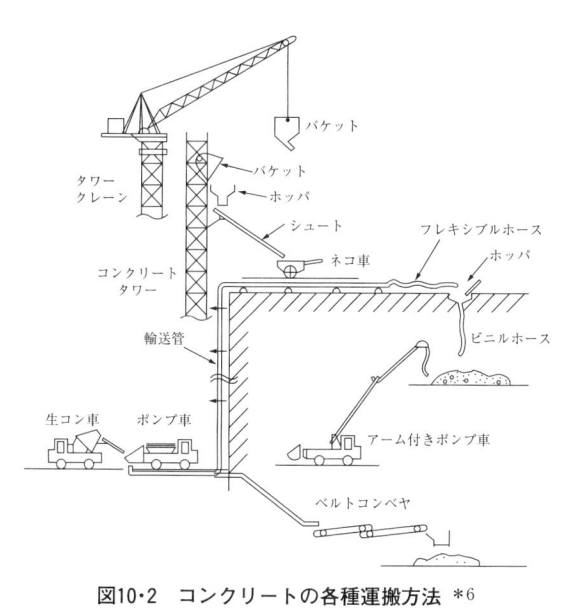

**表10・3　各種輸送管の水平換算長さ** *6

| 項　目 | 単　位 | 呼び寸法 | 水平換算長さ(m) |
|---|---|---|---|
| 上向き垂直管 | 1m当り | 100A（4B）<br>125A（5B）<br>150A（6B） | 3<br>4<br>5 |
| テーパ管 | 1本当り | 175A→150A<br>150A→125A<br>125A→100A | 4<br>8<br>16 |
| ベンド管 | 1本当り | 90度　半径 0.5m<br>　　　　半径 1.0m | 6 |
| フレキシブルホース | 5〜8mのもの1本 | | 20 |

**表10・4　コンクリート打込み前の最終確認事項** *1

| 重要度 | 管理項目 | 管理水準 | 確認時期 |
|---|---|---|---|
| | コンクリートポンプ車の機種，設置場所，台数，養生など | 施工管理計画通りであること | 打設前 |
| | 圧送管の種類，経路，支持方法 | キズ，変形がないこと，管内にコンクリートが付着していないこと．振動防止対策が取られていること | 圧送開始前 |
| | 締固め工具 | 施工管理計画通りであること | 打設前 |
| | 作業員の手配の確認 | ポンプ工<br>土　　工<br>左　官<br>大　工<br>鉄筋工<br>電気工<br>衛生給排水工<br>仮設電気工　の手配が施工管理計画通りであること | 打設前 |
| ◎ | 打継ぎ部の処理 | 施工管理計画通りであること | 打設前 |
| ◎ | 型枠内の清掃 | ゴミなどが除去されていること | 打設前 |
| ◎ | 隙間ふさぎ | 隙間がふさがれていること | 打設前 |
| ◎ | せき板の湿潤状態 | せき板面が全面濡れていること | 打設前 |
| ◎ | 鉄筋のかぶり | 設計値−10〜+15mmが確保されていること，スペーサの数が施工管理計画通りであること | 打設前 |
| | 各種埋込み物 | 完了していること，固定されていること | 打設前 |
| | コンクリート天端 | 天端の墨出しが終了していること | 打設前 |
| | 打設時の気象状況把握 | 4℃以上35℃未満であること | 打設前及び打設中 |

**図10・2　コンクリートの各種運搬方法** *6

（タワークレーン，バケット，コンクリートタワー，ホッパ，シュート，ネコ車，輸送管，フレキシブルホース，ビニルホース，生コン車，ポンプ車，アーム付きポンプ車，ベルトコンベヤ）

## (3) 打込み

打込み前に，鉄筋のかぶり厚・型枠の隙間ふさぎ等，確認しておくことが重要である（表10・4）．

① せき板と打継部分は，散水して湿潤にする．

② 打込み高さは，1m以下を原則とする（図10・3）．

③ 垂直打ち（横流しの回避）

型枠の中で横流しをすると分離しやすいため，通常3m間隔以内で落し口を設けて，できるかぎり垂直打込みとする．

④ 廻し打ち（表面の高さを水平に）

コンクリート表面の高さが常に水平になるように廻し打ちとする（図10・4）．

1回の打込み高さは，使用する振動機の振動部分の長さ（通常は60〜80cm）を超えない程度とする．

⑤ 打込み順序は，運搬距離の遠い場所から順次手前側に打込むようにする．

打込み継続中における打継ぎ時間の間隔

　外気温　25℃未満　150分
　外気温　25℃以上　120分

## (4) 締固め

① バイブレーター（振動機）（図10・6）
- 棒形振動機は常に垂直に使用し，60cm程度の挿入間隔として前の層のコンクリートに約10cm程度挿入する（図10・7）．
- 振動部の先端は，鉄骨・鉄筋・埋込配管・金物・型枠等になるべく接触させない．
- コンクリートの表面にセメントペーストが浮き上がるまで加振する（1箇所に5〜15秒程度）．

② たたき締め
- 柱や壁のコンクリート打込みでは，型枠の側面を木槌などでたたき締めする（図10・8）．
- コンクリート上面から約10cm程度下の部分を短期間たたいて行う．

③ タンピング
- コンクリート打設後，ブリージングにより，沈降ひび割れが認められる場合には，ブリージング水の上昇が納まった頃合いを見計らってタンピングを行う（図10・9）．

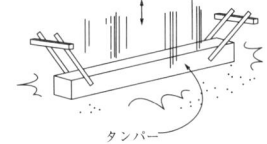

図10・9　タンピング　*7

## (5) 打継ぎ

① 打継ぎ面は，レイタンス等を取除いて清掃し，コンクリート打込み前に水湿しを行う．

② 梁及びスラブは，スパンの中央付近に，柱ではスラブまたは基礎の上端に設け，水平または垂直とする（表10・5，図10・10，10・11，10・12）．

表10・5　打継ぎの要点

| |
|---|
| ① 梁とスラブは，せん断力の小さいスパンの中央付近で打継ぐ． |
| ② 柱と壁は，スラブ及び基礎の上端付近で水平に打継ぐ． |
| ③ コンクリートの打継ぎ面は，ブラシなどでレイタンスを十分に除去し，目荒らしのうえ，打設前には散水して湿潤状態にしておく． |
| ④ 打継ぎ面は，柱では水平に，梁・スラブでは垂直とする． |
| ⑤ 垂直打継ぎ面の仕切りは小幅板・メタルラスなどを用いて行う． |

図10・3　打込みの基本 *6

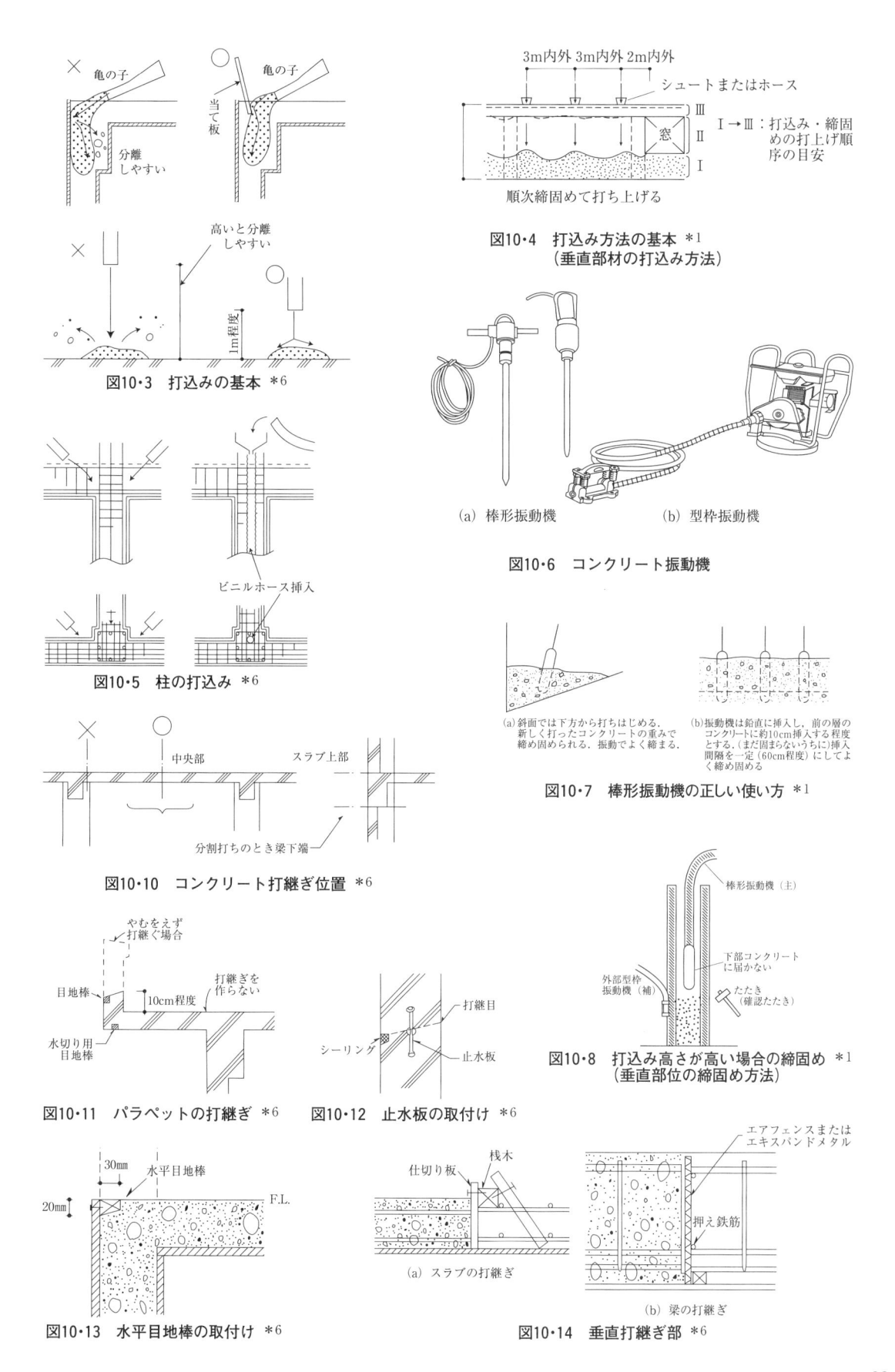

図10・4　打込み方法の基本 *1
（垂直部材の打込み方法）

図10・5　柱の打込み *6

図10・6　コンクリート振動機
(a) 棒形振動機　　(b) 型枠振動機

図10・7　棒形振動機の正しい使い方 *1

図10・10　コンクリート打継ぎ位置 *6

図10・8　打込み高さが高い場合の締固め *1
（垂直部位の締固め方法）

図10・11　パラペットの打継ぎ *6

図10・12　止水板の取付け *6

図10・13　水平目地棒の取付け *6

図10・14　垂直打継ぎ部 *6
(a) スラブの打継ぎ
(b) 梁の打継ぎ

## (6) 養生

①打込み後，24時間程度は載荷及び歩行してはならない．
②コンクリート打込み後，5日間以上は，コンクリート温度を2℃以上に保つ必要がある（早強は3日間以上）．
③打込み後は，散水や養生マットにより，表10・6による期間は湿潤に保つ．
④初期材齢において，コンクリートを乾燥させてしまうと表面が中性化（図10・15）しやすくなり，耐久性にも悪影響を及ぼすおそれがある．

表10・6 湿潤養生の期間 *1

| セメントの種類 \ 計画供用期間の級 | 一般および標準 | 長期 |
|---|---|---|
| 早強ポルトランドセメント | 3日以上 | 5日以上 |
| 普通ポルトランドセメント | 5日以上 | 7日以上 |
| その他のセメント | 7日以上 | 10日以上 |

表10・7 湿潤養生を打ち切ることができるコンクリートの圧縮強度（N/mm²）*1

| セメントの種類 \ 計画供用期間の級 | 一般および標準 | 長期 |
|---|---|---|
| 早強ポルトランドセメント 普通ポルトランドセメント | 10以上 | 15以上 |

## (7) 欠陥防止

①ブリージング：内部の水が上方に移動する現象．コンクリート表面の浮き水，沈みひび割れが発生しやすい．
②レイタンス：ブリージングに伴って表面に出る微細な不硬性の物質，コンクリートの付着に悪影響をあたえる．
　　　→コンクリートが凝結した後に早い時期に取り除く
③沈みひび割れ：コンクリート打込み後1～3時間後に発生する，ひび割れ（図10・16）．
　　　→タンピングによりひび割れをつぶす
④ジャンカ（豆板）：コンクリート表面に砂利の固まりがでてくる（図10・17(a)）．
　　　→コンクリートが分離しないように低い位置から打込む
⑤スクリーニング：鉄筋がコンクリート表面にでてくる（図10・17(b)）．
　　　→かぶり厚さが不足しないように，型枠や鉄筋を組立てる
⑥打継ぎ不良：打継ぎ処理の不良によって生じた肌分れ，目違い，ひび割れ（図10・17(c)）．
　　　→レイタンス等を取除き清掃し，水湿しを行う
⑦コールドジョイント：打込み中の打重ね部分に生じた継ぎ目（図10・17(d)）．
　　　→打継ぎはできるだけ連続的に行い，締固めを十分行う
⑧砂目（砂縞）：型枠表面に沿ってブリージング水が流れ，ペーストが洗い去られてできた砂模様（図10・17(e)）．
⑨ポップアウト：細骨材の吸水や化学反応による膨張により，表面がはじけてできたポツポツの穴（図10・17(f)）．

〈中性化〉 コンクリート中の鉄筋が錆びないのは強いアルカリ性のおかげである．ところがコンクリート表面からの微細なひびわれから炭酸ガスが徐々に入り込み，化学反応が起こってアルカリ性が弱まる．そのため鉄筋が錆びやすくなる．

〈塩害〉 アルカリ性が保たれたままでも，塩素イオンによって鉄筋は錆びやすくなる．コンクリート中の塩分や，微細なひびわれから侵入する塩分が原因になる．ふだんでも海岸から数kmまで塩分が飛来するといわれる．

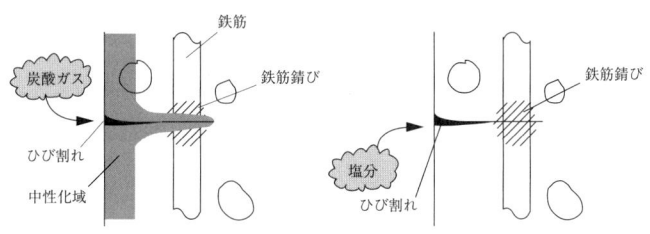

**図10・15 コンクリートの中性化と塩害** *1

**図10・16 沈み亀裂の例**

**図10・17 施工欠陥の種類** *6

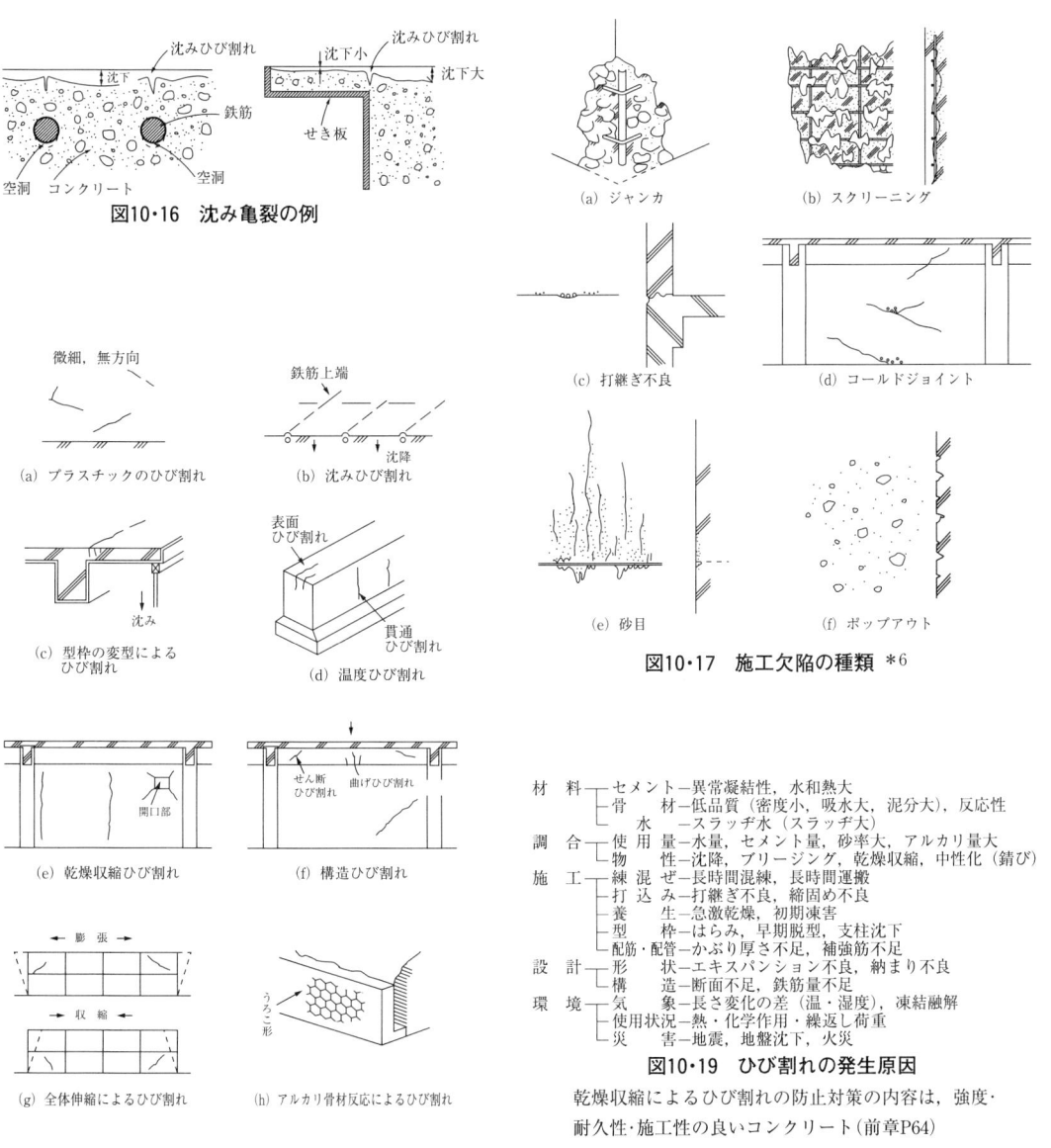

(a) ジャンカ　(b) スクリーニング　(c) 打継ぎ不良　(d) コールドジョイント　(e) 砂目　(f) ポップアウト

**図10・18 ひび割れ発生のパターン** *6

(a) プラスチックのひび割れ
(b) 沈みひび割れ
(c) 型枠の変型によるひび割れ
(d) 温度ひび割れ
(e) 乾燥収縮ひび割れ
(f) 構造ひび割れ
(g) 全体伸縮によるひび割れ
(h) アルカリ骨材反応によるひび割れ

```
材 料 ─ セメント ─ 異常凝結性，水和熱大
      ├ 骨  材 ─ 低品質（密度小，吸水大，泥分大），反応性
      └ 水    ─ スラッヂ水（スラッヂ大）
調 合 ─ 使用量 ─ 水量，セメント量，砂率大，アルカリ量大
      └ 物 性 ─ 沈降，ブリージング，乾燥収縮，中性化（錆び）
施 工 ─ 練混ぜ ─ 長時間混練，長時間運搬
      ├ 打込み ─ 打継ぎ不良，締固め不良
      ├ 養 生 ─ 急激乾燥，初期凍害
      ├ 型 枠 ─ はらみ，早期脱型，支柱沈下
      └ 配筋・配管 ─ かぶり厚さ不足，補強筋不足
設 計 ─ 形 状 ─ エキスパンション不良，納まり不良
      └ 構 造 ─ 断面不足，鉄筋量不足
環 境 ─ 気 象 ─ 長さ変化の差（温・湿度），凍結融解
      ├ 使用状況 ─ 熱・化学作用・繰返し荷重
      └ 災 害 ─ 地震，地盤沈下，火災
```

**図10・19 ひび割れの発生原因**

乾燥収縮によるひび割れの防止対策の内容は，強度・耐久性・施工性の良いコンクリート（前章P64）に同様である．

## 10・3　品質管理・試験方法

**(1) 構造体コンクリートの強度推定のための試験**

　　a）試験回数と供試体の数

　　　①原則として，150m³について1回とする．

　　　②1回の試験に使用する供試体の数は3個．

　　　③3台の運搬車（適当に間隔をおいた任意の3台）から1個ずつ．

　　　④1回の試験結果は，3個の供試体の試験値の平均値．

　　b）判定基準

　　　①強度管理の材齢が28日の場合

　　　　　標準養生　　　（設計基準強度＋3N/mm²＋温度補正値）以上

　　　　　現場水中養生　（設計基準強度＋3N/mm²）以上

　　　②強度管理の材齢が28日を超え91日までの場合

　　　　　設計基準強度＋3N/mm²以上

　　c）供試体の作り方

　　　①圧縮強度試験のための供試体

　　　　　直径の2倍の高さをもつ円柱形：一般的に直径10cm高さ20cm

　　　②引張り強度試験のための供試体

　　　　　直径以上で2倍以下の長さの円柱形：直径15cm高さ20cm

　　　③型枠の取りはずし：詰め終ってから24時間以上48時間以内

　　　④養生

　　　　　材齢28日の場合――標準養生または，現場水中養生

　　　　　28日を超える場合―現場封かん養生

　　　　　　標　準　養　生：20±3℃の水中，または飽和湿気中において行うコンクリートの供試体の養生．

　　　　　　現場水中養生：工事現場において，水温が気温の変化に追随する水中で行うコンクリート供試体の養生．

　　　　　　現場封かん養生：工事現場において，コンクリート温度が気温の変化に追随し，かつコンクリートからの水分の逸散がない状態で行うコンクリート供試体の養生．

## (2) コンクリートの受入れ検査（品質管理・検査）

表10・8 レディーミクストコンクリートの受入れ時の検査・確認 *6

| 項　　目 | 判　定　基　準 | 試験・検査方法 | 時　期　・　回　数 |
|---|---|---|---|
| 種類<br>呼び強度<br>指定スランプ<br>粗骨材の最大寸法<br>セメントの種類<br>輸送時間<br>納入容積 | 発注時の指定事項に適合すること | 納入書による認定 | 受入れ時<br>運搬車ごと |
| 単 位 水 量 | 認定した値以下 | 打込み当初・中間で品質変化が認められた場合 | 調合表・コンクリートの製造記録による確認 |
| アルカリ量** | (1)*式で計算した時3.0kg/m³以下<br>(2)*式で計算した時2.5kg/m³以下 | 材料の試験成績表，配合報告書，コンクリート製造管理記録による確認 | 打込み日ごと |
| ワーカビリティー，フレッシュコンクリートの状態 | ワーカビリティーがよい品質が安定している | 目　視 | 受入れ時，随時<br>圧縮強度試験用供試体採取時，構造体コンクリートの強度検査用供試体採取時，及び打込み中品質変化が認められた場合 |
| ス ラ ン プ |  | JIS A 1101 |  |
| 空 気 量 |  | JIS A 1116<br>JIS A 1118<br>JIS A 1128 |  |
| 圧 縮 強 度 | a．JIS A 5308の品質規定による<br>b．JIS A 5308によらないレディーミクストコンクリートの場合，特記による，特記のない場合はJIS A 5308に準じる | JIS A 1108ただし養生は標準養生とし，材齢は28日とする | a．JIS A 5308による場合，原則として試験回数は，打込み工区ごと・打込み日ごと，かつ150m³またはその端数ごとに1回，1検査ロットに3回（1回の試験は3個の供試体）<br>b．JIS A 5308によらない場合　特記によるかa項による |
| 塩 化 物 量 |  | JIS A 5308附属書5<br>JASS 5T-502 | 海水など塩化物を含むおそれのある骨材を用いる場合，打込み当初及び150m³に1回以上，その他の骨材を用いる場合，1日に1回以上 |
| 軽量コンクリートの単位容積質量 | JASS 5の16.8に適合すること | JIS A 1116 | 受入れ時，随時 |

(注) (1)*式：$R_1 = 0.01 \times R_2O \times C + 0.9 \times Cl + R_m$
　　(2)*式：$R_1 = 0.01 \times R_2O \times C$
　　**：アルカリ総量を3.0kg/m³以下とする対策の場合

圧縮試験

　判定基準

　　1回の試験結果は，指定した呼び強度の85％以上．

　　3回の試験結果の平均値は，呼び強度以上．

## 10・4　各種コンクリート

表10・9を参照．

【問題　1】　コンクリート打込みに関する次の記述のうち，最も不適当なものはどれか．
1．スラブは，荒均し後，コンクリートが凝結硬化を始める前に，タンパーで表面をたたき締めた．
2．柱の打込みは，梁筋と柱筋が交差している箇所から打込んだ．
3．せき板は，コンクリート打込み前に散水して湿潤にした．
4．せいが高い梁の打込みは，スラブと一緒に打込まず，梁だけを先に打込んだ．
5．梁及びスラブにおける打継ぎ位置は，そのスパンの中央付近とした．

【問題　2】　コンクリートの運搬・打込みに関する次の記述のうち，最も不適当なものはどれか．
1．高さ5mの柱の打込みには，縦形シュートを使用した．
2．コンクリートの締固めは，鉄筋に振動機を当てることにより確実に行った．
3．階段を含む打込み区画は，階段まわりから打込んだ．
4．梁のコンクリートは，壁及び柱のコンクリートの沈みが落ち着いた後に，打込んだ．
5．スラブの打込みは，遠方から手前に後退しながら行った．

【問題　3】　コンクリートの調合・強度に関する次の記述のうち，最も不適当なものはどれか．
1．レディーミクストコンクリートを発生する際のスランプは，荷卸し地点における値を指定する．
2．気温の高いほうが，一般に初期材齢の強度は大きい．
3．AE材は，単位水量を減少させ，ワーカビリティーもよくする．
4．スランプを小さくすると，コンクリート強度は増加する．
5．断面が大きな部材に用いるコンクリートであったので，単位セメント量は，所要の品質が得られる範囲内で，できるだけ少なくした．

【問題　4】
コンクリートの試験に関する次の記述のうち，最も不適当なものはどれか．
1．普通コンクリートの試験用試料の採取は，工事現場の荷卸し場所とした．
2．コンクリートの強度試験用供試体の個数は，1材齢の1回の試験につき，それぞれ3個とした．
3．セメントと骨材の試験用材料の採取は，コンクリートの製造場所とした．
4．コンクリートの強度試験用供試体の工事現場における養生は，通風のよい乾燥した場所とした．
5．軽量コンクリートの試験用試料の採取は，工事現場の型枠に打込む場所で，打ち込む直前とした．

【問題　5】　コンクリートの種類・強度に関する用語とその説明との説明との組合せとして，最も不適当なものは，次のうちどれか．
1．マスコンクリート―構造体の一部にプレキャスト部材を用い，これと現場打ちコンクリートを一体化したコンクリート
2．寒中コンクリート―コンクリート打込み後の養生期間に，コンクリートが凍結するおそれのある時期に施工されるコンクリート
3．調合強度―コンクリートの調合を決める場合に目標とする圧縮強度
4．構造体コンクリート強度―構造体中で発現しているコンクリートの圧縮強度
5．耐久設計基準強度―構造物及び部材の供用期間に応ずる耐久性を確保するために必要なコンクリートの圧縮強度

表10・9 特殊コンクリート工事

| 名　　　称 | 工　法　な　ど　の　あ　ら　ま　し |
|---|---|
| 軽量コンクリート | 軽量コンクリートには1種と2種がある.<br>通常,スランプは21cm以下であり,単位水量185kg/m³以下,単位セメント量の最小値320kg/m³,水セメント比の最大値55%とされている.<br>軽量コンクリートの施工では,粗骨材の浮き上がり防止に対する配慮や,輸送中やポンプ圧送時のスランプ低下対策として,十分吸水させた人工軽量骨材を使用する事が大切である. |
| 高強度コンクリート | 設計基準強度が36N/mm²を超える普通コンクリート.<br>化学混和剤の性能の向上やコンクリートの製造技術の向上によって,コンクリートの高強度化が可能になったため,高層建築物への実用化の進展と共に,高強度コンクリートの採用事例は今後ますます増加する傾向にある. |
| プレストレストコンクリート | PC鋼材によって,計画的にコンクリートにプレストレスを与えた一種の鉄筋コンクリート.<br>通常,設計基準強度の下限値(プレテンション方式:35N/mm²,ポストテンション方式:24N/mm²)のみが設定されており,高強度コンクリートの規定が併せて適用されることになる. |
| 寒中コンクリート | 打込み後の養生期間内に,コンクリートが凍結するおそれのある場合に施工されるコンクリートをいう.<br>コンクリートの圧縮強度が5N/mm²になるまでの初期養生期間中は,断熱保温養生・加熱保温養生などにより,コンクリート温度を0℃以上に保たなければならない.<br>厳寒期のコンクリートの打設作業では,型枠の洗浄水が鉄筋の表面や打継面で凍結するおそれがあり,これが重大な欠陥の原因となる.採暖の設備をはじめ,万全の体制を整えるか,最悪の場合は,コンクリート打ちを中止するなどの決断を迫られることもある. |
| 暑中コンクリート | 日平均気温が25℃を超える期間に施工されるコンクリートをいう. |

# 11　鉄骨工事

## 11・1　材料

鋼材・高力ボルト・リベット・溶接用材料など規格に合格したJIS適合品とする．

　　鋼材：一般構造用圧延鋼材
　　　　　（SS）が一般的

鋼材の品質などは，製造者より鋼材検査証明書（ミルシート）を取りよせ確認し，品質検査に代えることができる．

## 11・2　工場作業

鉄骨部材の製作を行う前に，鉄骨製作用基準鋼製巻尺と，工事場用基準鋼製巻尺と照合してその誤差を確認しておく．→テープ合せ

**(1) 工場製作**

①工作図の製作
　　↓　　　◁承認
②現寸図の製作
　　↓
③現寸検査（設計者立会い）
　　↓
④型枠取り
　　↓　材料のひずみ直し
⑤けがき（材料上に切断箇所・孔位置等すべてマーキングを行う）
　　↓
⑥切断・加工（長さ切断・曲げ・削り加工・ボルト孔あけ）
　　↓
⑦組立て（加工材を仮組む）
　　↓
⑧接合（溶接等の場合，現場組立部分は残す）
　　↓
⑨ひずみ取り
　　↓
⑩製品検査（溶接検査）
　　↓
⑪塗装（錆おさえ・錆止めペンキ塗・仕上下塗）
　　↓
⑫整理（発送）

**表11・1　材料の品質規格**

| 材　料 | 規　　格 |
|---|---|
| 構造用鋼材 | JIS G 3101（一般構造用圧延鋼材）SS400, SS490, SS540<br>JIS G 3106（溶接構造用圧延鋼材）SM400A, SM490B, SM490C, SM570<br>JIS G 3114（溶接構造用耐候性熱間圧延鋼材）SMA400AW, SMA490AW, SMB490BW<br>JIS G 3350（一般構造用軽量形鋼）SSC400<br>JIS G 3444（一般構造用炭素鋼鋼管）STK400, STK490, STK540<br>JIS G 3466（一般構造用角形鋼管）STKR400, STKR490<br>JIS G 3353（一般構造用溶接軽量H形鋼）SWH400, SWH400L |
| 高力ボルト | JIS B 1186（摩擦接合用高力六角ボルト，六角ナット，平座金のセット）2種（A，B）ボルトF10T，ナットF10，座金F35<br>JSS[注] II 09　構造用トルシア形高力ボルト，六角ナット，平座金のセット　ボルトS10T，ナットF10，座金F35 |
| ボルト，ナット，座金 | JIS B 1180（六角ボルト）<br>JIS B 1181（六角ナット）<br>JIS B 1251（ばね座金）<br>JIS B 1256（平座金） |
| デッキプレート | JIS G 3352（デッキプレート） |

注　日本鋼構造協会規格

表11・2（a） 形鋼の形状・寸法　　　　　　　　　　　　　　　　　　　　　　　　　　　　　　　　　　　　　　　　［mm］

| 名　称 | 等辺山形鋼 | 不等辺山形鋼 | 溝形鋼 | H形鋼 |
|---|---|---|---|---|
| 形　状 | (図) | (図) | (図) | (図) |
| 寸法表示 | $A \times B \times t$ | $A \times B \times t$ | $A \times B \times t_1 \times t_2$ | $A \times B \times t_1 \times t_2$ |
| 寸法範囲 | $25 \times 25 \times 3 \sim 250 \times 250 \times 35$ | $90 \times 75 \times 9 \sim 150 \times 100 \times 15$ | $75 \times 40 \times 5 \times 7 \sim 380 \times 100 \times 13 \times 20$ | $100 \times 50 \times 5 \times 7 \sim 900 \times 300 \times 16 \times 28$ |

（JIS G 3192より）

表11・2（b）　棒鋼・平鋼・鋼板・鋼管・角形鋼管の形状・寸法　　　　　　　　　　　　　　　　　　　　　　［mm］

| 名　称 | 棒鋼 | 平鋼 | 鋼板 | 鋼管 | 角形鋼管 |
|---|---|---|---|---|---|
| 形　状 | (図) | (図) | (図) | (図) | (図) |
| 寸法表示 | $d$ | $B \times t$ | $B \times t$ | $D \times t$ | $A \times B \times t$ |
| 寸法範囲 | $6 \sim 200$ | $25 \times 4.5 \sim 300 \times 36$ | $25 \times 4.5 \sim 300 \sim 36$ | $21.7 \times 2.0 \sim 1016 \times 22$ | $50 \times 20 \times 1.6 \sim 300 \times 300 \times 6$ |

（JIS G 3191, 3194, 3444, 3466より）

表11・2（c）　軽量形鋼の形状・寸法　　　　　　　　　　　　　　　　　　　　　　　　　　　　　　　　　　　　［mm］

| 名　称 | 溝形鋼 | 軽Z形鋼 | 軽山形鋼 | リップ溝形鋼 | リップZ形鋼 | ハット形鋼 |
|---|---|---|---|---|---|---|
| 形　状 | (図) | (図) | (図) | (図) | (図) | (図) |
| 寸法表示 | $A \times B \times t$ | $A \times B \times t$ | $A \times B \times t$ | $A \times B \times C \times t$ | $A \times B \times C \times t$ | $A \times B \times C \times t$ |
| 寸法範囲 | $19 \times 12 \times 1.6 \sim 450 \times 75 \times 6.0$ | $40 \times 20 \times 2.3 \sim 100 \times 50 \times 3.2$ | $30 \times 30 \times 3.2 \sim 60 \times 60 \times 3.2$ | $60 \times 30 \times 10 \times 1.6 \sim 250 \times 75 \times 25 \times 4.5$ | $100 \times 50 \times 20 \times 2.3$, $100 \times 50 \times 20 \times 3.2$ | $40 \times 20 \times 20 \times 1.6 \sim 60 \times 30 \times 25 \times 2.3$ |

（JIS G 3350より）

## (2) 切断
- ガス切断
- 機械切断 ─┬─ せん断切断（シャーリング）：厚13mm以下の鋼板や山形鋼の切断，曲がりやまくれを生じる場合がある．
　　　　　　└─ 切削切断：形鋼・鋼管など帯鋸（バンドソー）で切断し，能率・精度ともよい．

## (3) 穴あけ
- パンチング式（板厚13mm以下）
- ドリル式

穴の大きさは，表11・3による．

表11・3 高力ボルト・リベット・ボルト・アンカーボルトの公称軸径に対する穴径

|  | 穴 径（$D$） | 公称軸径（$d$） |
|---|---|---|
| 高力ボルト | $d+2.0$<br>$d+3.0$ | $d<27$<br>$d\geqq27$ |
| ボルト | $d+0.5$ |  |
| アンカーボルト | $d+5.0$ |  |

（単位：mm）

## (4) 曲げ加工（逆ひずみ加工）
- 常温
- 熱間加工（750～950℃）

鋼材は，青熱域（200～400℃）ではもろさを示し，曲げ加工に適さない．

## 11・3　接合

### (1) リベット接合
リベットを800℃位に加熱し，組み合わせた材のリベット穴に入れ，リベットハンマー・ジョーリベッターなどの機械を用いて，リベット頭を成形・締付けする接合．

技術者・騒音・火気使用等の問題があり，現在ではほとんど使用されない．

### (2) 普通ボルト接合
二次構造部材（母屋・胴縁等）の接合に用いられる．

### (3) 高力ボルト接合
- 普通ボルトの2～3倍の引張強さをもつ高力（ハイテンション）ボルトを使用した接合である．
- 接合部の剛性が高く，作業性がよく騒音も少ない．
- 継手部材を強く締付け，その摩擦力によって応力に耐えさせる接合．

a）取扱い

　包装の完全なものを，未開封状態のまま現場へ搬入．

b）締付け

　①摩擦面は，黒皮，浮き錆，じんあい，油，塗装などを取除き，表面を赤錆状態とする．

　②締付けに用いるトルクレンチ等は，所要の精度が得られるように十分に整備されたものを用いる（図11・3，図11・4）．

　③高力ボルトの締付けは，一次締め・本締めの2段階で行う．

　④一次締めは，全ボルトについて，

　　トルク値　1000kgf・cm（ボルト径16mm）から
　　　　　　　2000kgf・cm（ボルト径24mm）で行う．

　⑤一次締付け後，ボルト・ナット・座金および部材にわたり，マーキングを施す（図11・6）．

　⑥各ボルト群の中央部から端部に向って行う．

　⑦仮締めのボルト数は，各群穴数の1/3以上，かつ2本以上とする．またアンカーボルトについては，全数とも締付ける．

表11・4　締付け長さに加える長さの標準値

| 呼び名 | 締付け長さに加える長さ〔mm〕 |
|---|---|
| M12 | 25 |
| M16 | 30 |
| M20 | 35 |
| M22 | 40 |
| M24 | 45 |

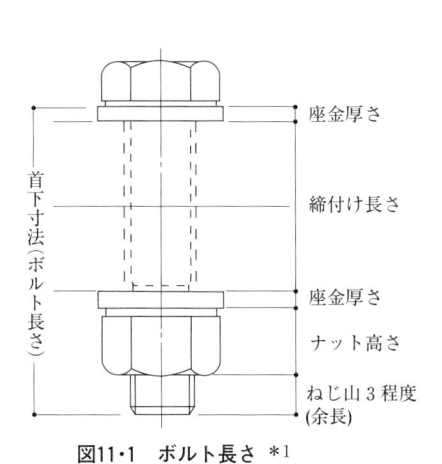

表11・5　高力ボルトの種類と等級

| セットの種類 | | 適用する構成部分の機械的性質による等級の組合せ | | |
|---|---|---|---|---|
| 機械的性質による種類 | トルク係数値による種類 | ボルト | ナット | 座金 |
| 1　種 | A | F8T | F10<br>(F8) | F35 |
| | B | | | |
| 2　種 | A | F10T | F10 | |
| | B | | | |
| (3　種) | A | (F11T) | | |
| | B | | | |

注1　F8TのFはFriction（摩擦），8Tは80〜100kgf/mm²（784.5〜980.7N/mm²）の引張（Tension）強度である．
注2　トルク係数値による種類はナットの回転しやすさ（締付けやすさ）の種類であり，ナット，ボルトの表面処理によって定める．

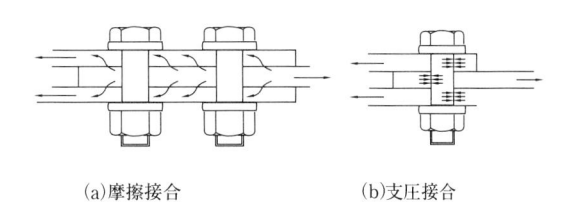

図11・1　ボルト長さ ＊1

図11・2　高力ボルト接合 ＊1

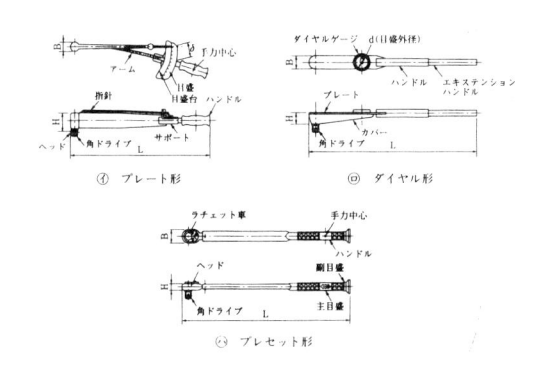

図11・3　ダイヤル型トルクレンチ（公共建築協会「建築工事監理指針」より）

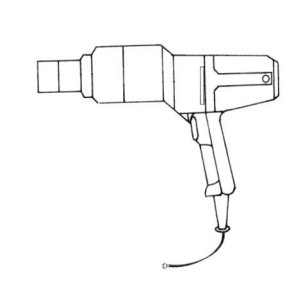

図11・4　トルシア形高力ボルト締付器具

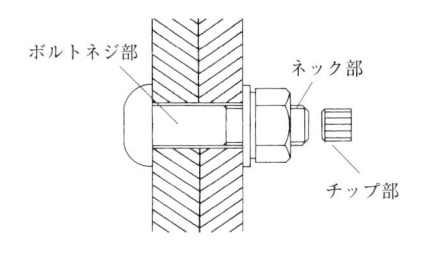

図11・5　トルシア形高力ボルト

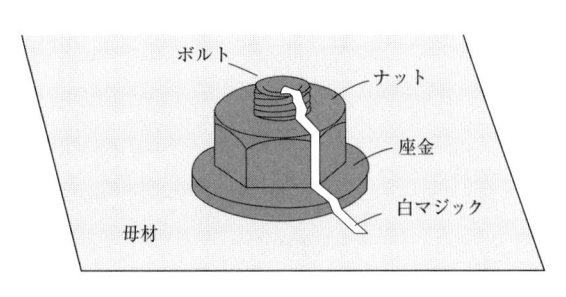

図11・6　マーキング

## (4) 溶接接合

特徴
① 部材の欠損が少ない
② 接合部の剛性が大きい
③ 騒音の発生がない
④ 溶接者の技量による影響が大きい
⑤ 検査が困難である

溶接方法の種類は図11・7を参照．

## (5) 溶接の種類

a）突合せ溶接…完全溶込み溶接ともいい，接合母材の端部を加工して溝（グルーブという）をつくり，そこに溶着金属を満たして接合した溶接．

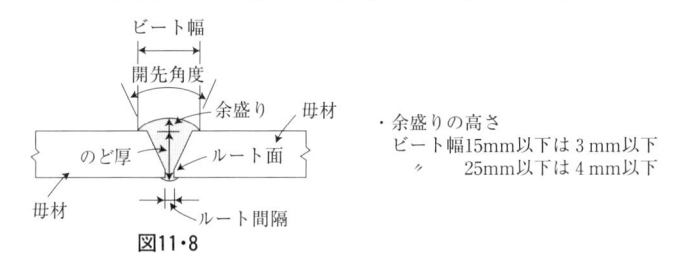

・余盛りの高さ
　ビート幅15mm以下は3mm以下
　〃　　　25mm以下は4mm以下

図11・8

b）隅肉溶接…接合する母材を重ねたり，直交させたりした隅角部に溶着金属を盛り上げて接合した溶接．

・サイズSは母材の厚さ以下
・のど厚 $a = 0.7S$

・隅肉溶接の強度はのど厚と溶接長さで決まる

$l$：有効長さ
（全長から脚長の2倍を引く）
隅肉サイズの10倍以上
かつ40mm以上

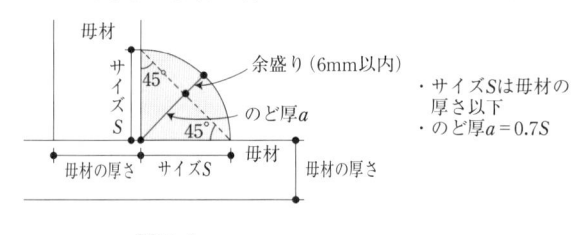

図11・9

c）部分溶け込み溶接

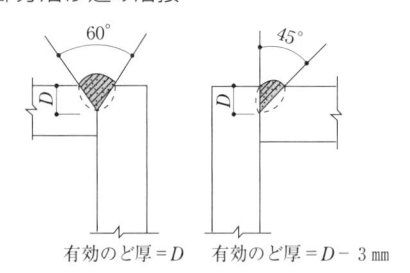

有効のど厚 = $D$　　　有効のど厚 = $D - 3$mm

図11・10　溶接継手の種類

● エンドタブ：溶接の欠陥をなくすため，溶接部分の両端に仮付けされた鉄片（図11・13）．
● スカラップ：溶接線が交差するのをさけるために，部材に設けた扇形の切欠き（図11・13）．

溶接の注意事項
① 気温が−5℃のときには，溶接を中止する．

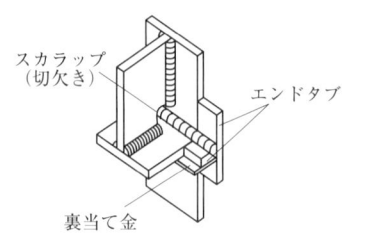

図11・13　エンドタブとスカラップ

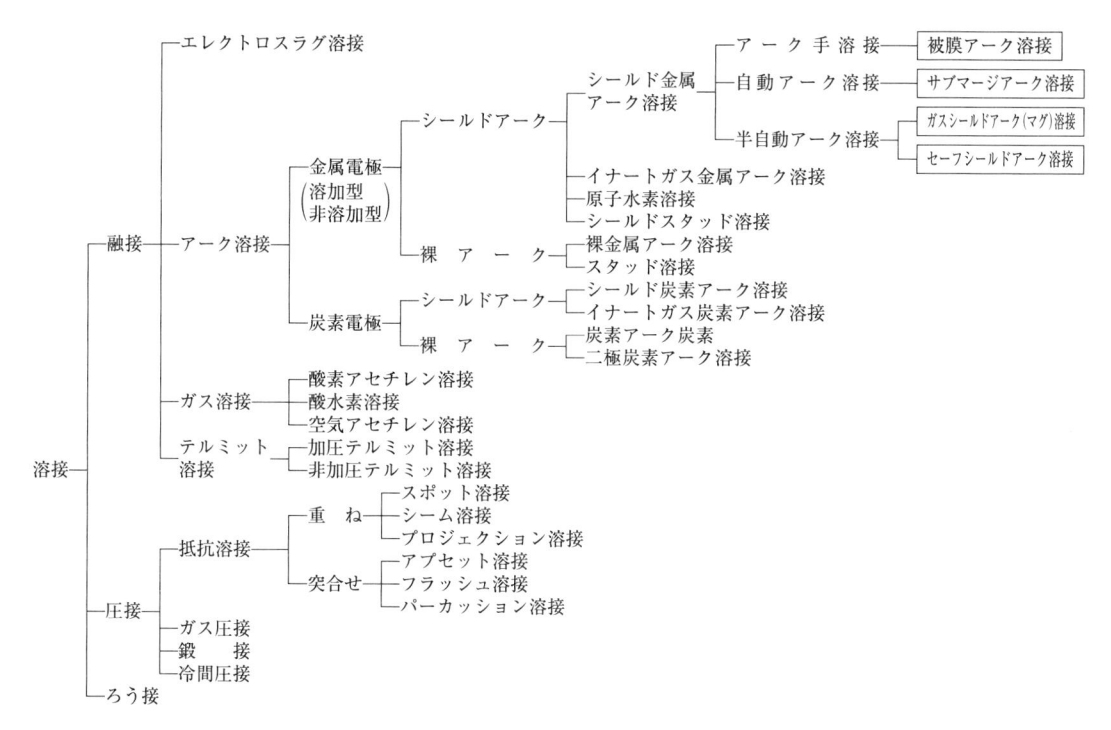

```
                                                                    ┌─ アーク手溶接 ──[被膜アーク溶接]
                                                    ┌─ シールド金属 ─┼─ 自動アーク溶接 ──[サブマージアーク溶接]
                                   ┌─ シールドアーク ─┤   アーク溶接   │                  ┌─[ガスシールドアーク(マグ)溶接]
                                   │                │                └─ 半自動アーク溶接 ─┤
                     ┌─ 金属電極   ─┤                                                    └─[セーフシールドアーク溶接]
                     │  (溶加型)    │                ┌─ イナートガス金属アーク溶接
                     │  (非溶加型)  │                ├─ 原子水素溶接
                     │              └─ 裸 アーク   ──┼─ シールドスタッド溶接
        ┌─ エレクトロスラグ溶接    │                ├─ 裸金属アーク溶接
        │            │                                └─ スタッド溶接
        │            │              ┌─ シールドアーク ─┬─ シールド炭素アーク溶接
   ┌─ 融接 ─ アーク溶接              │                 └─ イナートガス炭素アーク溶接
   │         │      └─ 炭素電極   ──┤                 ┌─ 炭素アーク炭素
   │         │                      └─ 裸 アーク   ───┴─ 二極炭素アーク溶接
   │         │                      ┌─ 酸素アセチレン溶接
   │         ├─ ガス溶接          ──┼─ 酸水素溶接
   │         │                      └─ 空気アセチレン溶接
   │         │   テルミット          ┌─ 加圧テルミット溶接
   │         └─              ──────┤
   │             溶接                └─ 非加圧テルミット溶接
   │                                      ┌─ スポット溶接
溶接│                         ┌─ 重 ね  ──┼─ シーム溶接
   │                          │            └─ プロジェクション溶接
   │         ┌─ 抵抗溶接     ─┤            ┌─ アプセット溶接
   │         │                └─ 突合せ  ──┼─ フラッシュ溶接
   ├─ 圧接  ─┤                              └─ パーカッション溶接
   │         ├─ ガス圧接
   │         ├─ 鍛  接
   │         └─ 冷間圧接
   └─ ろう接
```

**図11·7　溶接方法の種類**

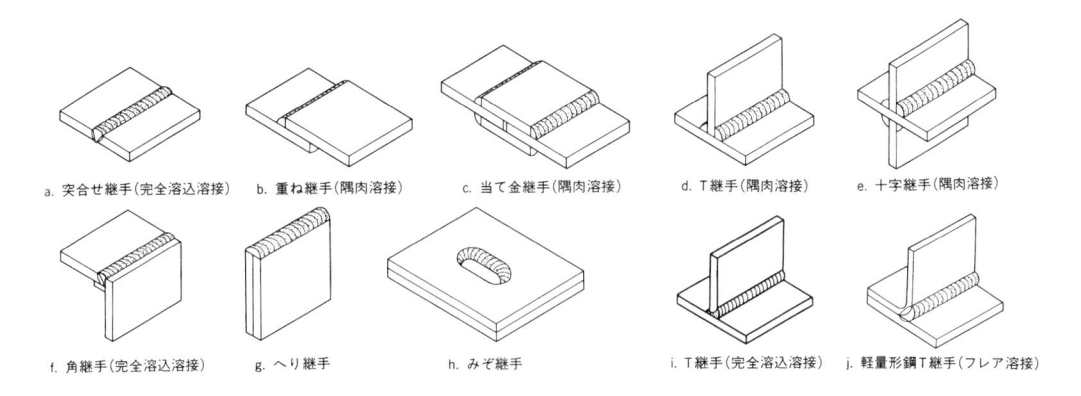

a. 突合せ継手(完全溶込溶接)　b. 重ね継手(隅肉溶接)　c. 当て金継手(隅肉溶接)　d. T継手(隅肉溶接)　e. 十字継手(隅肉溶接)

f. 角継手(完全溶込溶接)　g. へり継手　h. みぞ継手　i. T継手(完全溶込溶接)　j. 軽量形鋼T継手(フレア溶接)

**図11·11　溶接の継目**　(日本建築学会「構造用教材」より)

| 溶接部 | 実　形 | 図　示 |
|---|---|---|
| V形グルーブ溶接<br>　開先深さ　16mm<br>　開先角度　60°<br>　ルート間隔　2mm | 60°<br>19　16<br>↓↓2 | 16　2<br>60° |
| レ形グルーブ溶接<br>　T継手・裏当て金使用<br>　開先角度　45°<br>　ルート間隔　6.4mm | 45°<br>6.4　裏当て金 | 6.4<br>45° |
| 連続隅肉溶接<br>　両側サイズの異なる場合 | 6↓↓↓9 | 6<br>9<br>6<br>9 |

**図11·12　溶接記号の例**　(日本建築学会「構造用教材」より)

　　　　－5℃～＋5℃のときは母材を加熱する．
　②降雨・降雪などで母材がぬれているとき，強風のときは，溶接を行わない．
　　　ガスシールドアーク溶接の場合，防風処理を講じていなければ風速2m/S以上ある場合は溶接をしてはいけない．
　③溶接棒は乾燥させておく．
　④なるべく下向溶接とする．
溶接部の欠陥
　アンダーカット：母材と溶接金属の境界線に生じるくい込み（図11·14(c)）
　オーバーラップ：溶接金属が母材に癒着されずに単にかさなっただけのもの（図11·14(d)）
　スラグ巻込み：溶接金属の中にスラグが入っているもの
　ブローホール：溶接金属に発生する内部の気孔（図11·14(b)）
　ピ　ッ　ト：溶接金属に発生する表面の気孔
　ク レ ー タ ー：溶接金属に発生する終端のくぼみ

## 11·4　現場作業

　①アンカーボルトの埋込み
　②心出し・ベース仕上げ
　③建方
　④仮締め，建入れ直し
　⑤本締・接合
　⑥検査
　⑦塗装

### (1) アンカーボルトの埋込み

　埋込み方法　可動式…規模の小さい建物（図11·15(a)）
　　　　　　　固定式…規模の大きい工事（図11·15(b)）
　コンクリートの打設による衝撃や圧力によって移動しないようにする．

### (2) ベース仕上

　　基礎コンクリート位置は，ベースプレートを水平に維持するために，ベースプレート面から約20～30mm下で打ち止め，硬練りモルタルを所定の高さまで仕上げる．
　　全面塗り仕上げ工法（図11·16(a)）
　　部分後詰め工法　（図11·16(b)）　無収縮モルタルを使用

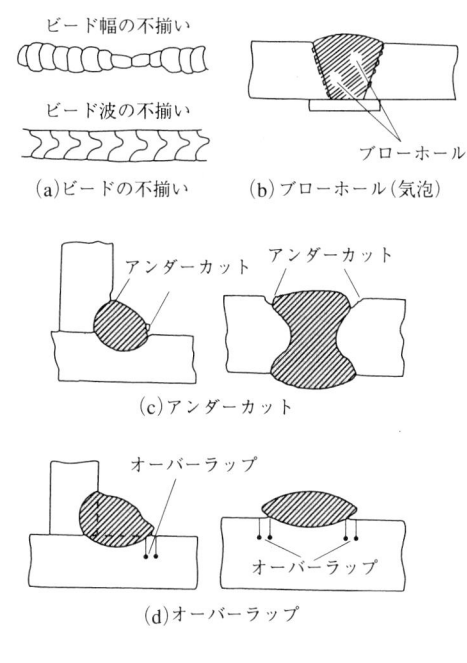

図11・14 溶接の欠陥 *1

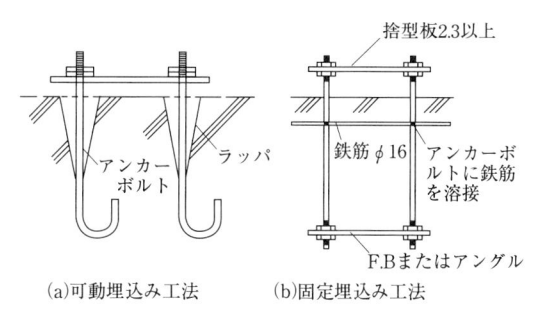

図11・15 埋込み工法 *1

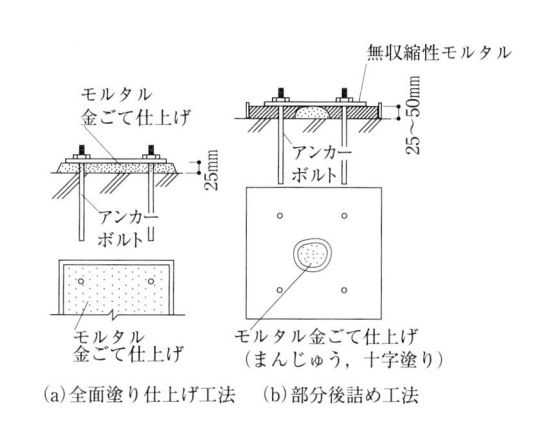

図11・16 柱底塗り仕上げ工法 *1

## (3) 建方
- 平面の正方形に近い場合は，外周から中央へ進む．
- 平面が細長い場合は，中央部から両端へ進む（図11・17）．

## (4) 仮締め・建入れ直し
ボルト一群に対して，1/3かつ2本以上のボルトを仮締める．

## (5) 本締め・接合
現場での溶接は，低温・天候不良の場合は作業を中止する．

## (6) 検査
溶接部の検査方法には次のようなものがある．
- マクロ試験
- 超音波探傷試験
- 放射線検査法
- 浸透探傷試験（カラーチェック：染色浸透探傷方法）

## (7) 塗装
溶接部等は防錆塗装をし，その上で中塗り，上塗りをする．

## 11・5　耐火被覆

鉄骨造では，規模・用途によって建築基準法施行令（第107条）により，耐火性能（1時間・2時間・3時間等）を有する構造が定められている．

　　吹付け工法―ロックウール・ひる石
　　張付け工法―コンクリートブロック・ALC・石綿ケイ酸カルシウム板・せっこうボード
　　塗付け工法―モルタル・パーライトモルタル
　　現場打コンクリート工法

---

【問題 1】 高力ボルト接合に関する次の記述のうち，最も不適当なものはどれか．
1. 座金との接触面に鋼材のまくれがあったので，平グラインダー掛けにより取り除き，平らに仕上げた．
2. 摩擦接合部の摩擦面には，錆止め塗装を行わなかった．
3. 一群のボルトの締付けは，群の周辺部から中央に向かう順序で行った．
4. 一次締め終了後に行うボルトのマーキングは，ボルト，ナット，座金及び母体にかけて行った．
5. ボルトを締付ける際に，最初からいっぱいには締め付けず，本締めで所要のボルト張力となるように締め付けた．

【問題 2】 鉄骨工事における溶接に関する次の記述のうち，最も不適当なものはどれか．
1. アンカーボルトは，基準墨に合わせて固定するとともに，鉄板製漏斗状の筒を取り付け，ボルトの位置を修正できるようにした．
2. 建方時に使用する仮締めボルトの本数は接合部の各ボルト群の1/3程度以上で，かつ，2本以上とした．
3. 溶接の余盛は，断面欠損を補うため，できるだけ多く盛り上げた．
4. 高力ボルト接合において，接合部の摩擦面が一様に赤く見える程度に錆びていたが，そのまま接合した．
5. 溶接部にブローホールがあったので，不良部分を削り取り再溶接した．

【問題 3】 鉄骨工事に関する次の記述のうち，最も不適当なものはどれか．
1. 溶接は，確実な施工ができるように，下向きの姿勢で行った．
2. ベースプレート下面のモルタルは，あと詰め中心塗り工法とし，流動性のよい無収縮性のモルタルを充てんした．
3. 建方時に使用する仮締めボルトは，本接合に用いるボルトより小さめの径のボルトを用いた．
4. 高力ボルト接合において，接合部の摩擦面に一様に赤く見える程度の錆が発生していたがそのまま接合した．
5. 高力ボルト接合による継手の仮ボルトの本数は，一群のボルト数の1/3以上で，かつ，2本以上とした．

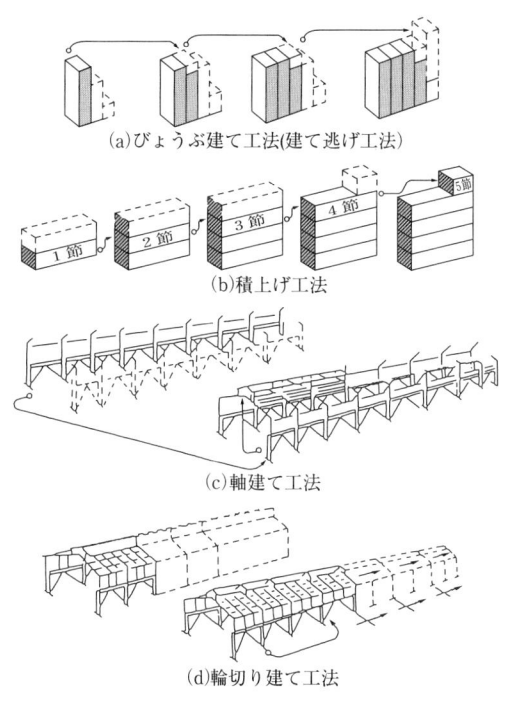

(a) びょうぶ建て工法(建て逃げ工法)

(b) 積上げ工法

(c) 軸建て工法

(d) 輪切り建て工法

**図11・17　鉄骨の建方の種類　*1**

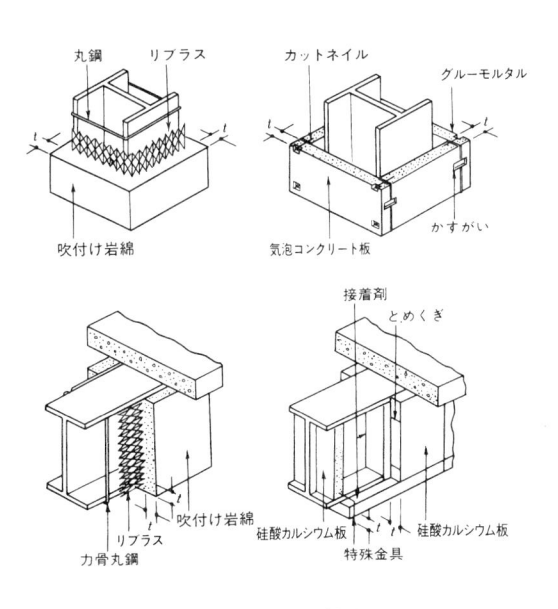

**図11・18　耐火被覆の例**

# 12　組積工事

## 12・1　補強コンクリートブロック工事

### (1) 材料

　　空洞コンクリートブロック（JIS A5604）
　　化粧コンクリートブロック（JIS A5407）

### (2) 空洞コンクリートブロック

　a）形状及び寸法：（図12・1及び表12・1）に示す．
　b）強度による分類：A種・B種・C種に分類される．
　　　また，透水性8cm以下のもの
　　　　　　　　→防水性ブロック

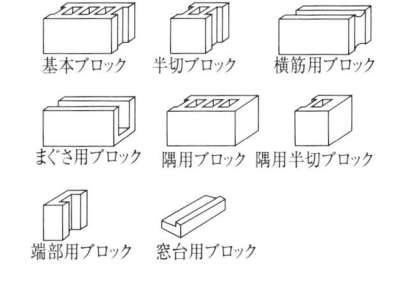

図12・1　基本ブロックと異形ブロック *1

### (3) 施工要領

- フェイスシェルの厚い方を上にして積上げる（図12・2）．
- 縦目地空洞部への充てんモルタルの打継ぎは，コンクリートブロックの上端から5cm位下がった位置とする（図12・2）．
- 鉄筋のかぶり厚さは，コンクリートブロック部分を含まずに2cm以上とする（図12・5）．
- 1日の積上げ高さは，1.6m（8段）以下とする．
　通常は，1.2m（6段）を標準とする．
- 鉄筋挿入部及び縦目地に接する空洞部はすべて充てんする．
- モルタルの充てんは，コンクリートブロック2～3段以下ごとに行う．
- 縦筋は，壁の途中で原則として重ね継手としてはならない．
　両面アーク溶接（重ね長さ5$d$以上）又は，ガス圧接を行った場合は，継手を設けてもよい．
- 鉄筋の配筋は，D10以上とし，縦・横とも800mm以下とする．
- 充てん用コンクリートの粗骨材の最大寸法は，空洞部の最小幅の1/4以下，かつ20mm以下とする．
- ブロックの空洞部に電気配管を埋込んでもよい．

　　　がりょう　幅：耐力壁の厚さ以上
　　　　　　　せい：耐力壁の厚さの1.5倍以上
　　　　　　　　　　かつ30cm（平家25cm）以上
　　　基　　礎　幅：耐力壁の厚さ以上
　　　　　　　せい：軒の高さの1/12以上
　　　　　　　　　　かつ60cm（平家45cm）以上

図12・2　ブロックの積み方 *5

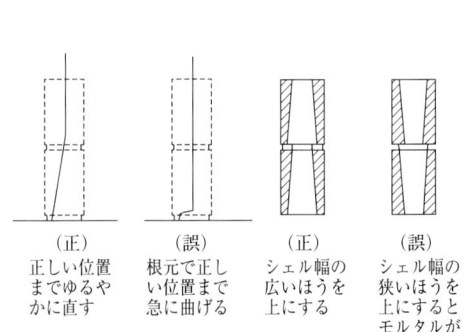

図12・3　差筋の台直しとブロックの積み方 *1

表12・1　形状・寸法による分類

| 形状 | 寸法 | | | 許容差 |
|---|---|---|---|---|
| | 長さ | 高さ | 厚さ | 長さ,厚さ及び高さ |
| 基本ブロック | 390 | 190 | 190<br>150<br>120<br>100 | ±2 |
| 異形ブロック | 横筋用ブロック,隅用ブロックのように基本ブロックと同一の大きさのものの寸法及び許容差は,基本ブロックに準ずる. | | | |

(単位：mm)

表12・2　品質・強度による分類

| 分類 | 全断面圧縮強度<br>N/cm² | 補強ブロック造の規模 | |
|---|---|---|---|
| | | 階段 | 軒高 |
| A 種 | 40以上 | 2以下 | 7 m以下 |
| B 種 | 60以上 | 3以下 | 11m以下 |
| C 種 | 80以上 | 3以下 | 11m以下 |

表12・3　目地モルタルの調合例

| | 平屋および2階建 | | 3 階建 | |
|---|---|---|---|---|
| | セメント | 細骨材 | セメント | 細骨材 |
| 容積比 | 1 | 3.0 | 1 | 2.5 |

注1　計量は次の状態を標準としている.
　　セメント：軽装状態の容積（単位容積重量は1.2kg/ℓ程度）
　　細骨材：骨材は表面乾燥状態で,軽装状態の容積
注2　混和材料を用いる場合,所要の性能を損なわない範囲とする.

表12・4　充てんモルタルの調合例

| 平屋および2階建 | | 3 階建 | |
|---|---|---|---|
| セメント | 細骨材 | セメント | 細骨材 |
| 1 | 3.0 | 1 | 2.5 |

注1　計量は次の状態を標準としている.
　　セメント：軽装状態の容積（単位容積重量は1.2kg/ℓ程度）
　　細骨材：骨材は表面乾燥状態で,軽装状態の容積
注2　混和材料を用いる場合は,所要の性能を損なわない範囲とする.

表12・5　充てんコンクリートの調合例

| | セメント | 細骨材 | 粗骨材 |
|---|---|---|---|
| 容積比 | 1 | 2 | 2 |

注　計量は表12・4と同様の状態を標準としている.

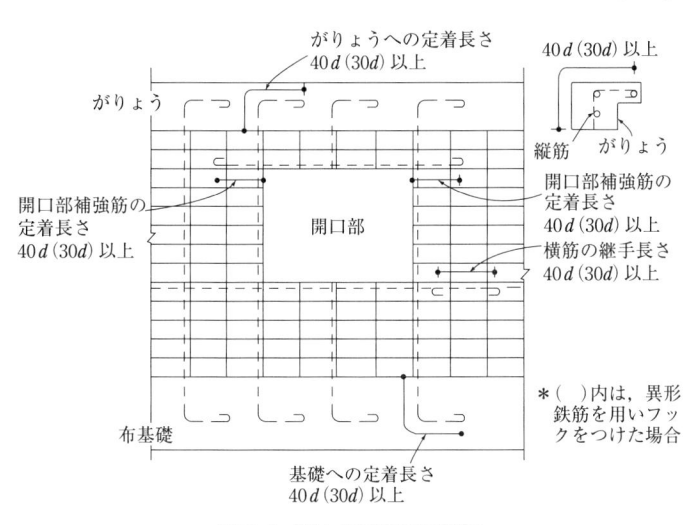

図12・4　耐力壁の配筋の要領

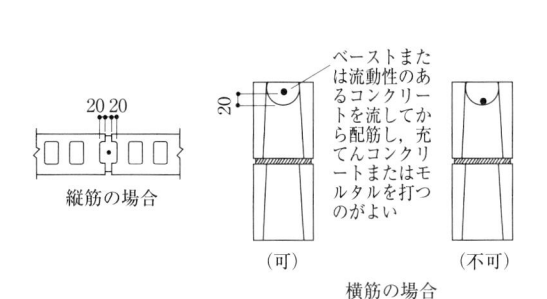

図12・5　鉄筋のかぶり厚さ（単位：mm）＊1

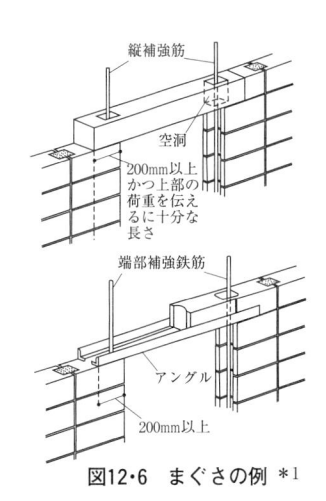

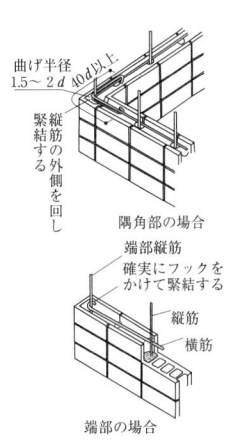

図12・6　まぐさの例　＊1

図12・7　鉄筋の納まり：コーナー部や端部の補強要領　＊1

ブロック塀
- 高さは2.2m以下とする．
    塀の厚さ　高さ2.0m以下　　120mm以上
    　　　　　高さ2.0m超える　150mm以上
- 1.2mを超える塀は長さ3.4m以下ごとに，9mm以上の鉄筋を配置した控え壁を設ける．
- 基礎の根入れ深さは30cm以上とする．

## 12·2　ALC工事

### (1) 材料

ALCパネルとは，高温高圧の水蒸気で養生し，製造される軽量気泡コンクリート板である．すべて工場生産による規格化されたプレキャストパネルである．

　　幅　　600mm（大幅900mm）
　　長さ　1m〜5m
　　厚さ　100mm〜150mm

特徴
① 比重は，0.5〜0.6と軽量（普通コンクリートの1/4程度）．
② 圧縮強度は，4〜5 N/mm²程度と小さい．
③ 断熱性が高く，熱伝導率は普通コンクリートの約1/10で耐火性・防音生にすぐれ，切断・穴開けなどの加工性もよい．
④ 吸水性が大きく，防水性に劣るためアルカリ性に乏しく，補強鉄筋は防錆処理が必要である．

　　パネルの必要厚さ
　　　屋根：スパンの1/35以上かつ75mm以上
　　　床　：スパンの1/25以上かつ100mm以上
　　かかり幅
　　　スパンの1/75以上かつ40mm以上（表12·6，図12·8）

### (2) 施工

縦壁
- 挿入構法（図12·9(a)）
- スライド構法（図12·9(b)）

横壁
- ボルト止め構法（図12·9(c)）
- カバープレート構法（図12·9(d)）

表12・6　屋根及び床パネル構法のかかり幅（mm）

| スパン | 2000 | 3000 | 4000 | 5000 |
|---|---|---|---|---|
| かかり | 40以上 | 40以上 | 54以上 | 67以上 |
| はり幅 | 100以上 | 100以上 | 130以上 | 160以上 |

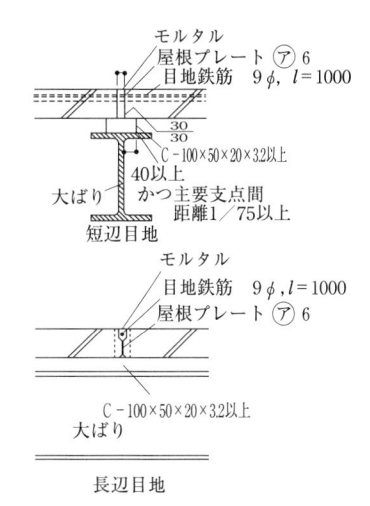

図12・8　屋根及び床パネル構法の接合部の例　*1

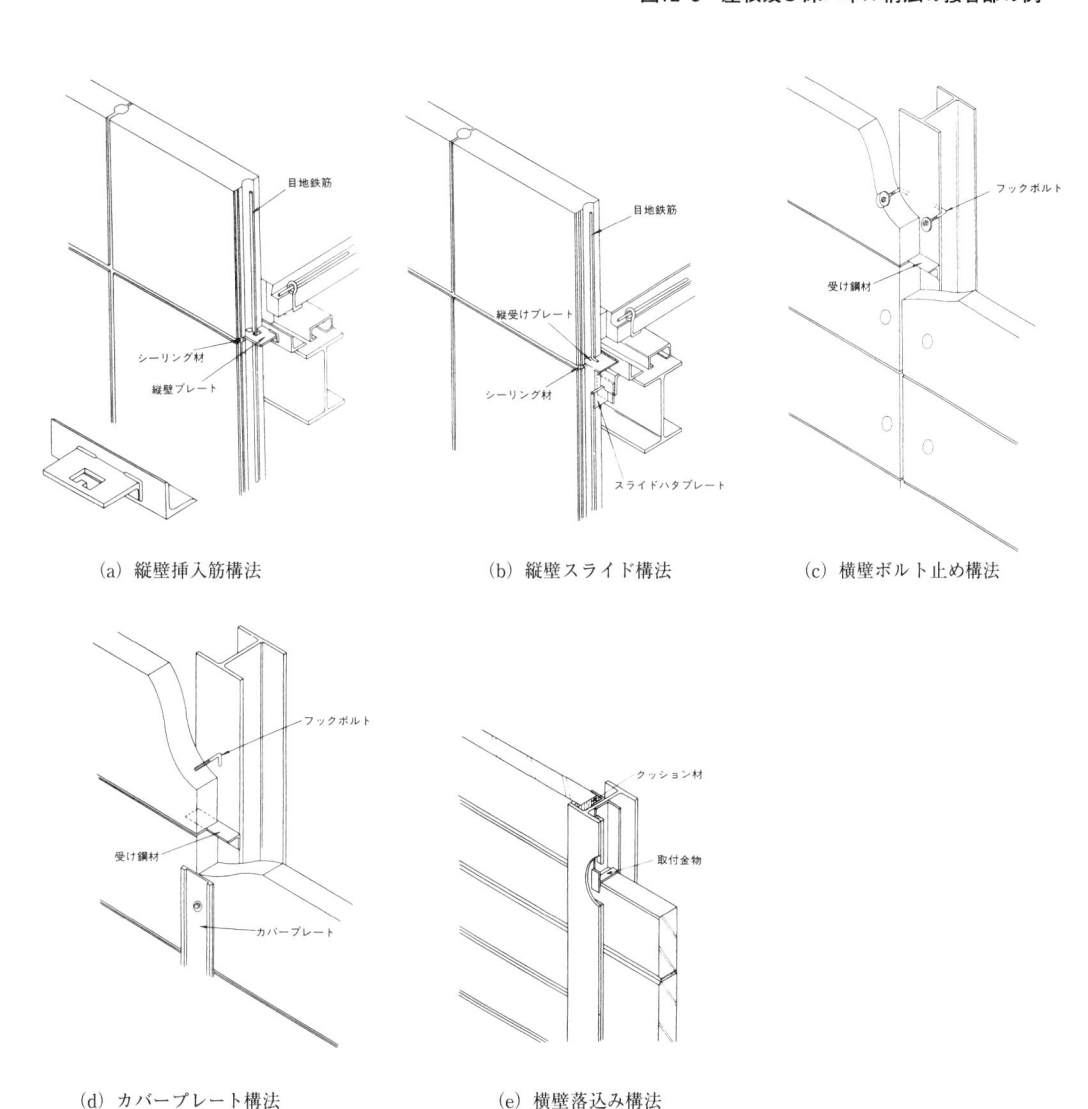

(a) 縦壁挿入筋構法
(b) 縦壁スライド構法
(c) 横壁ボルト止め構法
(d) カバープレート構法
(e) 横壁落込み構法

図12・9　ALCパネル外壁構法　（日本建築学会「構造用教材」より）

## 12・3　れんが工事

1日の積上げ高さは，1.2m以内とする（最大積上げ高さ1.6mを限度とする）．

吸水率が大きいため，モルタルの水分を吸収しないように，積む前に5分間以上水湿しを行い施工する（耐火れんがは水湿しをしない）．

工事中の積み終わり面は，段逃げとする．

---

【問題　1】補強コンクリートブロック工事に関する次の記述のうち，最も不適当なものはどれか．
1．高さ1.5mの補強コンクリートブロック造の塀の基礎の根入れの深さは，30cmとした．
2．ブロックは，フェイスシェルの厚いほうを上にして積んだ．
3．空洞部へのコンクリートの充てんは，ブロック2段ごとに行った．
4．耐力壁の鉄筋のかぶり厚さは，ブロックの厚さを除いて2cm以上とした．
5．ブロックの空洞部内で，主筋に，重ね長さ40$d$の継手を設けた．

【問題　2】補強コンクリートブロック工事に関する次の記述のうち，最も不適当なものはどれか．
1．1日のブロックの積上げ高さを10段とした．
2．ブロックの空洞部を利用して，電気の配管工事を行った．
3．横筋の継手は，ブロックの空洞部において重ね継手とし，モルタルを充てんした．
4．縦筋の入ってない縦目地に接する空洞部にも，モルタルを充てんした．
5．空洞部のコンクリートの打継ぎ位置は，ブロック上端から5cm下げた位置とした．

【問題　3】補強コンクリートブロック工事に関する次の記述のうち，最も不適当なものはどれか．
1．ブロックの1日の積上げ高さは，1.6m以下とした．
2．ブロックは，フェイスシェルの厚いほうを上にして積んだ．
3．鉄筋を入れた空洞部及び縦目地に接する空洞部には，コンクリートを充てんした．
4．耐力壁の縦筋は，その末端をかぎ状に折り曲げ，40$d$の長さで基礎ばり及び臥梁に定着した．
5．高さは1.8mの補強コンクリートブロック造の塀の基礎の根入れの深さは，18cmとした．

**表12・7 れんがの目地用材料の標準調合表(重量比)**

| 目地幅・深さ | セメント | 砂の最大粒径 | | | 混和剤希釈液[注]<br>(セメント重量比) |
|---|---|---|---|---|---|
| | | 2.5mm以下 | 1.2mm以下 | 0.6mm以下 | |
| 幅・深さとも<br>に10mm以上 | 1 | 1.5〜2.5 | — | — | 0.40〜0.55 |
| | 1 | — | 1.0〜2.0 | — | 0.30〜0.40 |
| | 1 | — | — | 0.5〜1.5 | 0.40〜0.80 |

注 混和剤希釈液とは,モルタルとして練り混ぜた時に,ポリマー(固形分)/セメント比が約10%となるようあらかじめ希釈された液をいう.

**表12・8 れんがJIS規格と工法との関係**

| 各種工法名 | 適用できるJIS規格 | 関連する構法(構造) |
|---|---|---|
| れんが積み工事 | 建築用れんが<br>普通れんが<br>セラミックブロック | れんが積張り構法<br>れんが組積造(無筋)<br>各種れんが外構 |
| 補強れんが壁工事 | 建築用れんが<br>セラミックブロック | セラミックブロック造<br>補強れんが造<br>帳　　壁<br>塀・擁壁 |
| れんが床工事 | 建築用れんが<br>普通れんが | ウェット・ドライ床構法<br>サンドクッション床構法 |

# 13 木工事

## 13・1 材料

日本農林規格（JAS）に規定されている．

a）用語説明

　元口：根に近い方を元口という

　末口：上の方の径の細い方を末口という

　腹　：反りのある樹木の内側
　　　　（凹側）

　背　：反りのある樹木の外側
　　　　（凸側）

　　　　　梁は，背を上側に使用
　　　　　土台は背を下側に使用

　心材：樹心に近い部分で硬く変形は少ない
　　　　（赤身材ともいう）

　辺材：樹皮に近い部分で心材よりも耐久力などは劣る
　　　　（白太材ともいう）

　心持ち材：髄をもつ木材
　　　　●化粧柱等では，乾燥収縮をさけるため，背割りをする．

　心去り材：髄をもたない木材

　木　表：樹皮に近い面
　　　　●敷居や鴨居の溝加工側は，木表とする（図13・6）．
　　　　●床板は木表を上に使用する．ただし，外部の漏れ縁の縁板は木裏を上にし水はけをよくする．

　木　裏：樹心に近い面

　柾　目：樹心を通る線上の板
　　　　（図13・4）

　板　目：樹心を含まない接線方向の板
　　　　（図13・4）

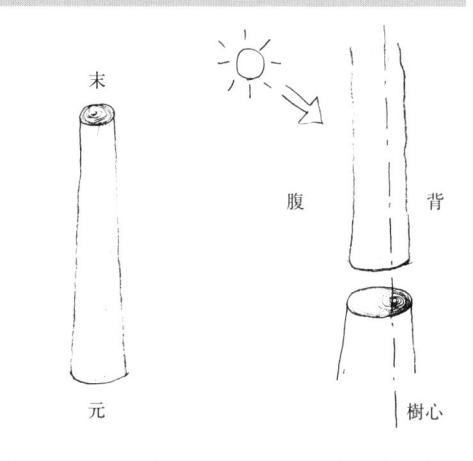

図13・1　元口と末口　　図13・2　木材の腹と背

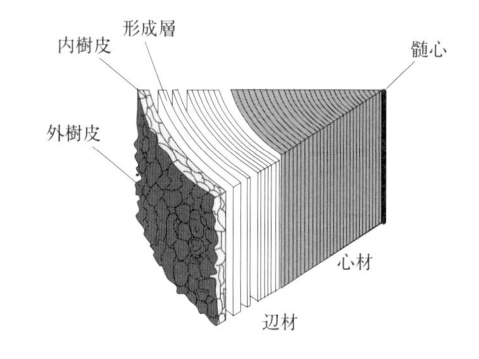

図13・3　木の構造

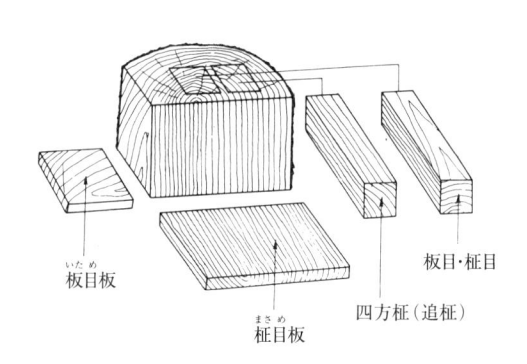

図13・4　木材の樹幹
（日本建築学会「構造用教材」より）

図13・5 乾燥による木材の変形

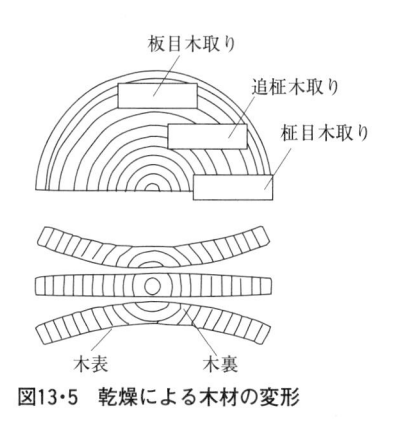

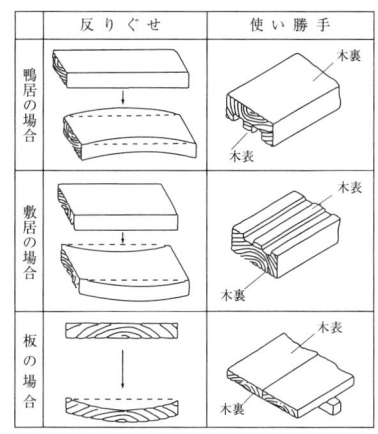

図13・6 木材の反りぐせおよび使い勝手 *1

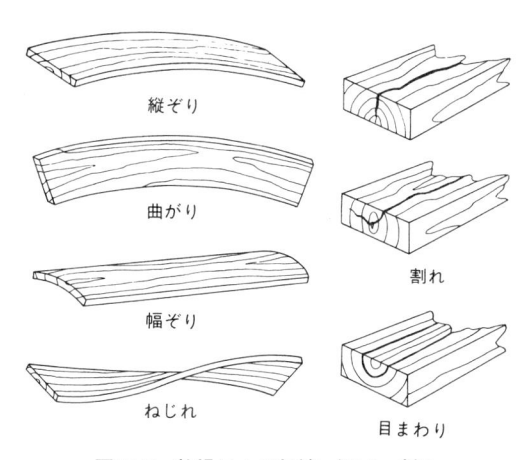

図13・7 乾燥による収縮・狂い・割れ
（日本建築学会「構造用教材」より）

表13・1 製材の材種

①板類（$t<7.5$cm，$w≧4t$）
　・板（$t<3$cm，$w≧12t$）
　・小幅板（$t<3$cm，$w<12t$）
　・斜面板（$w≧6t$，横断面台形）
　・厚板（$t≧3$cm）
②ひき割り類（$t<7.5$cm，$w<4t$）
　・正割り（横断面が正方形）
　・平割り（横断面が長方形）
③ひき角類（$t≧7.5$cm，$w≧7.5t$）
　・正角（横断面が正方形）
　・平角（横断面が長方形）

（日本農林規格による）

表13・2 材種と想定している用途

①板類
　・板，小幅板，斜面板，厚板のすべてが対象．
　・斜面板は長押などに使用．造作用材．
　・構造用材としては筋かい，階段の段板，耐力材として足場板など．
　・主として，曲げ材料あるいは圧縮材料として使用．
②ひき割り類
　・正割り―垂木，根太など．曲げあるいは引張材料として使用．
　・平割り―間柱，筋かいなど，圧縮材料として使用．
③ひき角類―構造用材として使用．
　・正角―圧縮材料としての柱，曲げ材料としての大引き，母屋．
　・平角―曲げ材料，引張材料としての梁，桁．

（日本農林規格による）

表13・3 建築用製材の日本農林規格（JAS）

| 区分・用途 | | | 等級[1] | 寸法形状 | 含水率 |
|---|---|---|---|---|---|
| 針葉樹 | 構造用 | 目視等級区分[2] 甲種[4] | 1級・2級・3級 | 規定寸法139種類（甲種はⅠとⅡに区分） | 15%以下（D15）<br>20%以下（D20）<br>25%以下（D25） |
| | | 目視等級区分[2] 乙種[5] | | | |
| | | 機械等級区分[3] | E50, E75, E90, E110, E130, E150 | | |
| | 造作用（造作類，壁板類） | | 無節・上小節・小節など | 板類・角類 | 造作類：18%以下<br>壁板類：20%以下 |
| | 下地用 | | 1級・2級 | 板類・角類 | 25%以下 |
| 広葉樹 | | | 特等・1等・2等 | 板類・角類 | 13%以下 |

1）目視による等級は，製材の節，丸み，割れ，その他の欠点の程度によって定められた基準に応じて判定される．
2）構造用製材のうち，節，丸みなどの材の欠点を目視により測定し，等級区分するもの．
3）構造用製材のうち，機械によりヤング係数（E）を測定し，等級区分するもの．
4）目視等級区分製材のうち，主として高い曲げ性能を必要とする部分に使用するもの．
5）目視等級区分製材のうち，主として圧縮性能を必要とする部分に使用するもの．

製材は日本農林規格（JAS）の規格による（表13・3）．
樹種の強度等は，建築基準法等で定められている（表13・4）．
　含水率：一般的に生木は約40%以上の水分が含まれている．

- 繊維飽和点…含水率が約30%の状態
- 気乾状態…含水率が約15%の状態
- 絶乾状態…含水率が0%の状態（絶乾材という）

　　構造材では20%以下
　　造作材では18%以下

　寸　法

- ひき立て寸法…所要の寸法に製材したままの寸法
- 仕上がり寸法　削りしろ…片面仕上げ　1.5〜3.5mm
　　　　　　　　　　　　両面仕上げ　3.0〜5.0mm

b）合板（合板の分類は，表13・7に示す）

　単板を奇数枚，繊維方向を互いに直交させ，熱圧成形で接着した板．

- 寸法等，均質性に優れている．
- 吸水・吸湿性が小さい．
- くるいが生じにくい．
- 曲面加工が可能である．

c）集成材

　ひき板・小角材などをその繊維方向を互いに平行にして接着したもの．
　特徴

- 乾燥収縮が少なく，ひずみもなく安定した品質と強度が確保できる．
- 大きな断面や自由に断面形状をつくることができる．
- 構造用と造作用では接着材が異なる．
- 自然な木目はそこなわれる．

種類は表13・8に示すほか構造用大断面集成材がある．
造作用集成材に使用する木材は人工乾燥とし，含水率は13%以下とする．

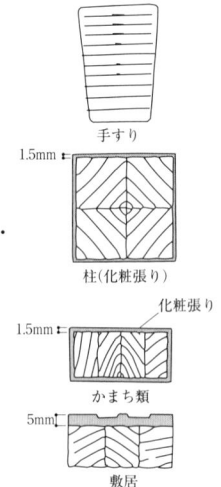

図13・8

表13・4 木材（無等級材*）の基準強度

| 樹　種 | | 基準強度 [N/mm²] | | | |
|---|---|---|---|---|---|
| | | 圧縮 Fc | 引張り Ft | 曲げ Fb | せん断 Fs |
| 針葉樹 | あかまつ，くろまつ及びべいまつ | 22.2 | 17.7 | 28.2 | 2.4 |
| | からまつ，ひば，ひのき及びべいひ | 20.7 | 16.2 | 26.7 | 2.1 |
| | つが及びべいつが | 19.2 | 14.7 | 25.2 | 2.1 |
| | もみ，えぞまつ，とどまつ，べいまつ，すぎ，べいすぎ及びスプルース | 17.7 | 13.5 | 22.2 | 1.8 |
| 広葉樹 | かし | 27.0 | 24.0 | 38.4 | 4.2 |
| | くり，なら，ぶな，けやき | 21.0 | 18.0 | 29.4 | 3.0 |

*無等級材：日本農林規格に定められていない木材をいう．（国土交通省告示第1452号より）

表13・5 木材の強度上の区分など

| 特　等 | | | 1　等 | | | 2　等 | | |
|---|---|---|---|---|---|---|---|---|
| 無節 | 上小節 | 小節 | 無節 | 上小節 | 小節 | 無節 | 上小節 | 小節 |
| 上級構造材 | | | 普通構造材 | | | 切使い用 | | |
| 日本建築学会木構造設計基準 | | | | | | | | |
| 建築基準法施行令第89条（木材の許容応力度）に規定する木材 | | | | | | | | |

表13・7 合板の分類

| 普通合板 | 表面に加工を施さない合板．タイプⅠ，Ⅱ，Ⅲがある |
|---|---|
| 難燃合板 | 難燃処理を施した合板．主として，内装用に使用する合板 |
| 防火戸用合板 | 防火処理を施した合板．主として，防火戸に使用する合板 |
| コンクリート型枠用合板 | 普通合板のうち，コンクリート型枠用に使用する合板 |
| 防炎合板 | 防炎処理を施した合板．展示用および舞台で使用する大道具用の合板 |
| 構造用合板 | 普通合板のうち，建築物の構造耐力上主要な部分に使用する合板 |
| 特殊合板 | 普通合板にオーバーレイ，プリント，塗装などの加工を施した合板 |

（日本農林規格による）

表13・6 木材の化粧上の表示区分

| | 板　類 | ひき割類・ひき角類 |
|---|---|---|
| 各等級ごと | 無　節 | 四方無節，三方無節 二方無節，一方無節 |
| | 上小節 | 四方上小節，三方上小節 二方上小節，一方上小節 |
| | 小　節 | 小　節 |

表13・8 集成材の区分

| 区　分 | 等　級 | 定　義 | 主な用途 |
|---|---|---|---|
| 造作用集成材 | 1・2等 | ひき板もしくは小角材などを集成接着した素地のままの集成材．ひき板の積層による素地の美観を表した集成材またはこれらの表面にみぞ切りなどの加工を施したものであって，主として構造物などの内部造作に用いられるものをいう． | 階段の手すり，笠木，カウンター，壁材，パネルの芯材 |
| 化粧ばり造作用集成材 | 1・2等 | ひき板もしくは小角材などを集成密着した素地の表面に美観を目的として薄板をはり付けた集成材またはこれらの表面にみぞ切りなどの加工を施したものであって，主として構造物などの内部造作に用いられるものをいう． | なげし，敷居，かもい，落とし掛け，上がりかまち，床板，床かまち |
| 化粧ばり構造用集成柱 | 1・2等 | 所要の耐力を目的として，ひき板（幅方向に接着して調整した板および長さ方向にスカーフジョイント，フィンガージョイントまたはこれらと同等以上の接合性能を有するように接着して調整した板を含む）を積層し，その表面に美観を目的として薄板をはり付けた集成材であって，主として在来軸組工法住宅の柱材として用いられるものをいう． | 木造住宅の柱 |
| 構造用集成材 | ひき板の構成別に強度，目視，樹種の組合せによる等級がある． | 所要の耐力を目的として，ひき板（幅方向に接着して調整した板および長さ方向にスカーフジョイント，フィンガージョイントまたはこれらと同等以上の接合性能を有するように接着して調整した板を含む）を積層した集成材であって，主として構造物の耐力部材として用いられるものをいう． | 柱，桁，梁，アーチ，橋梁，枠組壁工法の梁やまぐさなど |

（JASより）

## 13・2　木造の加工

基礎・土台，軸組及び小屋組からなる構造材

a) 基礎・土台：上部からの力を柱から土台・基礎と伝えて地面へ伝える．

　　基礎 ● 布基礎幅：120mm以上
　　　　● 布基礎深さ：120mm以上かつ支持地盤及び凍結深度以上
　　　　● 地盤面からの高さ：240mm以上（300mm標準）
　　　　● アンカーボルトの埋込み長さは，250mm以上
　　　　　　　　　　　　　　間隔は，2700mm以内

　　土台 ● 寸法は柱と同等以上，105角が標準

　　火打土台 ● 寸法は，45×90

b) 軸組：柱と横架材（桁・梁・胴差し）から構成されている．

　　柱 ● 寸法は横架材間距離からの計算による．105角が標準．
　　　● 通し柱は，120角，3階建ての通し柱は135角．

　　横架材 ● 梁　　：柱と柱の間に架けられるもの
　　　　　● 桁　　：その下の大部分が壁が設けられたもの
　　　　　● 胴差し：2階床レベルにあって，端部が通し柱の胴にささっているもの
　　　　　　　継手は柱より150mm内外持出した位置とする．

c) 床組：床を支える床組

　　大引き ● 寸法は90×90　@910

　　根太 ● 1階は45×54　@303（和室は@455）
　　　　● 2階の梁の間隔が@1820のとき，45×105　@303
　　　　● 継手は構造上，同一線上にならないように乱に配置する

d) 小屋組：屋根を支えるもので和小屋と洋小屋がある．

　　和小屋 ● 小屋梁の上に束を立てて母屋・垂木を設ける構法
　　洋小屋 ● トラスの形状で大スパンに有利な構法

　　母　屋 ● 寸法は90×90　@910　継手は横架材と同様
　　垂　木 ● 寸法は45×54～90（軒の出に関連している）@455
　　　　　　継手は根太と同様

e) 継手と仕口（図13・9）

　　継手：接合部分が直線状となるもの．
　　仕口：接合部分が交差するもの．

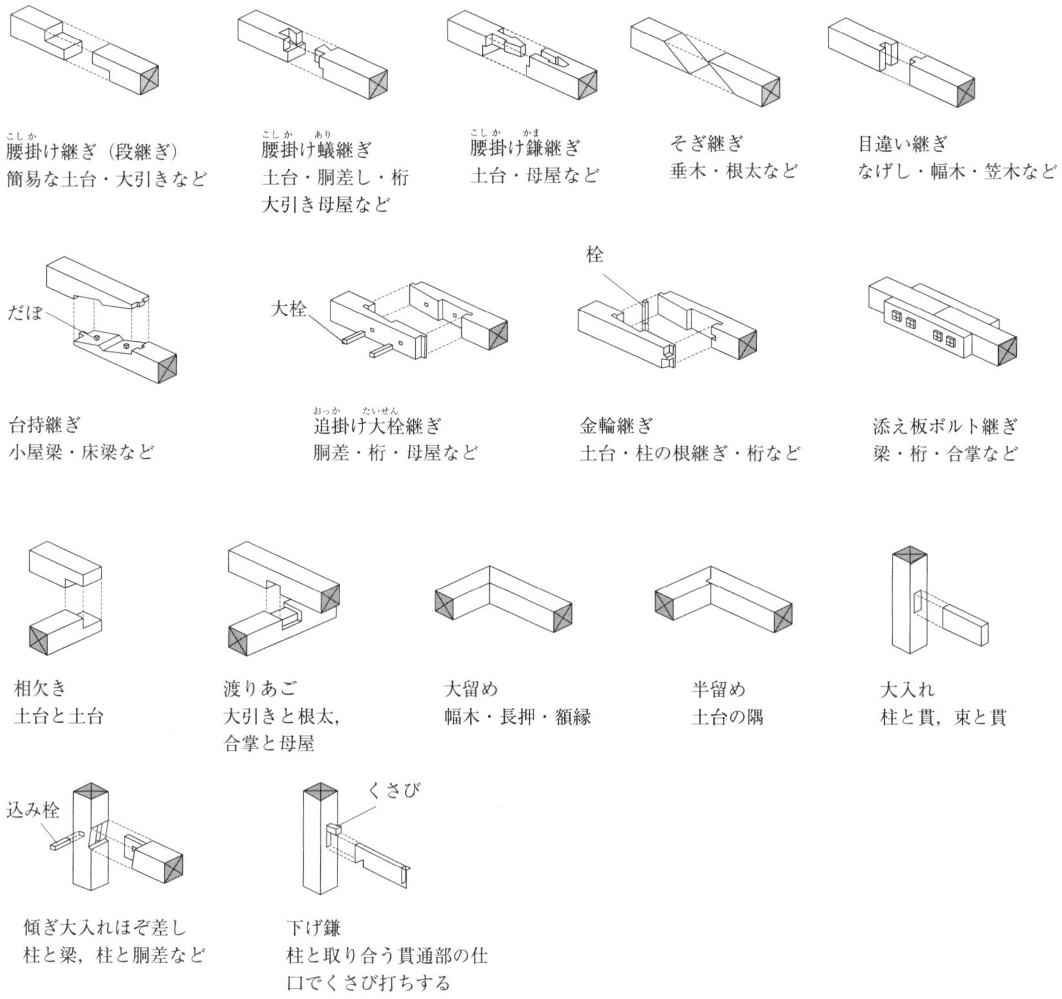

腰掛け継ぎ（段継ぎ）
簡易な土台・大引きなど

腰掛け蟻継ぎ
土台・胴差し・桁
大引き母屋など

腰掛け鎌継ぎ
土台・母屋など

そぎ継ぎ
垂木・根太など

目違い継ぎ
なげし・幅木・笠木など

台持継ぎ
小屋梁・床梁など

追掛け大栓継ぎ
胴差・桁・母屋など

金輪継ぎ
土台・柱の根継ぎ・桁など

添え板ボルト継ぎ
梁・桁・合掌など

相欠き
土台と土台

渡りあご
大引きと根太,
合掌と母屋

大留め
幅木・長押・額縁

半留め
土台の隅

大入れ
柱と貫，束と貫

傾ぎ大入れほぞ差し
柱と梁，柱と胴差など

下げ鎌
柱と取り合う貫通部の仕
口でくさび打ちする

図13・9　継手と仕口

f) 接合金物等

主要構造部を，仕口及び継手で接合する場合，金物を併用し，強度をそこなわないようにする．部位ごとの金物の種類は，図13・11．

板にくぎ打する場合のくぎの長さは板厚の2.5～3.0倍（板厚が10mm以下の時は4倍）とし，径は，板厚の1／6以下とする．

g) 防腐処理・防蟻処理

- 防腐処理（図13・10）

  木材の腐朽を防ぐために防腐処理を行う．特に水廻り部分・結露のおそれのある部分は注意が必要であり，通風をよくし，乾燥状態に保つ．

- 防蟻処理

  シロアリの害から防ぐために行う．必要箇所は表13・10に示す．

表13・9　木材防腐処理の種類

| 種　別 | Ⅰ　　類 | Ⅱ　　類 | Ⅲ　　類 |
|---|---|---|---|
| 工　法 | 開そう法（JIS A 9003）またはこれに準ずる加圧法 | 2時間浸漬 | 2回塗布または2回吹付け |

表13・10　防蟻処理の必要箇所

(1) 土台・火打土台・大引き・1階根太掛けおよび床束の全面
(2) 大壁造りの場合
　　土台上端より1m以内の部分にある柱・間柱・筋かい・窓台などの全面
(3) 真壁造りの場合
　　土台上端より300mm以内の部分にある柱・間柱・筋かいなどの全面
(4) 土台上端より1m以内の部分にあるモルタル塗り，ラス張り下地板の全面
(5) 1階の窓台全面
(6) 2階以上の窓台および胴差と柱との仕口面
(7) 2階以上の胴差・台輪および火打ばりと，2階ばりとの仕口面およびはり鼻木口面
(8) 陸ばり合掌・小屋ばり・間仕切げた・小屋火打ばりなどと敷げたおよび軒げたとの仕口面

注1　ヤマトシロアリは(1)～(5)を行う
注2　イエシロアリ，他は(1)～(8)を行う

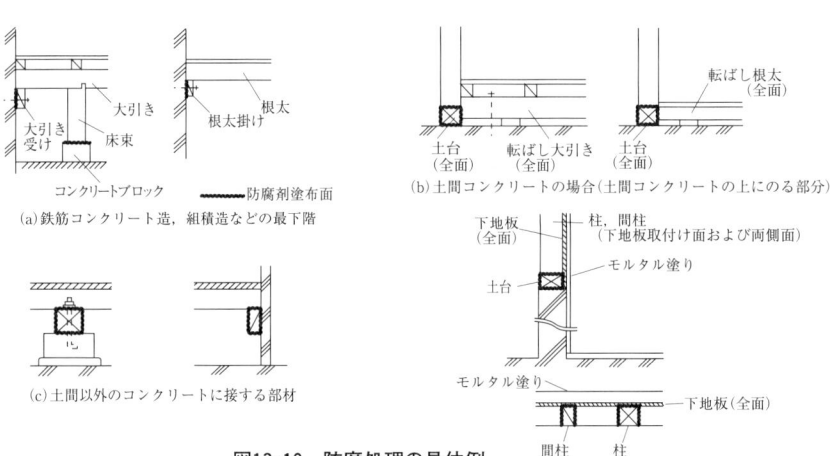

図13・10　防腐処理の具体例

(a) 鉄筋コンクリート造，組積造などの最下階
(b) 土間コンクリートの場合（土間コンクリートの上にのる部分）
(c) 土間以外のコンクリートに接する部材
(d) 浴室など

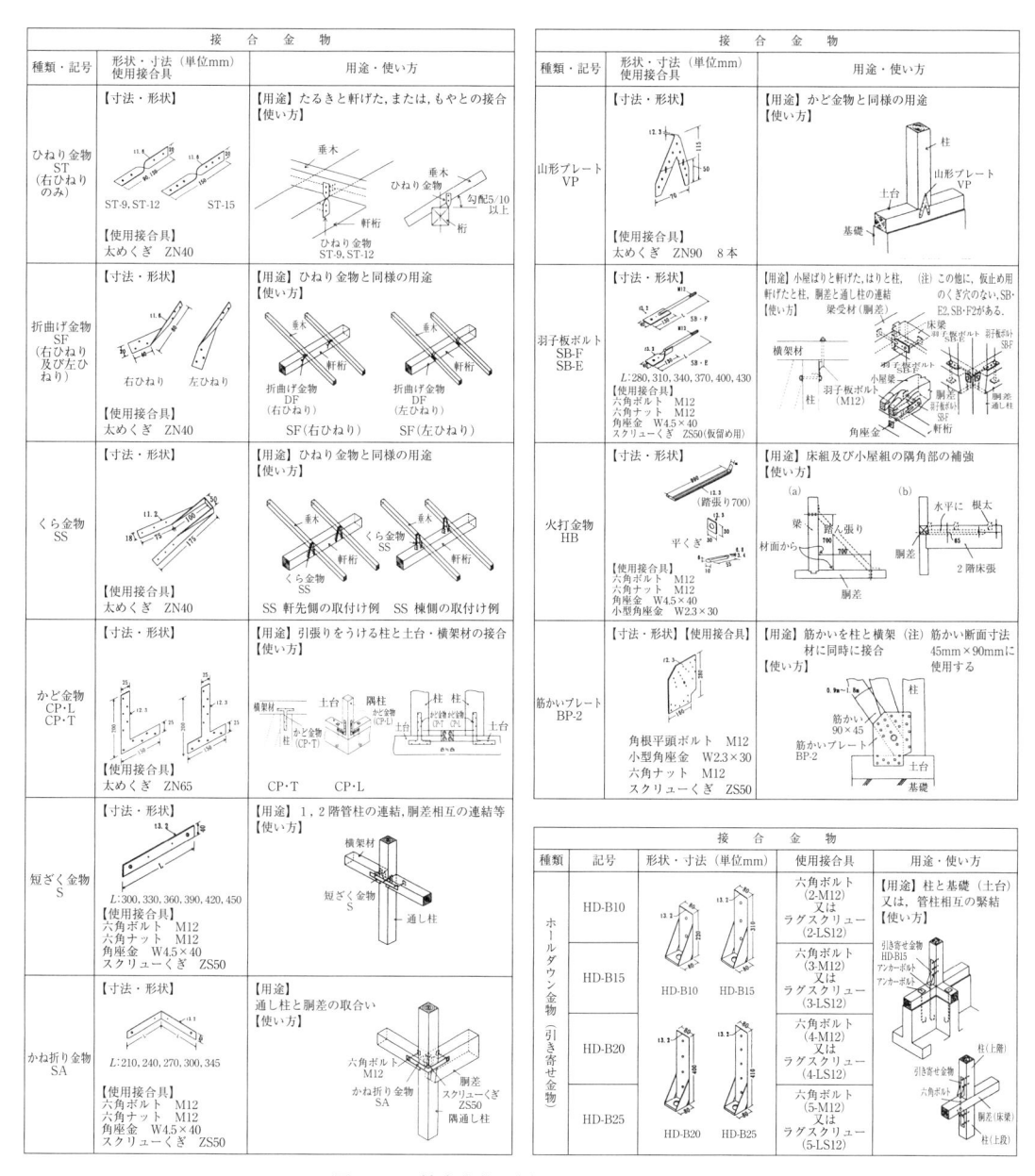

| 種類・記号 | 形状・寸法（単位mm）使用接合具 | 用途・使い方 |
|---|---|---|
| ひねり金物 ST（右ひねりのみ） | 【寸法・形状】 ST-9, ST-12　ST-15　【使用接合具】太めくぎ ZN40 | 【用途】たるきと軒げた、または、もやとの接合　【使い方】勾配5/10以上 |
| 折曲げ金物 SF（右ひねり及び左ひねり） | 【寸法・形状】右ひねり　左ひねり　【使用接合具】太めくぎ ZN40 | 【用途】ひねり金物と同様の用途　【使い方】SF（右ひねり）　SF（左ひねり） |
| くら金物 SS | 【寸法・形状】【使用接合具】太めくぎ ZN40 | 【用途】ひねり金物と同様の用途　【使い方】SS 軒先側の取付け例　SS 棟側の取付け例 |
| かど金物 CP・L CP・T | 【寸法・形状】【使用接合具】太めくぎ ZN65 | 【用途】引張りをうける柱と土台・横架材の接合　【使い方】CP・T　CP・L |
| 短ざく金物 S | 【寸法・形状】L:300, 330, 360, 390, 420, 450　【使用接合具】六角ボルト M12　六角ナット M12　角座金 W4.5×40　スクリューくぎ ZS50 | 【用途】1，2階管柱の連結、胴差相互の連結等　【使い方】 |
| かね折り金物 SA | 【寸法・形状】L:210, 240, 270, 300, 345　【使用接合具】六角ボルト M12　六角ナット M12　角座金 W4.5×40　スクリューくぎ ZS50 | 【用途】通し柱と胴差の取合い　【使い方】 |

| 種類・記号 | 形状・寸法（単位mm）使用接合具 | 用途・使い方 |
|---|---|---|
| 山形プレート VP | 【寸法・形状】【使用接合具】太めくぎ ZN90　8本 | 【用途】かど金物と同様の用途　【使い方】 |
| 羽子板ボルト SB-F SB-E | 【寸法・形状】L:280, 310, 340, 370, 400, 430　【使用接合具】六角ボルト M12　六角ナット M12　角座金 W4.5×40　スクリューくぎ ZS50（仮留め用） | 【用途】小屋ばりと軒げた、はりと柱、軒げたと柱、胴差と通し柱の連結　（注）この他に、仮止め用のくぎ穴のない、SB-E2, SB-F2がある。　【使い方】梁受材（胴差） |
| 火打金物 HB | 【寸法・形状】【使用接合具】六角ボルト M12　六角ナット M12　角座金 W4.5×40　小型角座金 W2.3×30 | 【用途】床組及び小屋組の隅角部の補強　【使い方】 |
| 筋かいプレート BP-2 | 【寸法・形状】【使用接合具】角根平頭ボルト M12　小型角座金 W2.3×30　六角ナット M12　スクリューくぎ ZS50 | 【用途】筋かいを柱と横架材に同時に接合　（注）筋かい断面寸法 45mm×90mmに使用する　【使い方】 |

| 種類 | 記号 | 形状・寸法（単位mm） | 使用接合具 | 用途・使い方 |
|---|---|---|---|---|
| ホールダウン金物（引き寄せ金物） | HD-B10 | HD-B10 | 六角ボルト（2-M12）又はラグスクリュー（2-LS12） | 【用途】柱と基礎（土台）又は、管柱相互の緊結　【使い方】 |
| | HD-B15 | HD-B15 | 六角ボルト（3-M12）又はラグスクリュー（3-LS12） | |
| | HD-B20 | HD-B20 | 六角ボルト（4-M12）又はラグスクリュー（4-LS12） | |
| | HD-B25 | HD-B25 | 六角ボルト（5-M12）又はラグスクリュー（5-LS12） | |

図13・11　接合金物の例（住宅金融公庫仕様書より）

## 13・3　造作工事

敷居・鴨居・長押・窓枠・出入口枠・回り縁等，化粧仕上げとなる部位を加工すること．

和室の造作部分を，図13・12に示す．また木割りと言い，柱幅から，その他の部位の寸法が定められている（表13・11）．

## 13・4　枠組壁工法（ツーバイフォー工法）

- ツーバイフォー（2×4工法）とも呼ばれ床と壁（耐力壁）によって構成される．耐力壁で囲まれた面積は40m²以下とする．
- 2階建の場合でも通し柱は不用である．

表13・14　枠組壁工法構造用製材

| 寸法型式 | 未乾燥材 (含水率19%以上) | | 乾燥材 (含水率19%以下) | |
|---|---|---|---|---|
| | 厚さ | 幅 | 厚さ | 幅 |
| 203 | 40 | 65 | 38 | 64 |
| 204 | 40 | 90 | 38 | 89 |
| 206 | 40 | 143 | 38 | 140 |
| 208 | 40 | 190 | 38 | 184 |
| 210 | 40 | 241 | 38 | 235 |
| 212 | 40 | 292 | 38 | 286 |
| 404 | 90 | 90 | 89 | 89 |

（JAS農林水産省告示第1412号による）

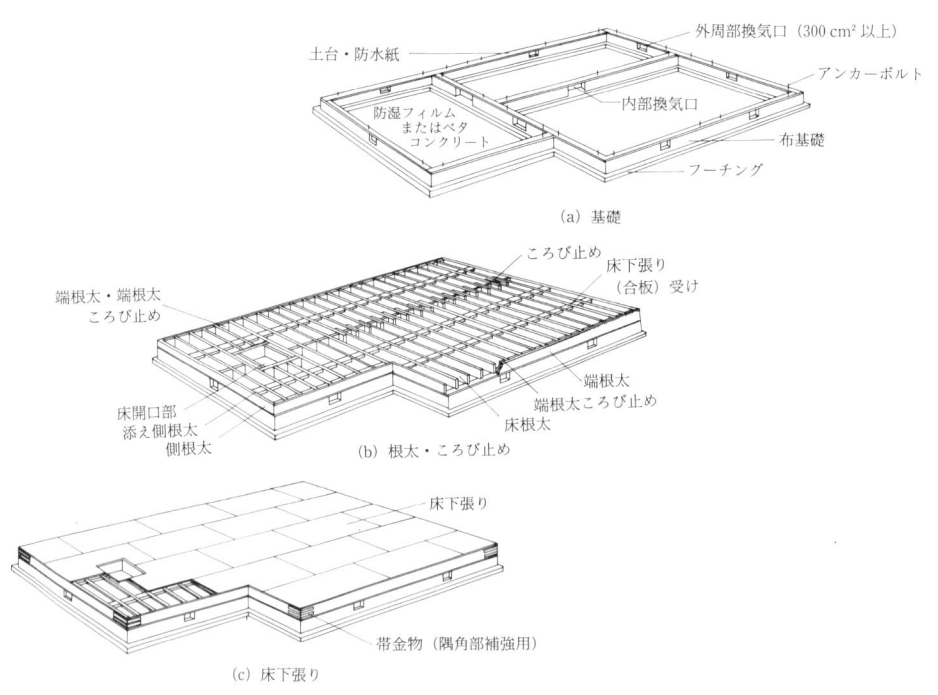

図13・13　床枠組の施工順序

（枠組壁工法教材研究会編「初めて学ぶ図解ツーバイフォー工法」井上書院より）

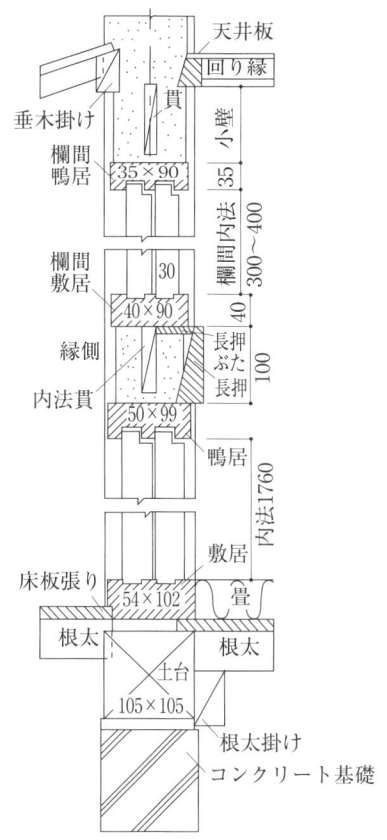

図13・12 造作詳細例（単位:mm）

表13・11 木割り寸法

| 部　材 | 寸法（柱幅を1として） | |
|---|---|---|
| 敷　　居 | 幅―柱×1.0 | 厚―柱×0.5 |
| 鴨　　居 | 幅―柱×0.9 | 厚―柱×0.4 |
| 内法長押 | 成―柱×0.8 | 出―柱×0.2 |
| 蟻壁長押 | 成―柱×0.7 | 出―柱×0.2 |
| 天井長押 | 成―柱×0.6 | 出―柱×0.2 |
| 回り縁 | 成―柱×0.4 | 出―柱×0.18 |
| 竿　　縁 | 幅―柱×0.23 | 成―柱×0.3 |
| 欄　　間 | 幅―吊束の面内 | 成―柱×0.25 |

表13・12 造作材の等級

| 生地のまま，または生地をあらわす塗装をする場合 | 小節以上 |
|---|---|
| 生地をあらわさない塗装をする場合 | 1等以上 |

表13・13 造作材の樹種，等級

| 名　称 | 樹　種 | 品　等 |
|---|---|---|
| 枠　材 | ヒノキ・ヒバ・米ヒ・台ヒ・スギ・ラワン・米ツガ | 上小節 |
| 枠　材（水のかかる所，釣元） | ヒノキ・ヒバ・米ヒ・台ヒ・米ヒバ | 上小節 |
| 額　縁 回　縁 | スギ・ヒノキ・ツガ・米ヒ・台ヒ・米ヒバ・米ツガ・ラワン | 上小節 |
| 幅　木 | 同　上 | 同　上 |
| 天　井 | 合板 | JAS 2類 |
| 天　井（湿気の多い所） | ヒノキ・ヒバ・米ヒ・台ヒ・米ヒバ・サワラ | 上小節 |
| 床 | ヒノキ・マツ・スギ・ヒバ・米ヒ・台ヒ・米ヒバ・サワラ・モミ・米ツガ・米マツ・サクラ・カエデ・ナラ・ブナ・アトピン・ラワン | 上小節 |

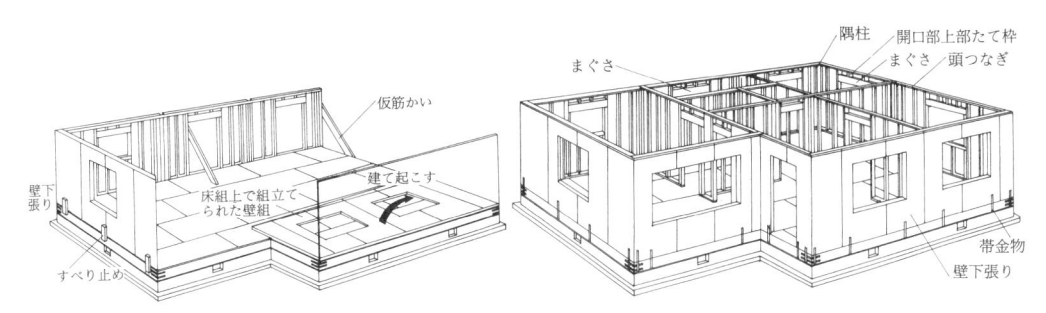

図13・14　1階壁枠組の施工順序
（枠組壁工法教材研究会編「初めて学ぶ図解ツーバイフォー工法」井上書院より）

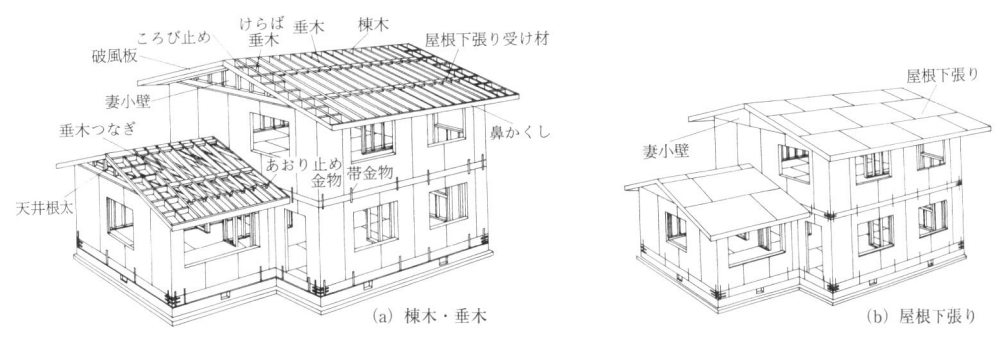

図13・15　小屋組の施工順序
（枠組壁工法教材研究会編「初めて学ぶ図解ツーバイフォー工法」井上書院より）

(a) 棟木・垂木
(b) 屋根下張り

【問題 1】 木造建築工事に関する次の記述のうち，最も不適当なものはどれか．
1．床に断熱層を設け，外周部の布基礎に4mごとに400cm²の換気口を設けた．
2．畳下の床板の継手位置は，根太上とし，突付け・くぎ打ちとした．
3．大引きの継手の位置は，床束心とし，腰掛けあり継ぎ・くぎ2本打ちとした．
4．敷居は，木裏を下にして用いた．
5．心持材の柱は，見えがくれ面に背割りを入れて使用した．

【問題 2】 木工事に関する次の記述のうち，最も不適当なものはどれか．
1．土間スラブに接するころばし根太の全面に，クレオソート油を塗り付けた．
2．厚さ12mmの板材を打ち付ける釘の長さは，その板厚の2.5倍以上とした．
3．コンクリートを打ち込む木れんがは，あり形のものとした．
4．天井の吊木の取付け間隔は，900mmとした．
5．敷居の取付けは，敷居の両端部で柱に横せん打ちとした．

【問題 3】 木工事に関する次の記述のうち，最も不適当なものはどれか．

1．石こうボード張り用の壁胴縁の取付け間隔は，300mmとした．
2．鴨居には，木裏を下端にして使った．
3．根太の継手位置は，乱に配置した．
4．下張り用床板の合板は，受材心で突き付け，乱に継ぎ，釘打ちとした．
5．畳下床板には，日本農林規格（JAS）による厚さ12mmのコンクリート型枠用合板を用いた．

【問題 4】 木造建築物に使用する接合金物とその用途の組合せとして，最も不適当なものは，次のうちどれか．

| 接合金物<br>（名称及び形状） | 主な用途 |
|---|---|
| 1．かね折り金物 | 床組及び小屋組の隅角部の補強 |
| 2．羽子板ボルト | 引張りを受ける柱と土台・横架材の接合 |
| 3．かど金物 | 引張りを受ける柱と土台・横架材の接合 |
| 4．筋かいプレート | 筋かいを柱・横架材に一体的に接合 |
| 5．短ざく金物 | 管柱相互の連結 |

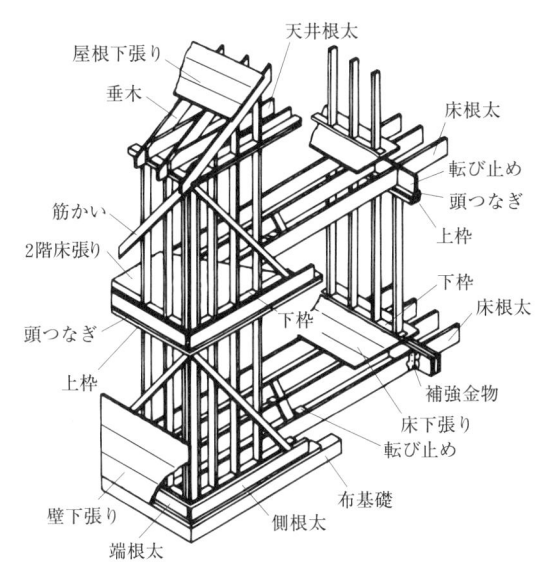

図13・16　枠組壁工法

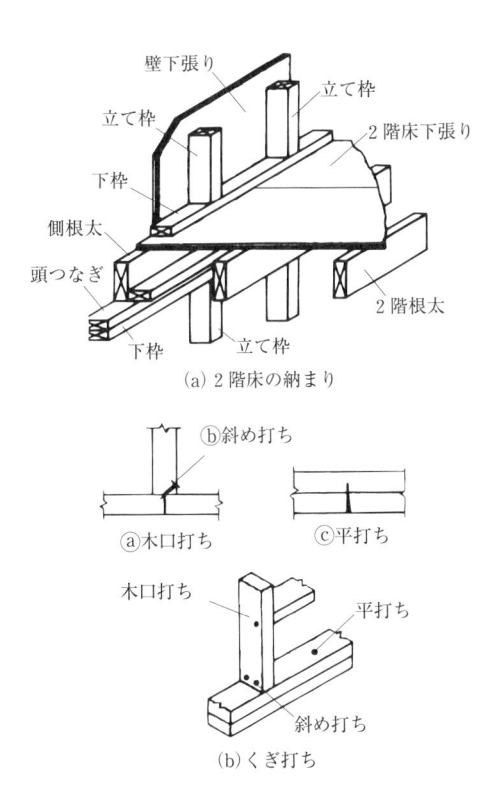

図13・17　細部と接合法

# 14 防水工事

## 14・1 防水の種類

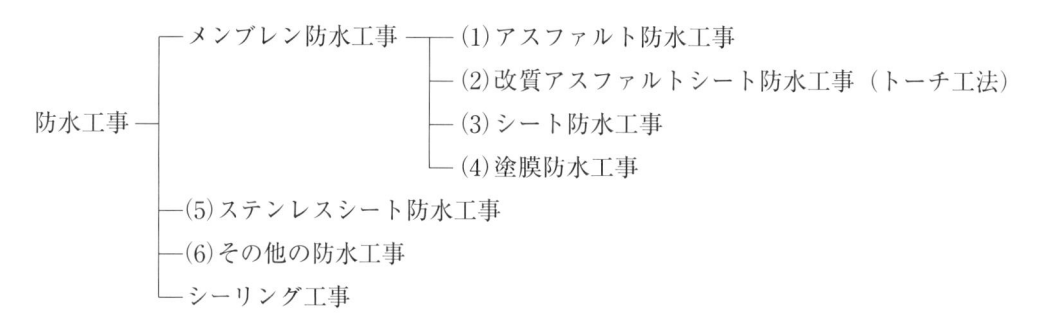

```
               ┌─メンブレン防水工事─┬─(1) アスファルト防水工事
               │                    ├─(2) 改質アスファルトシート防水工事（トーチ工法）
               │                    ├─(3) シート防水工事
防水工事────┤                    └─(4) 塗膜防水工事
               ├─(5) ステンレスシート防水工事
               ├─(6) その他の防水工事
               └─シーリング工事
```

## 14・2 メンブレン防水工事

メンブレン防水：不透水性の被膜を形成することによる防水工事

### (1) アスファルト防水

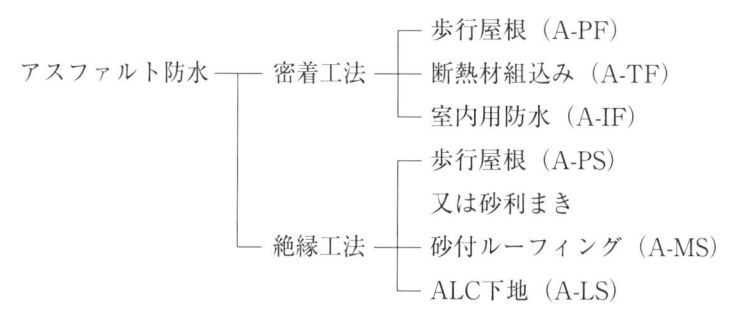

```
                    ┌─密着工法─┬─歩行屋根（A-PF）
                    │            ├─断熱材組込み（A-TF）
                    │            └─室内用防水（A-IF）
アスファルト防水──┤
                    │            ┌─歩行屋根（A-PS）
                    │            │  又は砂利まき
                    └─絶縁工法─┼─砂付ルーフィング（A-MS）
                                 └─ALC下地（A-LS）
```

アスファルト防水：アスファルト層とそれを補強するルーフィング（アスファルトルーフィング・ストレッチルーフィング等）との積層により，防水層を形成する防水（図14・1，14・2）．

密着工法とは，下地と防水層をアスファルトで全面接着する工法．

絶縁工法とは，下地と防水層を部分接着する工法で，穴あきルーフィングにより点張りする．

施工手順

① 下地の清掃・乾燥後，プライマーを均一に塗り，乾燥させる．

プライマーは塗布後8時間以内で乾燥するが，ルーフィング類は塗布した翌日とし，24時間程度十分乾燥させる．

② アスファルトの溶融温度は，軟化点に170℃を加えた温度以下とする．また低すぎても（200℃～220℃以下）接着力が低下する．

溶融釜はできるかぎり施工箇所の近くに設置し，スラブ面にアスファルト溶融時に熱が伝わらないようにする．

③ ルーフィングの張上げは，水下から水上へ張っていく．

重ね幅は長手・幅方向共，100mm程度とする．

④ パラペット立上り部分・ドレン部分等の部分は，ストレッチルーフィング等により増張りし，一般部より先に施工する．

表14・1 メンブレン防水工法の選定

| 防水条件＼種別 | アスファルト熱工法 | 合成ゴムシート | 塩化ビニルシート | 塗膜 | ステンレスシート |
|---|---|---|---|---|---|
| コンクリート下地，歩行用（押え層有） | ○ | × | × | × | △ |
| 露出型防水仕様 | | | | | |
| 1．ALCなど動きの大きい下地の場合 | △ | ○ | ○ | × | ○ |
| 2．大面積の建物 | ○ | ○ | ○ | × | △ |
| 3．軽歩行に供する屋上 | × | × | ○ | △ | × |
| 4．小面積の屋上などで，出入隅が多い | × | × | △〜× | ○ | × |
| 5．強風地区 | △ | △ | △ | ○ | △ |

注 〜は，材料，工法によって判断が分かれることを示す．

表14・2 メンブレン防水の種別

| | 種　　　　別 |
|---|---|
| アスファルト防水熱工法 | A—PF, A—GS, A—MS, A—LS, A—TF, A—IF<br>A：アスファルト<br>P：歩行用の保護・仕上げ層を施すことのできる仕様<br>G：砂利による保護・仕上げ層を施すことのできる仕様<br>M：砂付きルーフィング仕上げの仕様<br>L：下地がALC版の場合の仕様<br>T：断熱材を組み込んだ仕様<br>I：室内用の仕様<br>F：下地に全面密着する仕様<br>S：下地に部分密着する仕様 |
| シート防水工法 | S—VF, S—NF, S—CF, S—CM, S—DF<br>S：シート<br>V：加硫ゴムルーフィングの仕様<br>N：非加硫ゴムルーフィングの仕様<br>C：塩化ビニルルーフィングの仕様<br>D：加硫ゴムルーフィングの2枚張り仕様<br>M：下地に機械的に固定する仕様 |
| 塗膜防水工法 | L—UF, L—US, L—AF, L—AW, L—GF, L—GS<br>L：塗膜<br>U：ウレタンゴム系の仕様<br>A：アクリルゴム系の仕様<br>G：ゴムアスファルト系の仕様 |

（JASS 8による）

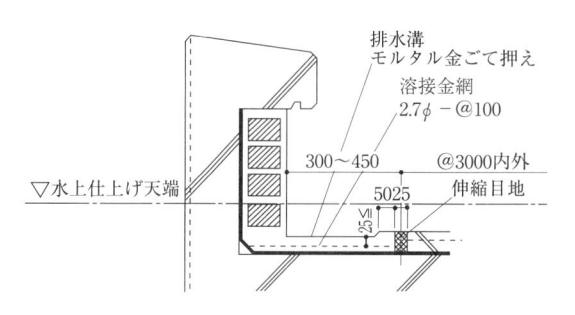

図14・1　アスファルト保護防水の例 *1

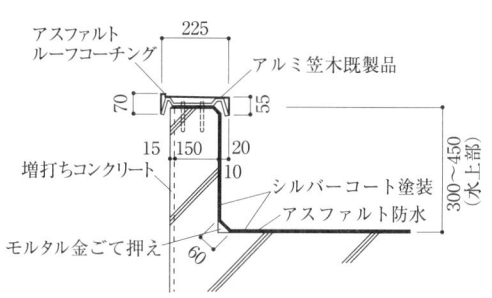

図14・2　アスファルト露出防止の例 *1

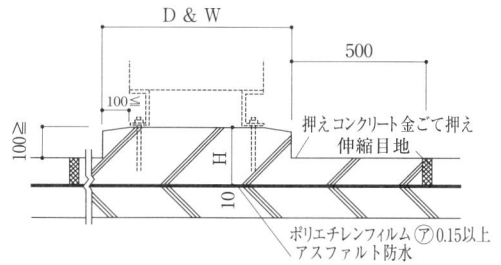

図14・3　アスファルト防水設備基礎まわり *1

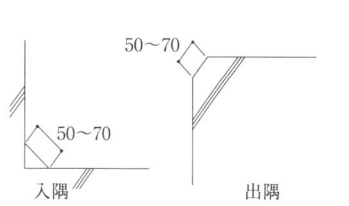

図14・4　アスファルト防水の場合の下地の面取り

⑤入隅又は出隅部分は，面取りをする（図14・4）．
　⑥防水押えコンクリートを打設する場合は60mm以上とし，保護層の伸縮による防水層の亀裂を防ぐため，伸縮目地を設け上面から下面まで達するようにする（図14・1, 14・3）．
　⑦下地の水勾配は，1/50～1/100とする．

**(2) 改質アスファルトシート防水（トーチ工法）**

　改質アスファルト（アスファルトに合成ゴム又はプラスチックを添加して低温・高温特性を改良したもの）と，ポリエステルの不織布を組み合わせた改質・アスファルトルーフィングシートを用いて防水層を形成する．トーチバーナーで，ルーフィングの裏面を熱して改質アスファルトを溶融させながら溶着する．

**(3) シート防水**

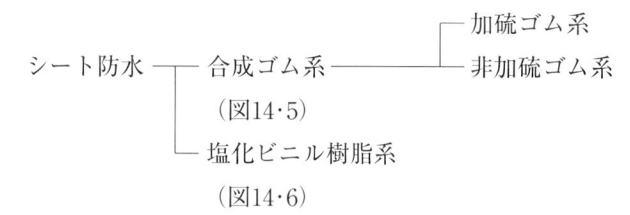

```
                    ┌─ 加硫ゴム系
シート防水 ─┬─ 合成ゴム系 ─┤
           │  （図14・5）    └─ 非加硫ゴム系
           │
           └─ 塩化ビニル樹脂系
              （図14・6）
```

　シート防水：合成ゴム・塩化ビニルなどの不透水性の合成高分子ルーフィングシートを，接着剤で下地に張付けることにより防水層を形成する．

　　　　　　材料の厚さが薄く，伸縮性に富み，建築物の軽量化がはかれるが損傷しやすい．

施工
①出隅には面取りをし，出隅・入隅部分に増張りしたあとに平坦部を張る（図14・7）．
②シート防水は水下から水上に張り，接合部の接合方法はラップ（重ね合せ）接合とする．
　また重ね合せ幅は表14・3に示す．
③防水層の立上り末端部は押え金物で固定し，シーリング材を充てんする．

**(4) 塗膜防水**

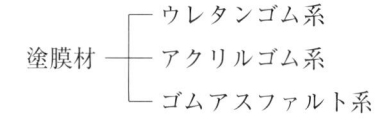

```
          ┌─ ウレタンゴム系
塗膜材 ─┼─ アクリルゴム系
          └─ ゴムアスファルト系
```

　塗膜防水：液状の防水材料をシート状の補強材とともに下地に塗布して，継目のない防水層を形成する．

　　　　　　露出防水層の一種．

　　　　　　防水層が薄いので，損傷・破断などに注意する．

施工
①防水材の塗り重ねは，前工程の塗り方向に直交して行う．
②塗り重ね・塗り継ぎ幅は，100mm内外とする．
③補強布相互の重ね幅は，50mm以上とする．

**(5) ステンレスシート防水**：厚さ0.4mm程度の溝形に成形したステンレスシートを敷き，その接合部をシーム溶接によって一体化した防水層を形成する．

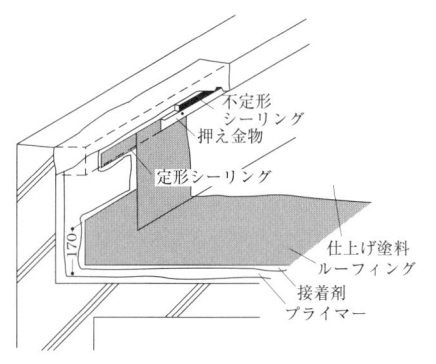

図14・5 合成ゴムシート防水単層張り工法の代表例 *1

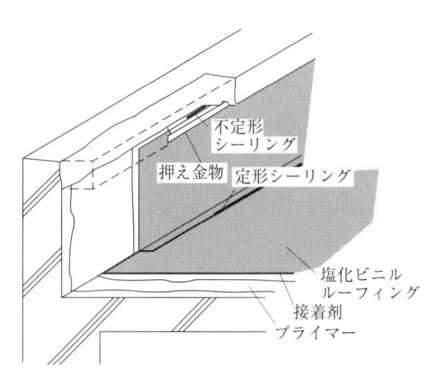

図14・6 塩化ビニルシート防水接着工法の代表例 *1

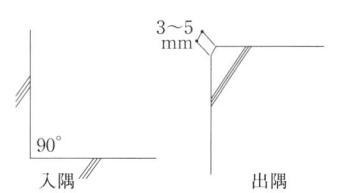

図14・7 シート防水の場合の下地の面取り

表14・3 重ね合せ幅

| シートの種類 | 重ね合せ幅 |
|---|---|
| 加硫ゴム系 | 100 |
| 非加硫ゴム系 | 70 |
| 塩化ビニル系 | 40 |

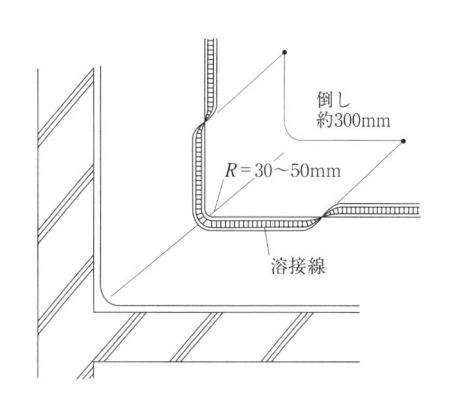

図14・8 ステンレスシート防水工法の代表例 *1

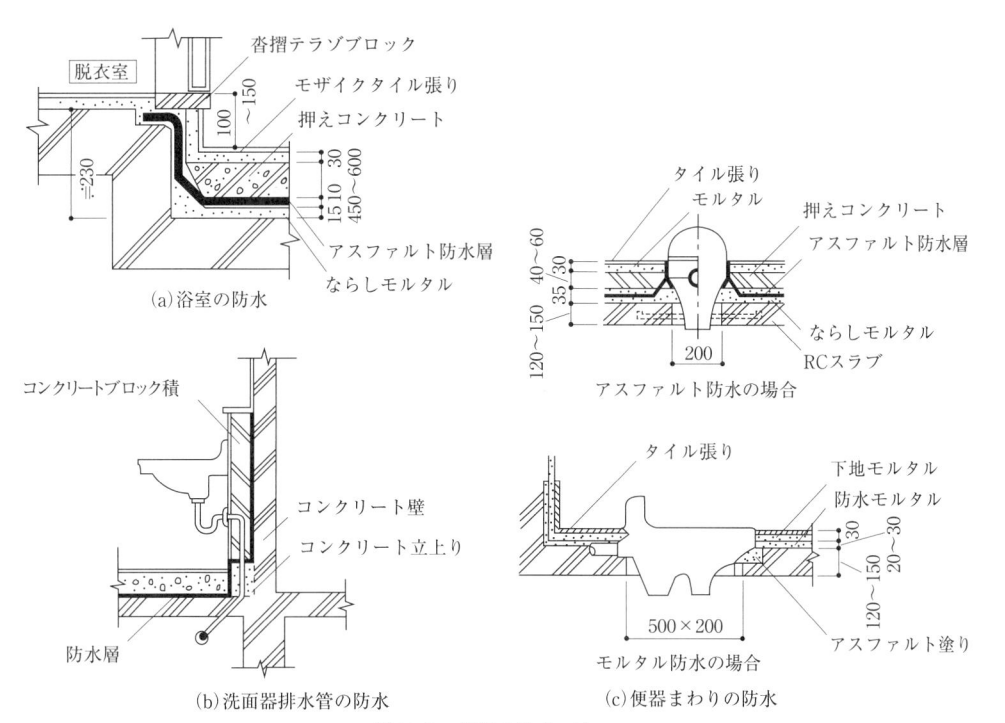

(a) 浴室の防水

(b) 洗面器排水管の防水

(c) 便器まわりの防水

図14・9 各部の防水 *1

## (6) その他の防水工事

モルタル防水：コンクリートの表面に防水用混和剤を混ぜたモルタルを塗り，防水層を形成する．安価で簡単であり補修もしやすいが，下地のコンクリート等のひび割れに追従できずにひび割れを起こす欠点がある．

## 14・3 シーリング工事

異種材料の相互間・躯体あるいは仕上材の動きの大きな部分との取合い，カーテンウォールのパネル相互間などの水密性・気密性および変形の緩衝効果を得るために，コーキングガン等を用いてシーリング材を充てんすること．

バックアップ材
　2面接着とし，3面接着をさける．
目地深さの調整
　底のない目地の目地底の形成
ボンドブレーカー
　シーリング材を接着させない目的
（3面接着の回避）で，目地底に張付けるテープ状の緩衝材．
施工
　①コンクリート被着面は，十分乾燥させ清掃する．
　②シーリング施工に先立ち，バックアップ材を装てんし，2面接着とする．

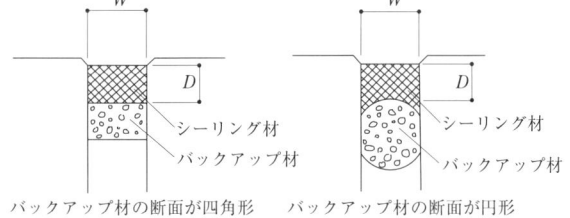

図14・10　充てん深さ$D$寸法の取り方 *1

---

【問題 1】 屋根のアスファルト防水に関する次の記述のうち，最も不適当なものはどれか．
1. プライマー塗りについては，下地のコンクリートの清掃を行い，十分に乾燥した後に行った．
2. 既存の防水層を撤去し，屋根露出防水密着工法により改修工事を施工する場合，降雨等による漏水防止のためのシート養生はアスファルトルーフィング張りの1層目の施工が終わるまでとした．
3. アスファルトルーフィングの継目は，水下側のルーフィングが水上側のルーフィングの上になるよう張り重ねた．
4. ルーフドレンまわりは，一般部より先に防水施工に着手した．
5. 屋根保護防水工法では，絶縁用シートとして，アスファルト防水層の上にポリエチレンフィルムを敷き込んだ後，押えコンクリートを施工した．

【問題 2】 コンクリート下地の屋根のアスファルト防水工事に関する次の記述のうち，最も不適当なものはどれか．
1. アスファルトの溶融がまは，できるだけ施工箇所の近くに設置した．
2. コンクリート下地は，清掃を行い，十分乾燥させた後，アスファルトプライマーを均一に塗りつけた．
3. 屋根露出防水密着工法によるアスファルトルーフィングの継目は，縦横とも重ね幅を80mmとって張り重ねた．
4. 防水層の押えコンクリートには，伸縮調整目地を設け，所定の勾配をつけた．
5. 屋根保護防水密着工法による立上り部の入隅においては，その最下層にストレッチルーフィングを増張りした．

【問題 3】 シート防水工事に関する次の記述のうち，最も不適当なものはどれか．
1. プライマーは，下地を十分に乾燥させた後，当日の施工範囲をむらなく塗布した．
2. 塩化ビニル樹脂系シート防水工事において，平場のシートの接合幅を40mmとした．
3. シートの下地への接着は，シートの接合部・立上り部・立下り部に限り行った．
4. 下地がALCパネルの場合，シートの張付けに先立ち，ALCパネルの目地部に絶縁テープを張付けた．
5. シートの立上り部の末端部は，金物で固定し，シーリング材を充てんした．

【問題 4】 防水工事に関する次の記述のうち，最も不適当なものはどれか．
1. シーリング工事においては，バックアップ材を用いて二面接着とした．
2. 塩化ビニル樹脂系シート防水工事において，平場のシート接合幅を40mmとした．
3. 屋根のアスファルト防水の下地コンクリートの水勾配を1/50とした．
4. アスファルト防水工事において，排水口まわり，出隅・入隅などには，網状ルーフィングを増し張りした．
5. アスファルト防水工事において，下地コンクリートの表面の乾燥を待ってプライマーを塗布した．

**表14・4 形状係数($D/W$)の範囲の目安** *1

| 目地幅〔mm〕 | 一般の目地 | グレイジングの目地 |
|---|---|---|
| $W≧15$の場合 | 1/2〜2/3 | 1/2〜2/3 |
| $15≧W≧10$の場合 | 2/3〜1 | 2/3〜1 |
| $10＞W≧6$の場合 | —— | 3/4〜4/3 |

**表14・5 シーリング材の使用区分** *1

| 被着体の組合せ | | | シーリング材の種類 | |
|---|---|---|---|---|
| | | | 主成分による区分 | 硬化機構による区分（成分形） |
| 金属 | 金属 | | シリコーン系 | 2 |
| | コンクリート | | 変成シリコーン系 | 2 |
| | ガラス | | シリコーン系 | 2 |
| | 石 | | 変成シリコーン系 | 2 |
| | タイル・れんが | | 変成シリコーン系 | 2 |
| | ALC | | 変成シリコーン系 | 2 |
| | 石綿板・GRC押出成形石綿板 | | 変成シリコーン系 | 2 |
| ガラス | ガラス | | シリコーン系 | 1 |
| 石 | 石 | | ポリサルファイド系 | 2 |
| コンクリート | コンクリートプレキャストコンクリート | | 変成シリコーン系 | 2 |
| | 打継ぎ目地・誘発目地 | | ポリサルファイド系 | 2 |
| | 石 タイル・れんが ALC 石綿板・GRC押出成形石綿板 | | 変成シリコーン系 | 2 |
| ALC | ALC | 屋外 | 変成シリコーン系 | 2 |
| | | 屋内 | ポリウレタン系 | 2 |
| | | | アクリル系 | 1 |
| 石綿板 GRC 押出成形石綿板 | 石綿板 GRC 押出成形石綿板 | 屋外 | 変成シリコーン系 | 2 |
| | | 屋内 | ポリウレタン系 | 2 |
| タイル | タイル | 屋内 | 変成シリコーン系 | 2 |
| | | 屋外 | ポリサルファイド系 | 2 |

注1 金属とガラス間，ガラスとガラス間には，変成シリコーン系を使用しない．
注2 ALC版など材料引張強度の低いものは，50%モジュラスが材料引張強度の1/2以下のものを用いる．
注3 石と取合う部分には，シリコーン系を使用しない．

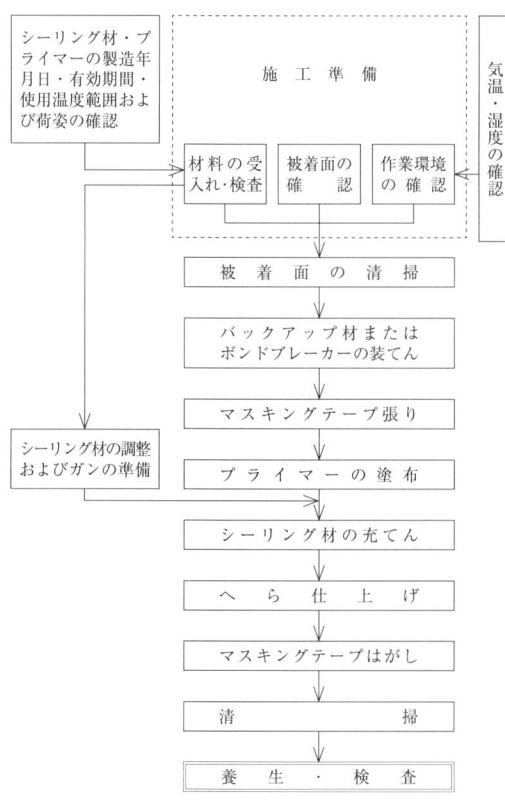

施工準備
- シーリング材・プライマーの製造年月日・有効期間・使用温度範囲および荷姿の確認
- 材料の受入れ・検査
- 被着面の確認
- 作業環境の確認
- 気温・湿度の確認

↓
被着面の清掃
↓
バックアップ材またはボンドブレーカーの装てん
↓
マスキングテープ張り
↓
（シーリング材の調整およびガンの準備）→ プライマーの塗布
↓
シーリング材の充てん
↓
へら仕上げ
↓
マスキングテープはがし
↓
清掃
↓
養生・検査

**図14・11 シーリング施工の順序** *1

# 15 左官工事

現場で塗り材料を調合・混練し，こてや吹付け機で塗り付ける工事であり，湿式工法であるため，下地や，気候にも影響されやすい．

## 15・1 各種下地

塗り壁の種類と下地の適応性は表15・1に示す．

a) 木摺下地（図15・1）

　節のない杉の辺材で厚さ7mm，幅33〜40mmぐらいの木ずりを用い，目透し7〜8mmの間隔で間柱・胴縁にくぎ2本打ちとする．

b) ラス下地（図15・2）

　厚さ12mm・幅100mmぐらいの杉板を目透し15〜20mmの間隔で間柱・胴縁にくぎ2本打ちとする．

- その上に防水紙（アスファルトフェルト・アスファルトルーフィング）を張り，継目は90mm以上重ねる．
- さらにその上に，ラス（ラスシート・リブラス・メタルラス）を張る．継手を45mm重ねる．
- 力骨を用いる場合は，縦は柱・間柱，横は450mm間隔に入れ，ステープルで止める．

c) せっこうボード下地（図15・3）

　せっこうボードとせっこうラスボードの2種類がある．厚さは9mm以上のものを使用．

　軽量鉄骨下地の間仕切壁の場合などでは柱・間柱は450mm以内の間隔とし，ボードは横使い乱張とする．

　取付けは亜鉛メッキやステンレスくぎで100mm以内の間隔で止める．

d) コンクリート下地

　左官塗面の塗厚が均等になるように，はつりや付け送りをして，下地を平らにする．

　付け送りの1回の塗厚は9mm以下とし，厚い場合は数回に分けて行う．また25mmより大きい場合は溶接金網，アンカーピンまたはネットなどを取付け，モルタルを塗りつける．

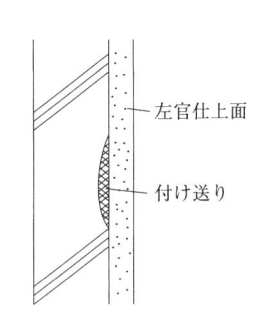

e) 小舞い下地（図15・4）

　和風建築に適した下地．

　間渡し竹を使用し，柱と貫から約60mm離し，中間部は300〜450mm間隔で縦横に割付け，小舞い竹は縦45mm，横30mmくらいに割付け，間渡し竹との交差部は小舞い縄（わら縄・しゅろなど）で締付ける．

表15・1 塗り壁の種類と下地の適応性 *1

| 下地 \ 塗り壁の種類（表面仕上げ材料） | セメントモルタル塗り | せっこうプラスター塗り | ドロマイトプラスター塗り | しっくい塗り | 土物壁 |
|---|---|---|---|---|---|
| コンクリート | ◎ | ○ | ◎ | ○ | ○ |
| コンクリートブロック | ◎ | ○ | ○ | ○ | △ |
| ALCパネル | △ | ○ | △ | × | △ |
| PCパネル | ○ | ○ | ○ | ○ | △ |
| ラス下地 | ◎ | × | ○ | × | × |
| せっこうボード | × | ◎ | △ | × | × |
| 木毛セメント板 | ◎ | ○ | ○ | ○ | ○ |
| 小舞い木摺 | ○ | ○ | ○ | ○ | ◎ |
| セメントモルタル | ◎ | ○ | ◎ | ○ | ○ |
| せっこうプラスター | × | ◎ | ○ | △ | × |

◎：適合する，○：使用可能，△：工夫して使用可能，×：不可

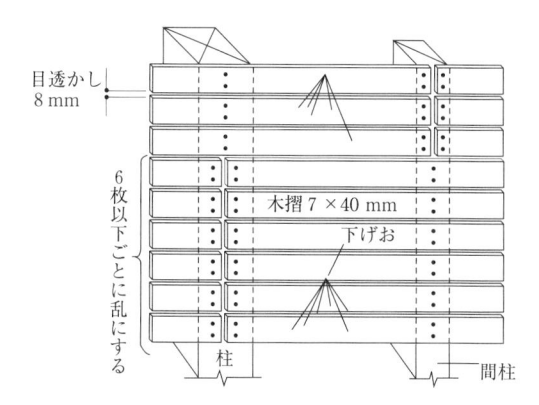

図15・1 木摺下地 *1

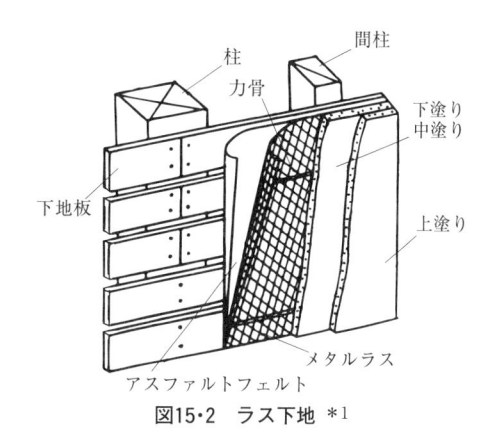

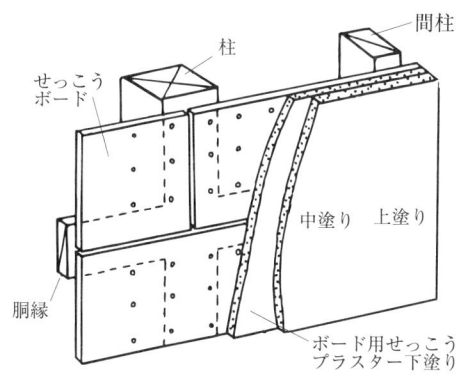

図15・2 ラス下地 *1

図15・3 せっこうボード下地 *1

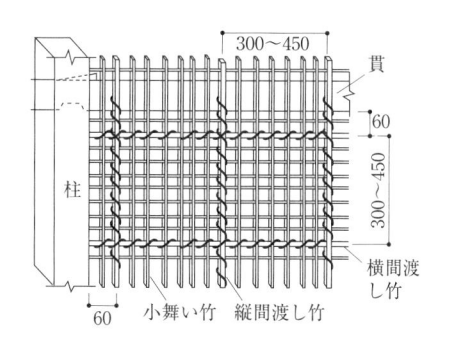

図15・4 小舞い下地（単位：mm）*1

## 15・2 塗り工事

### a）セメントモルタル塗り

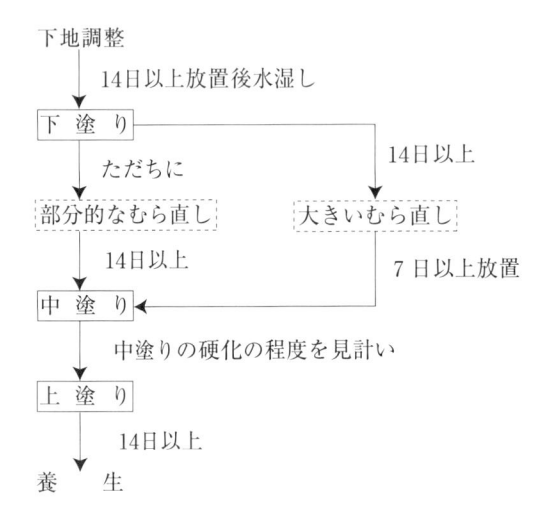

下地調整
↓ 14日以上放置後水湿し
下塗り ──────────┐
↓ ただちに         │ 14日以上
部分的なむら直し   大きいむら直し
↓ 14日以上         │ 7日以上放置
中塗り ←───────────┘
↓ 中塗りの硬化の程度を見計い
上塗り
↓ 14日以上
養生

調合は表15・2，表15・3に示す．

下地側に塗られるものほど
強度を大きくする．
セメントの比率の多い
富調合にする．

### b）せっこうプラスター塗り

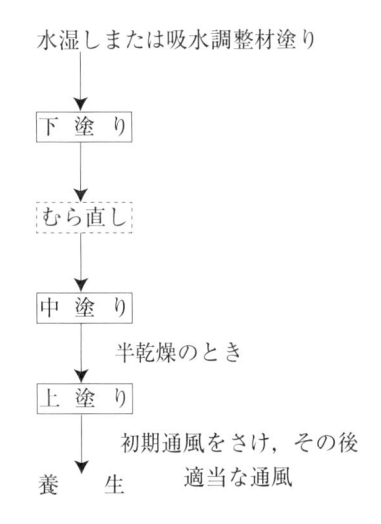

水湿しまたは吸水調整材塗り
↓
下塗り
↓
むら直し
↓
中塗り
↓ 半乾燥のとき
上塗り
↓ 初期通風をさけ，その後
　　適当な通風
養生

- 上塗りには既調合石こうプラスター
  （上塗り用）のみとし，砂は使用しない．
- 硬化が早い．
- 製造後4ヶ月以上経過したものは使用しない．
  調合は表15・4〜7に示す．

### c）ドロマイトプラスター塗り

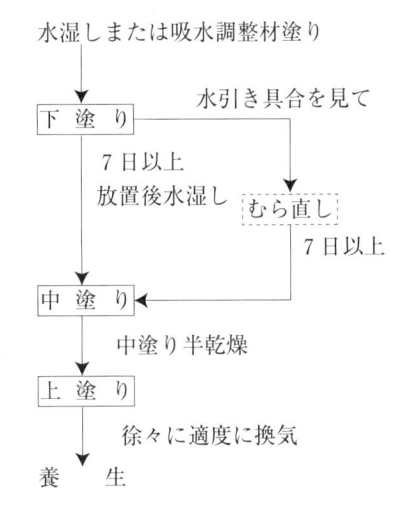

水湿しまたは吸水調整材塗り
↓
下塗り ──────────┐
↓ 7日以上         水引き具合を見て
　 放置後水湿し    むら直し
↓                  │ 7日以上
中塗り ←───────────┘
↓ 中塗り半乾燥
上塗り
↓ 徐々に適度に換気
養生

調合は表15・9〜11に示す．

表15・2　モルタルの調合

| 下　地 | 施工箇所 | 下塗りまたはラスこすり セメント:砂 | むら直し・中塗り セメント:砂 | 上塗り セメント:砂 |
|---|---|---|---|---|
| コンクリート PCパネル | 張物下地の床 | — | — | 1:4 |
| | 床の仕上げ塗り | — | — | 1:3 |
| | 内　壁 | 1:2.5 | 1:3 | 1:3 |
| | 天井・ひさし | 1:2.5 | — | 1:3 |
| | 外壁・そのほか | 1:2.5 | 1:3 | 1:3.5 |
| コンクリートブロック | 内　壁 | 1:3 | 1:3 | 1:3 |
| | 外壁・そのほか | 1:3 | 1:3 | 1:3.5 |
| メタルラス ワイヤラス 鉄板ラス 金　網 | 内　壁 | 1:3 | 1:3 | 1:3 |
| | 天　井 | 1:2.5 | 1:3 | 1:3 |
| | 外壁・そのほか | 1:2.5 | 1:3 | 1:3.5 |
| 木毛セメント板 木片セメント板 | 内　壁 | 1:3 | 1:3 | 1:3 |
| | 外壁・そのほか | 1:3 | 1:3 | 1:3.5 |

（JASS 15による）

表15・3　塗り厚の標準

| 下　地 | 施工箇所 | 下塗り・ラスこすり | むら直し | 中塗り | 上塗り |
|---|---|---|---|---|---|
| コンクリート | 床 | — | — | — | 25 |
| コンクリート ブロック PCパネル | 内　壁 | 6 | 0〜6 | 6 | 3 |
| 木毛セメント板 | 天井・ひさし | 4.5 | — | 4.5 | 3 |
| 木片セメント板 | 外壁・そのほか | 6 | 0〜9 | 0〜9 | 6 |
| メタルラス ワイヤラス 鉄板ラス・金網 | 内　壁 | ラスの厚さより1mm内外厚くする | 0〜6 | 6 | 3 |
| | 天井・ひさし | | — | 6 | 3 |
| | 外壁・そのほか | | 0〜9 | 0〜9 | 6 |

（単位：mm）　（JASS 15による）

表15・4　せっこうプラスターの使用可能時間 *1

| 種　類＼塗　層 | 使用可能時間 | |
|---|---|---|
| | 下塗り | 上塗り |
| 混合せっこうプラスター | 3時間以内 | 2時間以内 |
| ボード用せっこうプラスター | 3時間以内 | |

表15・6　むら直し・中塗りの調合（容積比）および塗り厚

| 塗り層 | 施工箇所 | プラスター（下塗り用） | 砂 | 塗り厚〔mm〕 |
|---|---|---|---|---|
| むら直し | 壁 | 1 | 2 | 5〜7 |
| 中塗り | 天井 | 1 | 1.5 | 5〜7 |

（JASS 15による）

表15・5　下塗りの調合（容積比）および塗り厚

| 下　地 | 施工箇所 | プラスター（下塗り用） | 砂 | 塗り厚〔mm〕 |
|---|---|---|---|---|
| コンクリート コンクリートブロック PCパネル メタルラス 金　網 木毛セメント板 木片セメント板 | 壁 | 1 | 1.5 | 6〜9 |
| | 天井 | 1 | 1 | 6 |
| せっこうラスボード | 壁 | 1 | 1.5 | 6 |
| せっこうボード | 天井 | 1 | 1 | 6 |
| ALCパネル | 壁 | 1 | 1.5 | 6 |

（JASS 15による）

表15・7　上塗りの調合（容積比）および塗り厚

| 塗り層 | 混合せっこうプラスター（上塗り用） | ボード用せっこうプラスター | 寒水石粉（1mm目）または水洗いした細砂 | 塗り厚〔mm〕 |
|---|---|---|---|---|
| 上塗り | 1 | — | — | 1.5 |
| ペイント塗装・壁紙張りなどの下地となる上塗り | — | 1 | 0.1〜0.5 | 3〜4 |

（JASS 15による）

表15・8　せっこうプラスターとドロマイトプラスターの比較 *1

| 性質＼種別 | せっこうプラスター | ドロマイトプラスター |
|---|---|---|
| 硬化性 | 水硬性 | 気硬性 |
| 硬化速度 | 急速に硬化（始発2時間以上） | 緩慢に硬化する |
| 練り置き期間 | 練り置きできない | 水中で長く練り置きできる |
| 膨張伸縮性 | 膨張性があるので石灰クリーム、または消石灰を混合し調整する | 収縮性がきわめて大きいため亀裂が出やすい |
| 性　分 | 本来は中性であるが、ドロマイトの混入量により若干アルカリ性 | アルカリ性 |
| 耐水性 | 湿潤では軟化のおそれがある。浴室などには適さない | 若い年齢では耐水性がないが、完全に硬化するとせっこうプラスターよりも耐水性はある |
| 価　格 | 高い | 安い |

表15・9　下塗りの調合（容積比）および塗り厚

| 下　地 | 施工箇所 | ドロマイトプラスター（下塗り用） | セメント | 砂 | 白毛すさ〔g〕（プラスター25kgにつき） | 塗り厚〔mm〕 |
|---|---|---|---|---|---|---|
| コンクリート コンクリートブロック PCパネル 木毛セメント板 木片セメント板 | 壁 天井 ひさし | 1 | 0.2 | 2 | 600 | 6 |
| ALCパネル | 壁 | 1 | 0.2 | 1.5〜2.0 | 600 | 5 |

（JASS 15による）

表15・10　むら直し・中塗りの調合（容積比）および塗り厚

| 塗り層 | ドロマイトプラスター（下塗り用） | セメント | 砂 | 白毛すさ〔g〕（プラスター25kgにつき） | 塗り厚〔mm〕 | |
|---|---|---|---|---|---|---|
| | | | | | 天井・ひさし | 壁 |
| むら直し・中塗り | 1 | 0.1 | 2 | 600 | 5 | 7.5 |

（JASS 15による）

表15・11　上塗りの調合および塗り厚

| 塗り層 | ドロマイトプラスター（上塗り用） | さらしすさ〔g〕（プラスター25kgにつき） | 塗り厚〔mm〕 |
|---|---|---|---|
| 上塗り | 1 | 350 | 1.5 |

（JASS 15による）

d) しっくい塗り

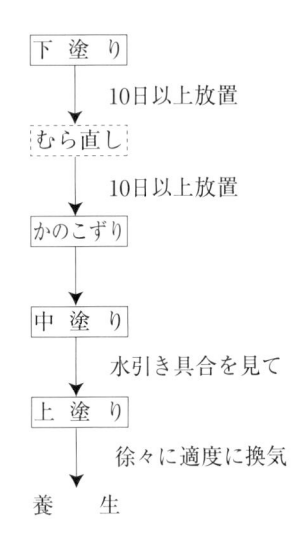

```
┌─────┐
│ 下 塗 り │
└─────┘
   │  10日以上放置
   ▼
┌─────┐
│ むら直し │
└─────┘
   │  10日以上放置
   ▼
┌─────┐
│ かのこずり │
└─────┘
   │
   ▼
┌─────┐
│ 中 塗 り │
└─────┘
   │  水引き具合を見て
   ▼
┌─────┐
│ 上 塗 り │
└─────┘
   │  徐々に適度に換気
   ▼
  養 生
```

乾燥収縮が大きく，硬化は遅い．軟らかく湿気に弱い．

かのこずりとは，むら直し後の凹凸を直すために，細かい砂を使って特に薄く塗ること．

調合等は表15・12～16に示す．

e) 土壁塗り（こまい壁塗り）

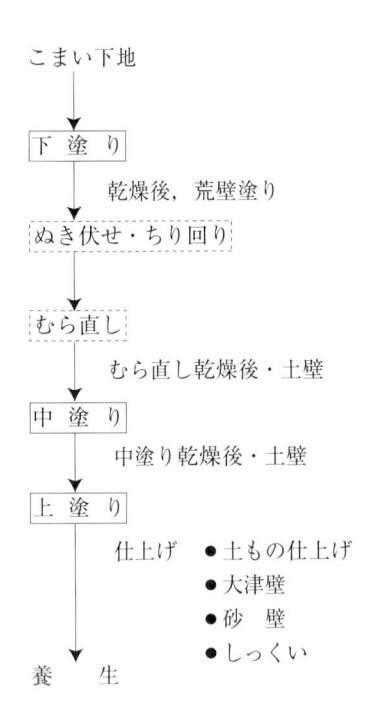

```
こまい下地
   │
   ▼
┌─────┐
│ 下 塗 り │
└─────┘
   │  乾燥後，荒壁塗り
   ▼
┌──────────┐
│ ぬき伏せ・ちり回り │
└──────────┘
   │
   ▼
┌─────┐
│ むら直し │
└─────┘
   │  むら直し乾燥後・土壁
   ▼
┌─────┐
│ 中 塗 り │
└─────┘
   │  中塗り乾燥後・土壁
   ▼
┌─────┐
│ 上 塗 り │
└─────┘
   │   仕上げ　●土もの仕上げ
   │        ●大津壁
   │        ●砂　壁
   │        ●しっくい
   ▼
  養 生
```

通風を十分与え，塗り面の乾燥をはかる．

f) 人造石塗り・テラゾ現場塗り

　　セメントと各種の砕石（大理石・みかげ石などで種石とも呼ぶ）や砂利または玉石を顔料と調合し，上塗り面を加工仕上げしたもの．

　　種石の小さいものを人造石塗り，種石の大きいものをテラゾ塗りと呼ぶ．

表15・12 コンクリート・コンクリートブロック・木摺下地の調合および塗り厚

| 仕上げ厚〔mm〕 | 施工箇所 | 塗り層 | 消石灰 下塗り用 | 消石灰 上塗り用 | 砂 | つのまたたはぎんなんそう〔g〕（消石灰20kgにつき） | すさ〔g〕（消石灰20kgにつき） 白毛すさ | すさ〔g〕（消石灰20kgにつき） さらしすさ | 塗り厚〔mm〕 |
|---|---|---|---|---|---|---|---|---|---|
| 15 | 壁 | 下塗り | 1 | — | 0.2 | 900 | 800 | — | 2.0 |
| | | むら直し | 1 | — | 1 | 900 | 800 | — | 5.0 |
| | | 鹿子摺 | — | 1 | 0.2 | 800 | 700 | — | 1.5 |
| | | 中塗り | 1 | 1 | 0.7 | 700 | 700 | — | 5.0 |
| | | 上塗り | — | 1 | 1 | 500 | — | 400 | 1.5 |

（JASS 15による）

表15・13 下塗りの調合

| 塗り層 | 荒壁土〔ℓ〕 | わらすさ〔kg〕 |
|---|---|---|
| 荒　壁 | 100 | きりわら 0.6 |
| 裏返し | 100 | 同　上 0.4 |

（JASS 15による）

表15・14 むら直しおよび中塗りの調合

| 塗り層 | | 中塗り土〔ℓ〕 | 色土〔ℓ〕 | 砂〔ℓ〕 | 消石灰〔kg〕 | すさ〔kg〕 | のり〔kg〕 |
|---|---|---|---|---|---|---|---|
| むら直し | 貫伏せ | 100 | — | 40～100 | — | もみすさ 0.5～0.8 | — |
| | ちり回り | 100 | — | 60～150 | — | 同上 0.4～0.7 | — |
| | ちりしっくい | — | — | 30 | 20 | 白毛すさ 0.7 | つのまた 0.9 |
| | むら直し | 100 | — | 60～150 | — | もみすさ 0.5～0.8 | — |
| 中塗り | 中塗り | 100 | — | 60～150 | — | もみすさ 0.5～0.8 | — |
| | 切返し中塗り | — | 100 | 60～150 | — | もみすさ 切返し 0.8 | — |

（JASS 15による）

表15・15 上塗りの調合

| 種　別 | | 色土〔ℓ〕 | 色砂〔ℓ〕 | 砂〔ℓ〕 | 消石灰〔kg〕 | すさ〔kg〕 | のり〔kg〕 |
|---|---|---|---|---|---|---|---|
| 土物壁 | 水ごね土物 | （聚楽土）100 | — | 80 | — | みじんすさ 4.0 | — |
| | のりさし土物 | 同上 100 | — | 100 | — | 同上 3.2 | つのまた 1.5 |
| | のりごね土物 | 同上 100 | — | 150 | — | 同上 | 同上 2.5 |
| 大津壁 | 大津みがき 下付け | （京白土）100 | — | — | 30 | みじんすさ 20 | — |
| | 大津みがき 上付け | （いなり土）100 | — | — | 15 | 紙すさ 2.0 | — |
| 砂壁 | | — | 100内外 | — | — | — | ふのり 9.0 |

（JASS 15による）

表15・16 塗り厚

| 下塗り | むら直し | 中塗り | 上塗り | 計 |
|---|---|---|---|---|
| 26～30 | 8～11 | 8～11 | 2.5 | 45～55 |

（単位：mm）　　　　（JASS 15による）

## 15・3　吹付け工事

材料：セメント系・合成樹脂系等がある．

種類

第17章参照，及び図15・5，図15・6に示す．

- 薄付け仕上げ塗り材……砂壁状吹付け材　→リシン
- 厚付け仕上げ塗り材……吹付けスタッコ　→セメントスタッコ
- 複層仕上げ塗り材……複層模様吹付け材→吹付けタイル

【問題 1】 左官工事に関する次の記述のうち，最も不適当なものはどれか．
1. 外壁のモルタルの上塗りには，荒目の砂で富調合のモルタルを用いた．
2. コンクリート壁への石膏プラスター塗りにおいて，下地の全面にセメントモルタル塗り付け，金ぐしで表面に荒らし目をつけた．
3. 壁のセメントモルタル塗りの中塗りは，下塗り後2週間放置してから行った．
4. 石膏プラスターの上塗りは，中塗りが半乾燥の状態で塗りつけた．
5. ビニル床シートの下地となるセメントモルタル塗り厚は，シートの厚さを含めて30mmとした．

【問題 2】 コンクリート下地セメントモルタル塗りに関する次の記述のうち，最も不適当なものはどれか．
1. 室温が2度以下になったので，5度以上に採暖して施工した．
2. 壁のむら直しは，部分的であったので，下塗りに引き続いて直ちに行った．
3. 壁の中塗りは，十分に乾燥させた下塗り面に行った．
4. 壁の中塗りは，出隅・入隅などを定規塗りとし，平らに塗りつけた．
5. 床のモルタル塗りは，下地コンクリートの硬化を待って，早い時期に1回で塗り上げた．

【問題 3】 壁のセメントモルタル塗りに関する次の記述のうち，最も不適当なものはどれか．
1. 合板型枠を用いたコンクリート面のセメントモルタル塗りに先立ち，下地面を清掃した後，セメントペーストを塗り付けた．
2. 下塗りに先立ち，下地の乾燥状態を見計らって，吸水調整材を全面に塗り付けた．
3. 室温が2℃以下になることが予想されたので，作業を行わなかった．
4. 下塗り後，2日間放置してから中塗りを行った．
5. 上塗りは，中塗りの翌日に，こてむらのないよう平らに塗り付けた．

【問題 4】 壁のセメントモルタル塗りに関する次の記述のうち，最も不適当なものはどれか．
1. コンクリート壁の下地面は，デッキブラシで水洗いを行い，モルタルの接着を妨げるものを除いた．
2. 室内のモルタル塗りに先立ち，塗り面の汚れ及び早期乾燥を防止するため，当該室の窓にガラスを入れた．
3. 下塗りに先立ち，下地の乾燥状態を見計らって，吸水調整材を全面に塗り付けた．
4. 下塗り直後は，乾燥を速めるため，窓を開け送風機を使用した．
5. 室温が2℃以下になることが予想されたので，作業を行わなかった．

```
                ┌─ 砂壁状吹付け材C
                ├─ 吹付けスタッコ
                ├─ 砂壁状吹付け材E
                │                    ┌─ 複層吹付け材C
                │                    ├─ 複層吹付け材E（アクリル系）
                ├─ 複層模様吹付け材 ─┤
                │                    ├─ 複層吹付け材RE（エマルション系）
                │                    └─ 複層吹付け材RS（エポキシ系）
                ├─ ロックウール吹付け材
                ├─ 軽量骨材吹付け材
                └─ 弾性吹付け材
```

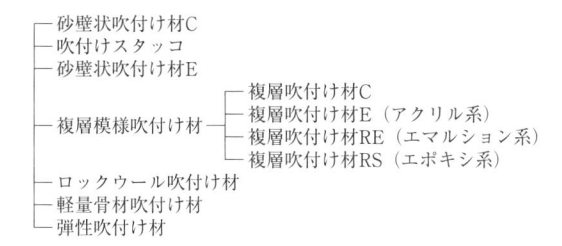

図15・5　建築用吹付け材の分類

表15・17　吹付け材と下地

| 下地の種類<br>吹付け材料の種類 | PCパネル | セメントモルタル | ALCパネル | コンクリートブロック | せっこうプラスター | ドロマイトプラスター | しっくい | せっこう平ラスボード | せっこうボード | 木毛セメント板 | 石綿スレート | ケイ酸カルシウム板 | 合板 | 鋼板 |
|---|---|---|---|---|---|---|---|---|---|---|---|---|---|---|
| セメントリシン | ○ | ○ | ○ | ○ | × | × | × | ○ | ○ | × | × | × | × | × |
| セメントスタッコ | ○ | △ | ○ | ○ | × | × | × | △ | △ | × | × | × | × | × |
| アクリルリシン | ○ | ○ | ○ | ○ | ○ | ○ | ○ | ○ | ○ | ○ | ○ | △ | △ | × |
| ポリマーセメント吹付けタイル | ○ | ○ | ○ | ○ | × | × | × | △ | △ | × | × | × | × | × |
| アクリル吹付けタイル | ○ | ○ | ○ | ○ | ○ | ○ | ○ | △ | △ | ○ | ○ | △ | △ | × |
| エポキシ吹付けタイル | ○ | × | ○ | ○ | × | × | × | × | × | × | × | × | × | ○ |
| ロックウール吹付け材 | ○ | ○ | ○ | × | × | × | × | × | × | ○ | ○ | ○ | × | △ |
| 軽量骨材吹付け材 | ○ | ○ | ○ | ○ | ○ | ○ | ○ | △ | △ | ○ | ○ | △ | △ | △ |
| 繊維質上塗り材 | ○ | ○ | ○ | ○ | ○ | ○ | ○ | ○ | ○ | ○ | ○ | ○ | △ | △ |
| 現場調合セメントモルタル | ○ | △ | ○ | × | × | × | × | △ | × | △ | × | × | × | × |

(JASS 23による)

○：標準仕様で適応しうる下地，△：特記により下地処理を行う下地，
×：一般に使用しない下地

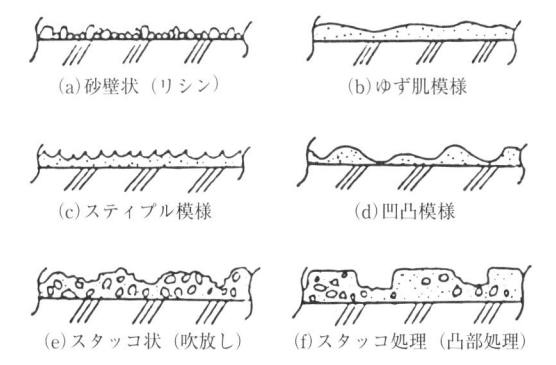

(a) 砂壁状（リシン）　　(b) ゆず肌模様
(c) スティプル模様　　(d) 凹凸模様
(e) スタッコ状（吹放し）　　(f) スタッコ処理（凸部処理）

図15・6　吹付け材のパターン ＊1

# 16 タイル工事・石工事

## 16・1 タイル工事

**(1) 材料**　磁器質・せっ器質・陶器質に分類される（表16・1）．

**(2) 張付け**

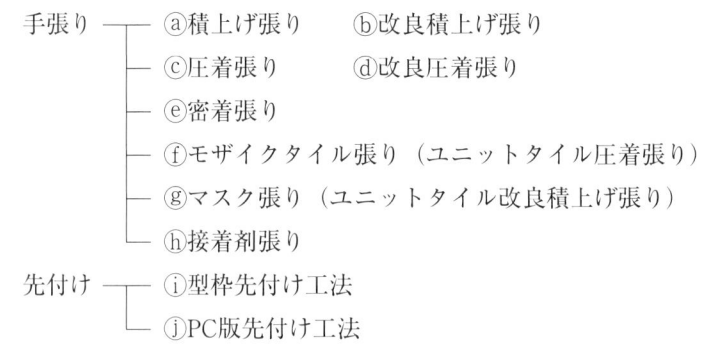

```
手張り ── ⓐ積上げ張り　　ⓑ改良積上げ張り
       ├─ ⓒ圧着張り　　　ⓓ改良圧着張り
       ├─ ⓔ密着張り
       ├─ ⓕモザイクタイル張り（ユニットタイル圧着張り）
       ├─ ⓖマスク張り（ユニットタイル改良積上げ張り）
       └─ ⓗ接着剤張り
先付け ── ⓘ型枠先付け工法
       └─ ⓙPC版先付け工法
```

張付けモルタル調合比は，セメント：砂＝1：3を標準とする（表16・2）．

a）積上げ張り（だんご張り）（図16・1）

　　タイル裏面に張付けモルタルをつけ，タイルを下地面に押し付け，下部から上部へ張り進める．白華（エフロレッセンス）を生じやすい．

b）改良積上げ張り（図16・2）

　　タイル裏面全体に，張付けモルタルを塗り厚5～8mmとし，下地面に押し付け，下部から上部へ張り進める．

　　接着力のばらつきが少なく，かつ空隙ができにくいのでエフロレッセンスの発生が少ない．

　　積上げ・改良積上げの1日の張付け高さは1.5m以内とする．

c）圧着張り（図16・3）

　　下地側に張付けモルタルを5～7mm塗付け，タイルを張付ける．

　　木づちの類でたたき締め目地部分からモルタルがはみ出すぐらい圧着する．

　　上部から下部へ張り進める．

d）改良圧着張り（図16・4）

　　張付けモルタルを下地面側に3～6mm，タイル裏面に3～4mm塗付け，圧着張りと同様に張付ける．上部から下部へ張り進める．

e）密着張り（ヴィブラート工法）（図16・5）

　　張付けモルタルを下地面に2度塗りし，塗り厚5～8mmとして，振動工具（ヴィブラート）を用いて，タイルに振動を与えて張付ける．上部から下部へ行い，1段おきに水糸にあわせて張り，その間を埋めるようにして張る．

　　圧着・改良圧着・密着工法の張付けモルタルは，1回の塗付け面積2$m^2$程度とする．

f）モザイクタイル張り（ユニットタイル圧着張り工法）（図16・6）

　　下地面に張付けモルタルを3mm程度塗付け，ユニット（300角）になっているモザイクタイルを張付ける．

表16・1 *1

| 素地の質による区分 | 素地の状態 | 吸水率 | 焼成温度 | 特徴 | 主な製品 |
|---|---|---|---|---|---|
| 磁器質タイル | 不浸透性 | 0 | 1300℃〜1400℃ | 半透明で、ち密で硬く（水晶に近い）、たたけば金属製の清音を発する | 外装タイル、寒冷地用タイル、床タイル、モザイクタイル、食器、電気絶縁材 |
| | 溶化性 | 1.0%未満 | | | |
| せっ器質タイル | ほとんど溶化性 | 1.0%以上3.0%未満 | 1200℃〜1300℃ | 磁器質に近いもので、不透明で硬いがやや吸水性が感じられる | 外装タイル、クリンカータイル、床タイル、衛生陶器 |
| | 半溶化性 | 3.0%以上10.0%未満 | | | |
| 陶器質タイル | 非溶化性 | 10.0%以上 | 1000℃〜1200℃ | 多孔質で、主として釉のかかった平滑なものが多く、吸水性、透水性もある。たたくと濁音を発する | 内装タイル、民芸品、陶芸品 |

注 溶化とは磁器化のことで、磁器素地を加熱し、その気孔率を減少させることである．

表16・2 壁タイル張りモルタルの標準調合（容積比）

| 区分 | | | セメント | 細骨材 |
|---|---|---|---|---|
| 壁タイル | 外装 | 積上げ張り改良積上げ張り | 1 | 2.5〜3.5 |
| | | 改良圧着張り | 1 | 2.0〜2.5 |
| | 内装 | 積上げ張り | 1 | 3.0〜4.0 |
| | | 圧着張り 1枚張り | 1 | 2.0〜2.5 |
| | | 圧着張り ユニット張り | 1 | 0.5〜1.0 |
| モザイクタイル | 外装 | | 1 | 0〜0.5 |
| | 内装 | | 1 | 0.5 |

（JASS 19による）

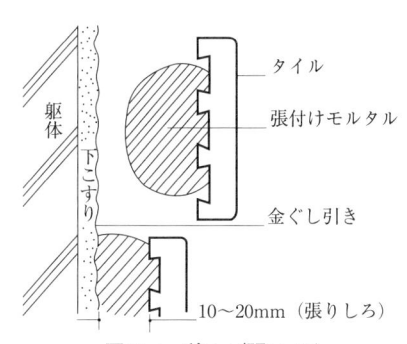

図16・1 積上げ張り *1

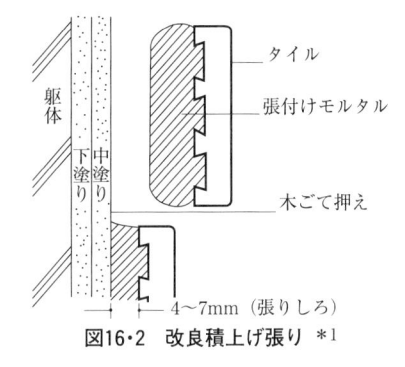

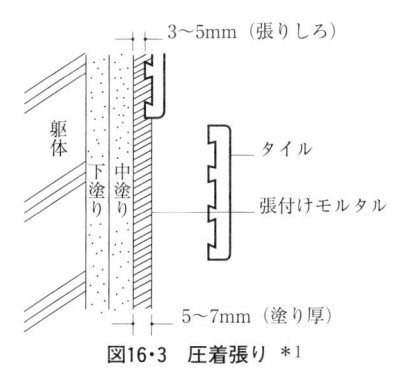

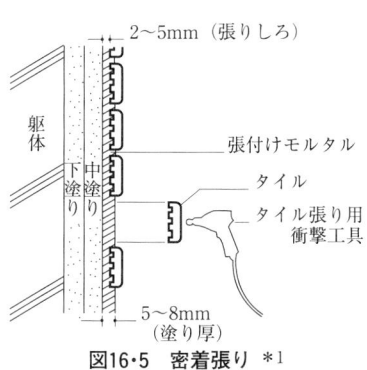

図16・2 改良積上げ張り *1

図16・3 圧着張り *1

図16・4 改良圧着張り *1

図16・5 密着張り *1

図16・6 モザイクタイル張り

g）マスク張り（ユニットタイル改良積上げ張り工法）（図16・7）

　　　ユニットタイルの裏面に張付けモルタルを全面塗り付け，張付ける．

　　　モザイクタイル・マスク張りの張付けモルタルの1回の塗付け面積は3m²以内とする．

　h）接着剤張り

　　　接着剤で直接タイルを張付ける．

　　　接着剤の1回の塗付け面積は3m²以内とする．

　i）型枠先付け工法

　　　コンクリートの型枠の内側に，タイルまたはユニットタイルを，あらかじめ取付け，コンクリートに付着させる工法．

　j）PC版先付け工法

　　　タイルを張付けたPC版をつくり，これを現場で取付ける工法．

　　　付着力が強く，エフロレッセンスも出ず，仕上り精度がよい．

　白華（エフロレッセンス）：タイル，石材などの目地表面に浸出して結晶化した白い物質のこと．
　　　　　　　　　　　　　下地モルタルのセメント中の水酸化石灰が加水分解した水酸化カルシウムの浸出による．

　留意点

　　①化粧目地詰めはタイル張り後，24時間経過してから行う．
　　②伸縮目地は，下地モルタル面の伸縮調整目地と一致させ，目地の深さはコンクリート面に達するまで設ける．
　　③大型床タイル張りの敷きモルタルの調合は，セメント1：砂3～4（容積比）程度とする．
　　④清掃は水洗い又は中性洗剤で洗う．
　　　汚れがひどい場合は10％程度の希塩酸で洗った後，入念に水で洗い流す．

## 16・2　石工事

(1) **種類**　　花崗岩・大理石・砂岩・鉄平石などの天然石およびテラゾー人造石など．

(2) **工法**　　湿式工法と乾式工法がある（図16・10）．

　a）全　と　ろ　工　法：石裏全面にモルタルを充てんする工法（図16・11）．
　　　　　　　　　　　　エフロレッセンスが発生しやすい．

　b）だんご張り工法：取付け金物部分だけをだんご状モルタルで固定する工法．主に大理石の内壁に使用し，ねむり目地とする（図16・12）．

　c）帯　と　ろ　工　法：取付け金物部分を上下100mm幅程度に帯状にモルタルを充てんする工法（図16・13）．

　d）乾式石張り工法：ステンレス製のファスナーにより石材を固定する工法．大理石・砂岩には不向き（図16・14）．

　e）先付けＰＣ版工法：石材をPC版に打ち込み，建方する工法．

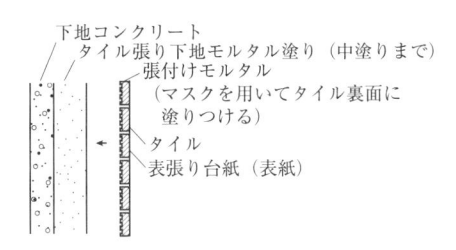

図16・7　マスク張り

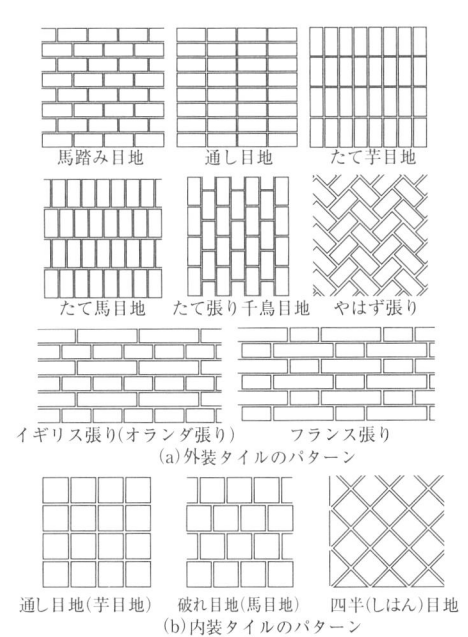

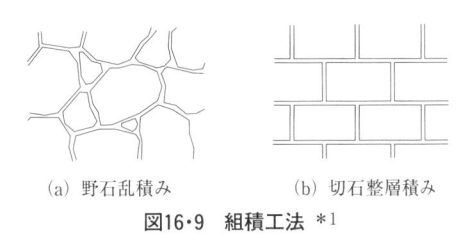

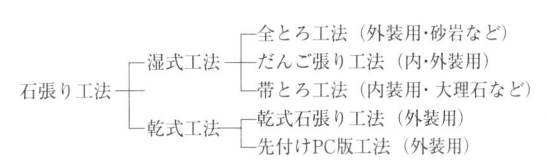

図16・8　タイル目地割りの種類 *1
(a)外装タイルのパターン: 馬踏み目地、通し目地、たて芋目地、たて馬目地、たて張り千鳥目地、やはず張り、イギリス張り(オランダ張り)、フランス張り
(b)内装タイルのパターン: 通し目地(芋目地)、破れ目地(馬目地)、四半(しはん)目地

図16・9　組積工法 *1
(a) 野石乱積み　(b) 切石整層積み

図16・10　石張り工法
石張り工法 ─ 湿式工法 ─ 全とろ工法（外装用・砂岩など）
　　　　　　　　　　　├ だんご張り工法（内・外装用）
　　　　　　　　　　　└ 帯とろ工法（内装用・大理石など）
　　　　　└ 乾式工法 ─ 乾式石張り工法（外装用）
　　　　　　　　　　　└ 先付けPC版工法（外装用）

表16・3　石厚寸法（仕上がり寸法：mm）*1

| 工法 | 部位 | 壁 | | | | 床 |
|---|---|---|---|---|---|---|
| 仕上げの種類 | | 湿式工法 | | 乾式工法 | | 床石敷き工法 |
| | | 内壁 | 外壁 | 内壁 | 外壁 | |
| ひき肌 | | 25 | | 30 | 35 | 25 |
| たたき仕上げ | のみ切り | 60 | | 60 | | 60 |
| | びしゃんたたき | 25～30 | | 30 | 35 | 25～30 |
| | 小たたき | 45 | | 45 | | 45 |
| 磨仕上げ | 粗磨き | | | | | |
| | 水磨き | 20 | | 25 | 30 | 35 | 25 |
| | 本磨き | | | | | |
| 高温粗面仕上げ | | 25 | | 30 | 32 | 37 | 25～30 |

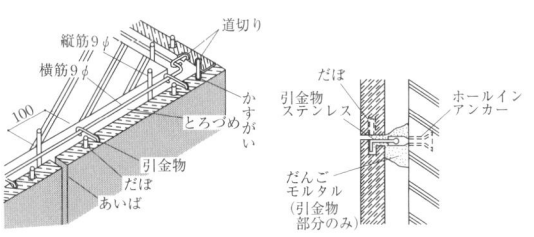

図16・11　全とろ工法 *1　図16・12　だんご張り工法 *1

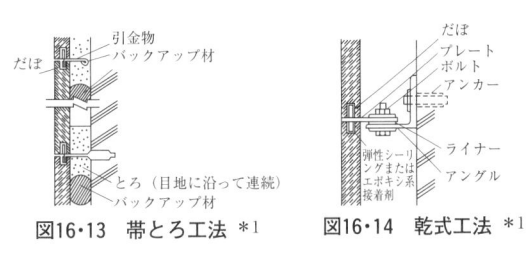

表16・4　モルタルの調合（容積比）および目地幅 *1

| 用途 | 材料 | セメント | 砂 | 目地幅の範囲 |
|---|---|---|---|---|
| 裏込めモルタル | | 1 | 3 | 屋外の壁, 床は6～12mm |
| 敷きモルタル | | 1 | 4 | |
| 張り付け用ペースト | | 1 | 0 | 屋内の壁, 床は0～6mm |
| 目地モルタル | | 1 | 0.5 | |

注　混和材料を使用する場合は製造業者の仕様による．

図16・13　帯とろ工法 *1　図16・14　乾式工法 *1

(3) 仕上げ

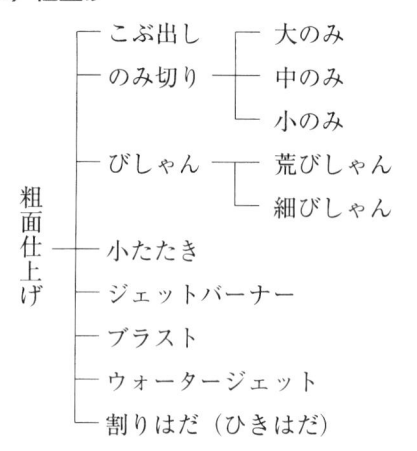

粗面仕上げ
- こぶ出し
- のみ切り
  - 大のみ
  - 中のみ
  - 小のみ
- びしゃん
  - 荒びしゃん
  - 細びしゃん
- 小たたき
- ジェットバーナー
- ブラスト
- ウォータージェット
- 割りはだ（ひきはだ）

みがき仕上げ
- 粗みがき
- 水みがき
- 本みがき

ジェットバーナー：バーナーで表面を加熱し，水で急冷して表面をはく離させラフに仕上げる．

ブラスト（サンドブラスト）：細かい鋼製の粉粒を圧縮空気で吹き付け，表面を粗面に仕上げる．

ウォータージェット：ノズルから高圧水を噴射させ，石表面の微細な石片を取り除き，滑らかな粗面に仕上げる．

【問題 1】 タイル工事に関する次の記述のうち，最も不適当なものはどれか．
1．圧着張りを行うにあたり，張付けモルタルを塗り付けてから，60分経過後にタイルを張付けた．
2．外壁に設ける伸縮調整目地の深さは，コンクリート躯体の表面までとした．
3．ユニットにつくられたモザイクタイルを内壁に張る場合，張付けモルタル層が柔らかいうちにタイルを張付け，目地部分にモルタルが盛り上がるまで，たたき板でたたき締めた．
4．壁の改良積上げ張りにおいて，1日の張付け高さを1.5mとした．
5．一般床タイルの張付け用モルタルの調合は，容積比でセメント1：砂2とした．

【問題 2】 タイル工事に関する次の記述のうち，最も不適当なものはどれか．
1．外壁において，二丁掛けタイルを密着張りとする場合，張付け用モルタルの塗り厚を3mmとした．
2．外壁の二丁掛タイルの改良積上げ張りにおいて，張付けモルタルの塗り厚は，5mmとした．
3．外壁にユニットタイルで圧着張りを行うので，張付け用モルタルの塗り厚を3mmとした．
4．内壁の積上げ張りにおいて，張付けモルタルの塗り厚は，15mm程度とした．
5．化粧目地詰めは，タイル張り後24時間程度経過し，張付けモルタルが適度に硬化した時期に行った．

【問題 3】 陶磁器質タイル張り工事に関する次の記述のうち，最も不適当なものはどれか．
1．密着張りで，1回の張付けモルタルの塗付け面積は2m²程度，練置き時間は20分以内とした．
2．化粧目地詰めは，タイル張り後24時間程度経過し，張付けモルタルが適度に硬化した時期に行った．
3．積上げ張りによる浴室腰壁の張付けに，少量のふり粉を使用した．
4．夏期に，施工面に直射日光が当たらないように，シートで養生した．
5．密着張りによる張付けは，下部より上部へと張り進めた．

(4) **目地** 図16·15による．
- テラゾー：種石（大理石）と白色セメントに顔料を加え固練りしたものを，モルタル下地の上に塗り付けてたたき締める．一定の養生のあとに研ぎ出し，仕上げたもの．
- 擬　石：種石（大理石以外）とセメントを加えて固練りしたものをコンクリート下地の上に塗り付けて板状にしたもの．一定の養生をする．
    表面の加工は，のみ切り，小たたきなどの仕上げができる．
    テラゾー・擬石とも，取付けは石工事に準ずる．
- 金　　物：引き金物・だぼ・かすがいは，ステンレス製の径3.2～4.0mmを使用する（表16·5）．
- 清　　掃

  花崗岩の場合
    - 取付け終了後は，適切な時期に清水を注ぎかけ，付着した汚れやモルタルなどをナイロンブラシを使って除去する．
    - 原則として酸類は使用しない．清水で水洗いをする．
    - 屋内の本みがきの場合は乾燥した布で清掃．

  大理石の場合
    - 取付け終了後，乾燥した布で清掃．
    - 引渡し直前に，全面にわたってからぶきを行う．

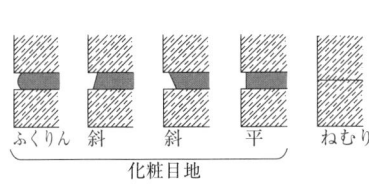

図16·15　目地の種類 *1

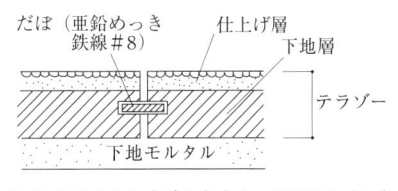

図16·16　床張りの例 *1

表16·5　取付け金物 *1

| 金物 | 石厚 | 引金物 | だぼ | かすがい |
|---|---|---|---|---|
| ステンレス鋼製 | 40未満 | 径 3.2 | 径 3.2 / 長さ 40 | 径 3.2 / — |
| ステンレス鋼製 | 40～70 | 径 4.0 | 径 4.0 / 長さ 50 | 径 4.0 / — |
| 黄銅製 | 40未満 | 径 3.5 | 径 3.5 / 長さ 40 | 径 3.5 / — |
| 黄銅製 | 40～70 | 径 4.2 | 径 4.2 / 長さ 50 | 径 4.2 / — |

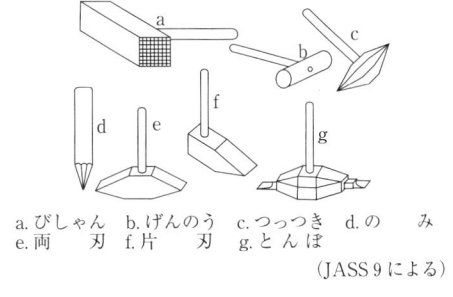

a.びしゃん　b.げんのう　c.つっつき　d.のみ
e.両刃　f.片刃　g.とんぼ
(JASS 9による)

図16·17　石工具の実例

# 17 塗装工事

## 17・1 種類と特性

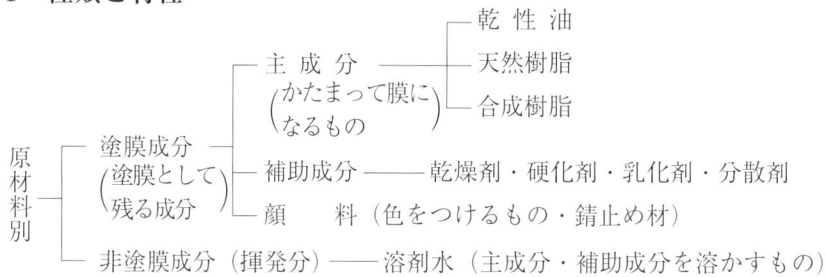

```
           ┌ 塗膜成分 ──┬ 主成分       ┬ 乾性油
           │ (塗膜として) │ (かたまって膜に) ├ 天然樹脂
原材料別 ─┤ (残る成分)   │ (なるもの)    └ 合成樹脂
           │            ├ 補助成分 ── 乾燥剤・硬化剤・乳化剤・分散剤
           │            └ 顔 料 (色をつけるもの・錆止め材)
           └ 非塗膜成分 (揮発分) ── 溶剤水 (主成分・補助成分を溶かすもの)
```

### (1) 塗料　（表17・1，17・2）

a）油性調合ペイント（OP）：木・ボード類・鉄部
- 塗膜が厚く，密着性・耐候性がよい．
- 乾燥が遅く（18〜20時間），耐アルカリ性，耐酸性に劣る．

b）合成樹脂調合ペイント（SOP）：木部・鉄部
- 油性調合ペイントに比べて乾燥時間が早い．

c）塩化ビニル樹脂エナメル（VE）：コンクリート・金属面（木部も可能）
- 耐酸性・耐アルカリ性・耐水性に優れている．

d）合成樹脂エマルジョンペイント（EP）：コンクリート・モルタル・プラスターボード・木部も可能
- 乾燥が早く，難燃性，光沢がない．
- 金属には使用できない．

e）ラッカーエナメル（LE）：木部・鉄部
- アルカリ性の強い下地には適さない（コンクリート・モルタル）．

f）ラッカークリア（LC）：木部・建物内部の造作材
- 乾燥が早く，透明仕上げ．
- 湿度が高いところでの塗装はさける．

g）オイルステイン（OS）：木部
- 木部の染色塗装．
- 防腐効果もある．

### (2) 仕上げ塗り材

a）薄付け仕上げ塗り材：リシン
- セメント系・ケイ酸質系・合成樹脂系がある．
- 耐候性にやや劣る．

b）複層仕上げ塗り材：吹付けタイル
- 下塗り材・主材・上塗り材の3層からなる．
- 伸長性・耐候性などに優れている．

c）厚付け仕上げ塗り材：スタッコ
- 単層で厚く壁面を覆うことで，保護と重量感をつくり出す．

```
         ┌ ペイント（不透明）┬ 油性：〔樹脂（ボイル油＝乾性油＋乾燥剤）〕＋顔料
塗料 ─┤                 ├ 水性：〔樹脂＋乳化剤＋水〕＋顔料
         │                 │    （エマルジョン）
         │                 └ エナメル系：ワニス〔樹脂＋溶剤〕＋顔料
         └ ワニス（透明）──── 樹脂（天然，合成）＋溶剤
```

```
 工程              塗装作業
─素地調整(1)─┬─コンクリート面─乾燥，付着物除去，補修
              ├─金属面─除錆，脱脂，研磨
              └─木材面─乾燥，付着物除去，研磨
─素地調整(2)─┬─コンクリート面─吸水止め，穴埋め，パテ付け
  （下地づくり）├─金属面─化学処理，プライマー，パテ付け
              └─木材面─節止め，穴埋め，パテ付け
─塗 り 付 け──下塗り─中塗り─上塗り
─仕 上 げ────研磨─つや出し
```

図17・1 塗装工事の構成（工程─作業）*1

表17・1 主な建築用塗装材の性能と適性 *1

| 塗料の種類 | | 半硬化時間(20℃) | 性能 | | | | | | |
|---|---|---|---|---|---|---|---|---|---|
| | | | 耐候性 | 耐水性 | 耐酸性 | 耐アルカリ性 | 付着性 | 室内 | 一般外部 |
| 油塗性系料 | 油性調合ペイント | 24 | △ | ○ | △ | × | ◎ | ◎ | ◎ |
| | 合成樹脂調合ペイント | 16 | ○ | ○ | △ | × | ○ | ◎ | ◎ |
| | フタル酸樹脂エナメル | 16 | ○ | ○ | △ | × | ○ | ◎ | ◎ |
| 合成樹脂塗料(溶剤形) | 塩化ビニルエナメル | 2 | ○ | ◎ | ◎ | ◎ | ○ | ◎ | ◎ |
| | 塩化ゴム系エナメル | 16 | ○ | ◎ | ◎ | ◎ | ○ | ◎ | ◎ |
| | アクリル樹脂エナメル | 2 | ◎ | ◎ | ○ | ○ | ○ | ◎ | ◎ |
| | ポリウレタンエナメル | 10 | ◎ | ◎ | ○ | ○ | ○ | ◎ | ◎ |
| | エポキシ樹脂エナメル | 16 | × | ◎ | ◎ | ◎ | ◎ | ◎ | △ |
| 水系塗料 | 酢ビエマルションペイント | 2 | △ | △ | × | ○ | ○ | ◎ | ○ |
| | アクリルエマルションペイント | 2 | ○ | △ | ○ | ◎ | ○ | ◎ | ○ |
| | 有光沢エマルションペイント | 2 | ○ | ○ | ○ | ◎ | ○ | ◎ | ○ |
| 仕上げ塗材類 | 多彩模様塗料（内部用） | 24 | × | ○ | △ | ○ | ○ | ◎ | × |
| | 樹脂スタッコ | 3 | ◎ | ◎ | ◎ | ◎ | ○ | ◎ | ◎ |
| | アクリル吹付けタイル | 5 | ◎ | ◎ | ◎ | ◎ | ○ | ◎ | ◎ |
| | エポキシ吹付けタイル | 5 | ◎ | ◎ | ◎ | ◎ | ○ | ◎ | ◎ |
| セルロース塗料・透明 | スパーワニス | 20 | △ | ○ | △ | × | ○ | ◎ | ○ |
| | クリヤラッカー | 1 | △ | △ | △ | × | ○ | ◎ | × |
| | ラッカーエナメル | 1 | ○ | ○ | ○ | ○ | ○ | ◎ | ○ |
| | アクリルラッカーエナメル | 1 | ○ | ○ | ○ | ○ | ○ | ◎ | ◎ |

性能 ◎：優，○：良，◐：準良，△：可，×：不可

表17・2 塗料の種別および適応する素地の種類など *1

| 種別 | 塗料名称 | 略号 | 適応する素地（参考） | | | | | | |
|---|---|---|---|---|---|---|---|---|---|
| | | | 木部 | コンクリート・モルタル面・ALC面 | ケイ酸カルシウム板・ボード面・スレート面 | 鉄面 | 亜鉛めっき面 | アルミニウム面 | 樹脂面 |
| 合成樹脂塗料 | 合成樹脂調合ペイント | SOP | ○ | ─ | ─ | ○ | ○ | ─ | ─ |
| | 塩化ビニル樹脂エナメル | VE | ○ | ○ | ○ | ○ | ○ | ○ | ○ |
| | アクリル樹脂エナメル | AE, B-UE, P-UE | ○ | ○ | ○ | ○ | ○ | ○ | ─ |
| | フタル酸樹脂エナメル | FE | ○ | ─ | ─ | ○ | ○ | ○ | ─ |
| | ポリウレタン樹脂エナメル | UE, B-UE, P-UE | ○ | ○ | ○ | ○ | ○ | ○ | ○ |
| | ふっ素樹脂エナメル | FUE, B-FUE | ─ | ─ | ─ | ○ | ○ | ○ | ─ |
| | エポキシ樹脂エナメル | XE | ○ | ○ | ○ | ○ | ○ | ○ | ○ |
| | 塩化ゴム系塗料 | CE | ─ | ○ | ─ | ○ | ○ | ○ | ─ |
| | ラッカーエナメル | LE | ○ | ─ | ─ | ○ | ─ | ─ | ─ |
| 合成樹脂エマルション樹脂 | 合成樹脂エマルションペイント 1種 | I-EP | ○ | ○ | ○ | ─ | ─ | ─ | ─ |
| | 合成樹脂エマルションペイント 2種 | II-EP | ○ | ○ | ○ | ─ | ─ | ─ | ─ |
| | つや有り合成樹脂エマルションペイント | G-EP | ○ | ○ | ○ | ─ | ─ | ─ | ─ |
| 模様塗料 | 合成樹脂エマルション模様塗料 | T-EP | ○ | ○ | ○ | ─ | ─ | ─ | ─ |
| | 多彩模様塗料 | MP | ○ | ○ | ○ | ○ | ─ | ─ | ─ |
| 透明塗料 | ラッカークリヤ | LC | ○ | ─ | ─ | ─ | ─ | ─ | ─ |
| | アクリル樹脂ラッカークリヤ | AC | ○ | ─ | ─ | ─ | ─ | ─ | ─ |
| | ポリウレタン樹脂ラッカークリヤ | UC | ○ | ─ | ─ | ─ | ─ | ─ | ─ |
| ローラー仕上げ塗料 | マスチック塗材 | MR | ─ | ○ | ○ | ─ | ─ | ─ | ─ |
| 着色剤 | オイルステイン | OS | ○ | ─ | ─ | ─ | ─ | ─ | ─ |

## 17・2 素地ごしらえ

塗装をする前に，下地面の状況を調べ，油・水・汚れ・錆などを除去する．

a）木部の素地ごしらえ
- 油類は，揮発油でふきとる．
- 割れ目・キズはパテ埋めし，乾燥後に研磨紙で平らにする．

b）鉄部の素地ごしらえ
- 汚れ・付着物はふきとり，スクレーパーやワイヤーブラシで除去．
- 油類は，揮発油でふきとる．
- 錆は，サンドブラスト・ワイヤーブラシ・スクレーパー等で落とす．必要に応じて，化学処理（リン酸塩・クロム酸を使用）する．

c）コンクリート・モルタルの素地ごしらえ（表17・3）
- 素地は十分に乾燥させる．
- ひび割れ・穴は，合成樹脂エマルジョンパテやセメント系フィラーなどで補修する．

## 17・3 工法

低温（3℃以下），多湿（85%以上）での作業は避ける（図17・2）．

a）はけ塗り（図17・3）
　最もよく用いられる工法で簡単な方法であり，特に複雑な形や小面積部分に適している．

b）ローラー塗（図17・3）
　1回の操作で広い面積に塗れ施工性がよく，天井・壁などに適している．

c）スプレー塗（吹付け塗）（図17・4）
　エアコンプレッサーとスプレーガンを用いて一定の圧力で噴霧状にして吹付ける．複雑なかたちや大面積にも効率よく施工できるが，周囲へ塗料が飛散するため養生が必要である．

---

【問題 1】 室内の塗装に関する素地と塗料との組合せとして，最も不適当なものは，次のうちどれか．
1. しな合板————ウレタン樹脂ワニス
2. 一般木部————合成樹脂調合ペイント
3. コンクリート————クリヤラッカー
4. ALCパネル————マスチック塗材
5. 鋼板————塩化ビニル樹脂エナメル

【問題 2】 塗装工事に関する次の記述のうち，最も不適当なものはどれか．
1. 夏期において，塩化ゴム系エナメルは，中塗り後24時間放置して，上塗りした．
2. 合成樹脂エマルジョンペイントを軽量鉄骨面に塗装した．
3. マスチック塗材を，モルタル面に塗装した．
4. 冬期に，コンクリート面が乾燥して塗装可能となるまで，4週間養生した．
5. 塩化ビニル樹脂エナメルを，室内の木部に塗装した．

【問題 3】 室内の塗装工事に関する次の記述のうち，最も不適当なものはどれか．

1. フタル酸樹脂エナメルを，木部に塗装した．
2. 合成樹脂エマルジョンペイントを，鋼板面に塗装した．
3. アルミニウム合金素地に塗装を行なうので，あらかじめ酸化皮膜処理を行なった．
4. 木部の素地ごしらえにおいて，節止めとして，節及びその周辺にセラックニスを2回はけ塗りした．
5. 速乾性のクリヤラッカーは，湿度の低いときに塗装した．

【問題 4】 内壁の塗装工事に関する次の記述のうち，最も不適当なものはどれか．
1. 冬期に，コンクリート面が乾燥して塗装可能となるまで，4週間養生した．
2. 春期に，モルタル面が乾燥して塗装可能となるまで，3週間養生した．
3. 夏期において，コンクリート打ちこみ後14日間放置した上で，その表面に多彩模様塗料を塗装した．
4. 夏期において，塩化ゴム系エナメルは，中塗り後24時間放置して，上塗りした．
5. マスチック塗材による塗装中，気温が5℃まで下がったので，作業を中止した．

### 表17・3 コンクリート・モルタル・プラスター面の素地ごしらえ

| | 工程 | 塗料そのほか | 面の処理 |
|---|---|---|---|
| 1 | 乾燥 | | 放置して素地を十分乾燥させる |
| 2 | 汚れ・付着物除去 | | 汚れ，付着物を除去，必要に応じて水洗い |
| 3 | 吸水止め 注1 | 合成樹脂エマルションクリヤー，塩化ビニル系シーラー，エポキシ系シーラーなど | |
| 4 | 穴埋め | セメント・セメント系フィラー・合成樹脂エマルションパテ・塩化ビニル系パテ・エポキシ系パテなど | 割れ・穴などの穴埋め |
| 5 | パテしごき 注2 | セメント系フィラー・合成樹脂エマルションパテ・塩化ビニル系パテ・エポキシ系パテなど | パテをしごき平滑にする |
| 6 | 研磨紙摺 | 研磨紙#120～180 | |

(JASS 18による)

注1 主として気泡コンクリート・軽量コンクリート・軽量コンクリートブロックなどの面について行う．
注2 コンクリート打放し面，および気泡コンクリート・軽量コンクリートブロックなどの面について行う．
注3 吸水止め～研磨摺の工程は，係員の承諾を得て省略することができる．

### 表17・4 木部のLC塗り工法 *1

| | 工程 | 塗料そのほか | 塗布量(kg/m$^2$) |
|---|---|---|---|
| 1 | 素地調整 | | — |
| 2 | 下塗り | ウッドシーラー | 0.08～0.10 |
| 3 | 着色 | 着色剤 | 0.03～0.05 |
| 4 | 色むら直し | 工程3に同じ | |
| 5 | 上塗り1回目 | ラッカークリヤ | 0.09～0.10 |
| 6 | 研磨1回目 | #320～400研磨紙 | — |
| 7 | 上塗り2回目 | ラッカークリヤ | 0.09 |

### 表17・5 木部のOS塗り工法（屋内用）*1

| | 工程 | 塗料そのほか | 塗布量(kg/m$^2$) |
|---|---|---|---|
| 1 | 素地調整 | | — |
| 2 | 下塗り | セラックニス | 0.03 |
| 3 | 着色 | オイルステイン | 0.05 |
| 4 | 色むら直し | オイルステイン | 適量 |
| 5 | 色押え | セラックニス | 0.05 |
| 6 | 以下，必要に応じて下記の仕上げを行う<br>・ラッカークリヤ塗り<br>・ワニス塗り<br>・ワックス磨き | | |

注 工程4は，必要な場合のみ行う．

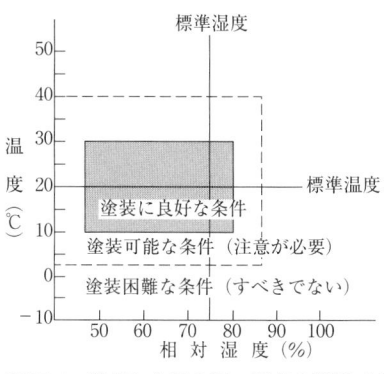

図17・2 乾燥における温・湿度の関係 *1

図17・3 塗装用はけの種類 *1

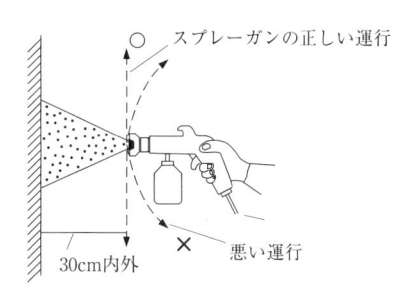

図17・4 スプレーガンの運行 *1

# 18 建具工事・ガラス工事

## 18・1 建具工事

窓や出入口の総称であり，人・物・光・空気などの出入を目的とし，また，雨や騒音などを遮断する壁の機能をもっている．建具の分類は図18・1に示す．

### (1) 木製建具

a) 材料

軟材：桧・杉・エゾ松・ツガ・サクラなど

硬材：ナラ・シオジ・ラワンなど

- 召合せ・定規縁・戸すべり等は，硬材を使用．
- 吊元・かまち材で軟材を使用する場合は桧・ヒバを使用．

木材の含水率は，天然乾燥の場合　18％以下

　　　　　　　　　人工乾燥の場合　15％以下

b) 種類

フラッシュ戸：骨組となる骨木に両面から合板類を張り合わせて形成するもの．面板には，化粧合板を用いたり，塗装やクロス張りなどを仕上げとする．

横桟形式の桟には，空気抜き孔を2ヶ所以上，上下に貫通するように設ける．

合板等のそりは3mm以下とする．

かまち戸：かまち（上かまち，かまち，下かまち）で構成されているもの．ガラス戸等

　　　上かまち　　　60mm

　　　下かまち　　　120mm

　　　かまち（縦）　45mm

障子：組子のある建具に障子紙を張りつけたもの．

襖戸：かまちや骨木に両面から紙（襖紙を）を張ったもの．和室の出入口や押入に使用．

c) 保管

フラッシュ戸は平積みとする．

障子・襖類は種類別に立てかけておく．

ガラス戸・板戸・格子戸は種類別に立てかけ，または平積みとする．

d) その他　木製建具の高さが2.0m以上2.4m以下の場合は，丁番は3枚を標準とする．

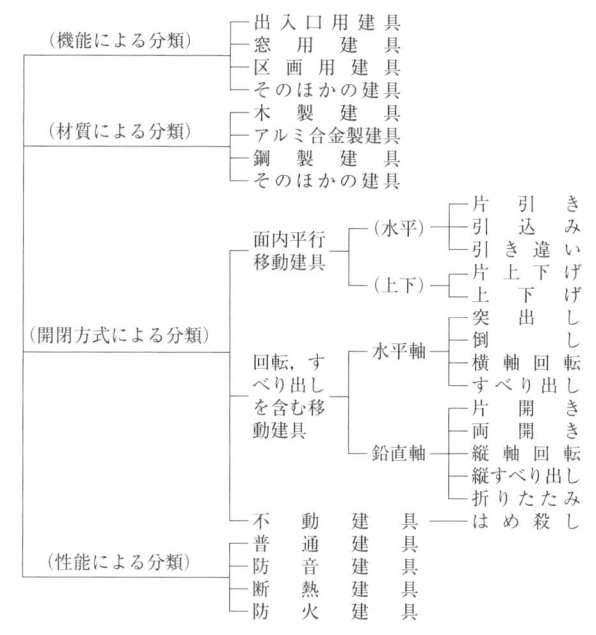

図18・1　建具の分類

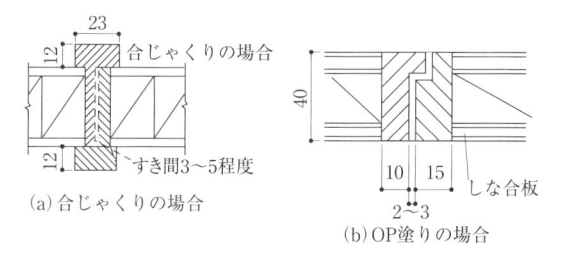

図18・2　化粧縁の例（単位：mm）

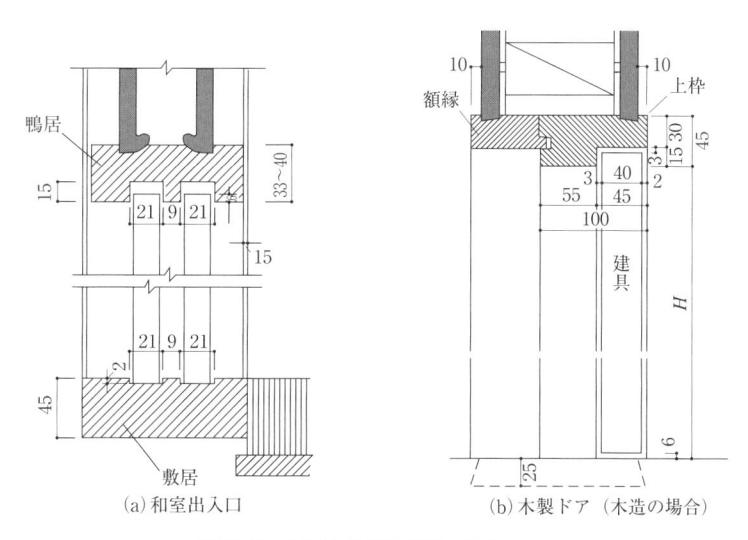

(a) 合じゃくりの場合
(b) OP塗りの場合

図18・3　木製建具の取付け（単位：mm）

(a) 和室出入口
(b) 木製ドア（木造の場合）

### (2) 鋼製建具

鋼製建具にはアルミニウム合金製建具・ステンレス製建具・スチール製建具等がある．

a）アルミニウム合金製建具

気密性・水密性・耐風圧性等の等級がある．

施工上の注意点

①取付けはくさびなどで仮止めし，位置を正確に固定してから，アンカーを鉄筋に溶接する．

②アンカー位置は枠の両端から150mm内外，中間は500mm内外の間隔とする．

③溶接する場合，アンカーと差し筋とは，最短距離で溶接する．

④アルミニウム合金は，コンクリート・モルタルなどのアルカリ性の材料に接すると腐食するため，耐アルカリ塗料（ウレタン系・アクリル系など）の保護塗膜をはがしてはならない．

⑤外部建具の枠廻りに充てんする．モルタルは防水性を考慮したモルタルとし，防水剤は塩化カルシウムなど金属の腐食を促進するものであってはならない．

⑥木製の枠等に取付けるときはステンレス製・アルミ製の木ねじ等を使用する．

⑦現場内の仮置きは立て置きとする．

b）スチール製建具

耐火性は高いが，重量や錆の発生があり，雨仕舞等にも十分に注意し，防錆処理等の必要がある．

### (3) 建具金物

建具の開閉や防犯の機能を効果的にするためのもの．分類は図18・7に示す．種類は図18・8に示す．

```
┌─ 支持・開閉に関するもの
│   ・開き戸関連……丁番，ヒンジクローザー，フロアヒンジ，ピボットヒンジなど
│   ・引き戸関連……レール，戸車，ハンガーレールなど
├─ 操作に関するもの
│   ・開き戸関連……握玉，押し手，引き手など
│   ・引き戸関連……彫り込み引き手など
└─ 防災に関するもの
    ・排煙，防犯関連……シリンダー錠，クレセント，電気錠，排煙開放装置など
```

図18・7　建具金物の分類

## 18・2　ガラス工事

### (1) 種類

ガラスは光を反射・透過する性質をもち，表面は平滑で美しいが，熱や音に対する断熱性・遮音性に乏しい．また，耐久性はあるが，傷付きやすく危険性もあるため，ガラスの製品の材質や特性を理解した上で使用箇所を考慮し，施工を行う（図18・9，表18・1参照）．

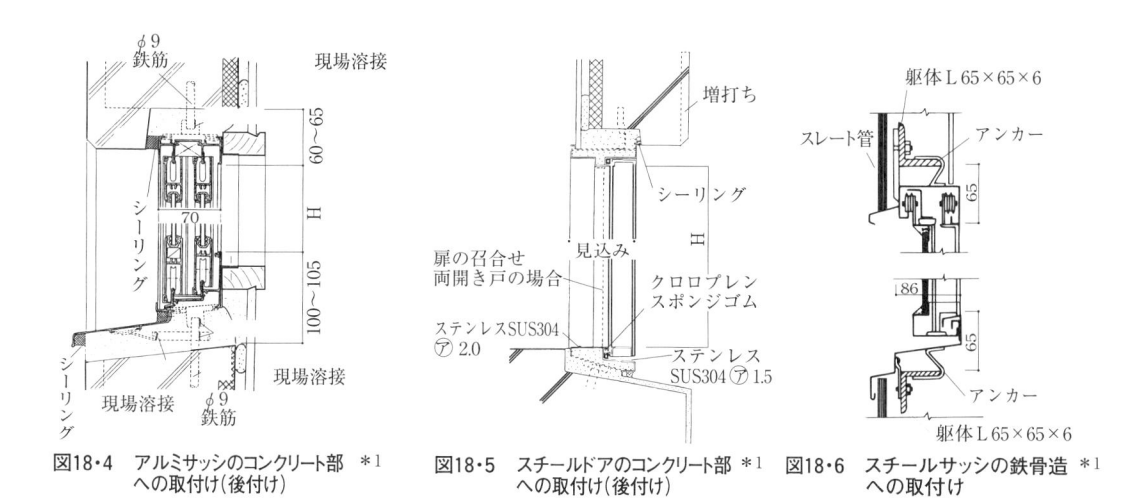

図18・4　アルミサッシのコンクリート部への取付け（後付け）　*1

図18・5　スチールドアのコンクリート部への取付け（後付け）　*1

図18・6　スチールサッシの鉄骨造への取付け　*1

図18・8　建具金物の種類（JASS 16 より）

```
                ┌─ 一般ガラス ── 普通板ガラス，型板ガラス，フロート磨き板ガラス，網入り板ガラス
                ├─ 特殊ガラス ── 熱線吸収板ガラス，熱線反射ガラス
板状ガラス ──┼─ 熱処理ガラス ── 強化ガラス，強化ガラスドア
                ├─ 異型ガラス ── 溝型ガラス
                └─ 複合ガラス ── 複層ガラス，合せガラス，着色強化ガラス
成型品ガラス ─────────── ガラスブロック，ガラスブリック，プリズムガラス
ガラス繊維 ────────────── ガラス繊維板，ガラス繊維織物など
```

図18・9　建築用ガラスの種類

a）フロートガラス（㋐3～19mm）
- 溶融金属の上にガラス素地を浮かべて製板したもの．
- 普通板ガラスに比較し，ひずみがない．
- 最近はほとんど透明板ガラスと呼ばれ普及している．

b）型板ガラス（㋐4mm，㋐6mm）
- 型模様をつけたローラーによって成形されたガラス．
- 光は通すが視線を遮る．主に，便所・浴室等に用いられる．

c）網入り板ガラス（㋐6.8mm，㋐10.0mm）
- ガラス素地に金属の網または線を入れたもので，ガラスが割れても破片が飛散しにくいので，防火・防犯に対して優れている．
- 防火区画等の下り壁等にも用いる．
- 延焼のおそれのある開口部等にも用いる．
- 網入りのものと線入りのものがあるが，防火性能を有する箇所では線入りのものは使用できない．
- ガラス周囲のエッジ部分は，ほかのガラスに比べて弱く，熱割れや錆の発生が生じやすい．
- はめ込みに際しては切断面に防錆処理を行い，下枠のガラス溝には水抜き穴を設ける．

d）熱線吸収板ガラス（㋐3～15mm）
- 通常のガラスの原料に微量のニッケル・鉄・コバルトなどの金属を加えた着色透明ガラス．
- 可視光線を吸収し，太陽の輻射熱を抑える．

e）熱線反射板ガラス（㋐6～12mm）
- フロートガラスの表面に反射率の高い金属酸化膜を焼き付けた板ガラス．
- 可視光線あるいは日射エネルギーを反射させ，ガラスの温度上昇が少ないため，冷房負荷が軽減できる．また，鏡のような効果があるので外装用に用いられる．

f）熱線吸収熱線反射板ガラス（㋐6～12mm）
- 熱線吸収ガラスの表面に反射率の高い金属酸化膜を焼き付けた板ガラス．

g）強化ガラス
- 板ガラスを約600℃の軟化温度まで加熱後，両面に冷風を吹付けて急冷させて加工したガラス．
- 普通板ガラスの約5倍の強度があり，ガラスが割れた場合にもガラスの破片が小豆粒大となるが，鋭利なものでないので安全である．
- 加工後の切断はできない．

h）合せガラス
- 2枚の板ガラスの間に接着力の強いポリビニルブチラール樹脂の薄膜をはさみ加熱圧着したもの．
- ガラスが割れても飛散しないので，自動車のフロントガラス等に用いられている．

i）複層ガラス（二重ガラス・ペアガラス）
- 2枚の板ガラスを一定間隔に保ち，周囲に枠をはめ，内部に乾燥空気を入れて気密状態にしたもの．
- 断熱効果に優れている．

表18・1 建築用ガラスの種類と規格 *1

| | | 性能 | | | | | | | | | | | |
|---|---|---|---|---|---|---|---|---|---|---|---|---|---|
| | | 透視性 | 拡散性(視線の遮断) | 防眩性 | 切断・加工性 | 衝撃強度 | 飛散防止性 | 熱衝撃強度 | 防火性 | 防犯性 | 防弾性 | 冷房負荷軽減 | 断熱性・結露防止性 | 防音性 |
| 透明な板ガラス | 磨き板ガラス | | | | | | | | | | | | | |
| | フロート板ガラス | ◎ | | | ◎ | | | | | | | | | |
| 型板ガラス | 型板ガラス | | ◎ | | ◎ | | | | | | | | | |
| 網入り板ガラス | 線入り磨き板ガラス | ○ | | | ◎ | ○ | | | | ○ | | | | |
| | 網入り磨き板ガラス | ○ | | | ◎ | ○ | | | ◎ | ○ | | | | |
| | 網入り型板ガラス | | ◎ | | ◎ | ○ | | | ◎ | ○ | | | | |
| 熱線吸収板ガラス | 熱線吸収フロート | ○ | | ◎ | ◎ | | | | | | | ◎ | | |
| | 熱線吸収網入り磨き板ガラス | ○ | | ◎ | ○ | ○ | | | ◎ | ○ | | ◎ | | |
| | 熱線吸収線入り磨き板ガラス | ○ | | ◎ | ○ | ○ | | | | | | ◎ | | |
| 熱線反射ガラス | 熱線反射ガラス | | | ◎ | ○ | | | | | | | ◎ | | |
| | 高性能熱線反射ガラス | | | ◎ | ○ | | | | | | | ◎ | | |
| 合せガラス | 普通板合せガラス | ◎ | | | | | ◎ | | ○ | ◎ | ◎ | | | ○ |
| | フロート合せガラス | ◎ | | | | | ◎ | | ○ | ◎ | ◎ | | | ○ |
| | 網入り,線入り合せガラス | ○ | | | | | ◎ | | ◎ | ◎ | ◎ | | | ○ |
| | 熱線吸収合せガラス | ○ | | ◎ | | | ◎ | | ○ | ◎ | ◎ | ◎ | | ○ |
| | 熱線反射合せガラス | | | ◎ | | | ◎ | | ○ | ◎ | ◎ | ◎ | | ○ |
| 強化ガラス | 普通板強化ガラス | ◎ | | | | ◎ | | ◎ | | | | | | |
| | フロート板強化ガラス | ◎ | | | | ◎ | | ◎ | | | | | | |
| 複層ガラス | 普通板複層ガラス | ◎ | | | | | | | | ○ | | ◎ | ◎ | ○ |
| | フロート複層ガラス | ◎ | | | | | | | | ○ | | ◎ | ◎ | ○ |
| | 熱線吸収複板ガラス | | | ◎ | | | | | | ○ | | ◎ | ◎ | ○ |
| | 網入り・線入り複層ガラス | ○ | | | | | | ○ | ◎ | ○ | ○ | ◎ | ◎ | ○ |
| 鏡 | フロート,磨き板ガラスミラー色鏡(熱線吸収,着色) | ○ | | | | | | | | | | ○ | | |

◎:特に優れている, ○:優れている

j）ガラスブロック
- 目地幅は10mm程度とし，縦・横筋をブロック4個ごとに目地割に入れる．

## (2) 取付け

ガラスの取付けに際しては，材質によりシーリングやガスケットにより，はめ込んで固定する．

a）木製建具

ⓐパテ止め（図18・11(a)）

しゃくり溝にパテをし，ガラスを押し付け，三角くぎを2ヶ所以上打って，パテ押えする方法．

ⓑ押縁止め（図18・11(b)）

しゃくり溝にパテをし，ガラスを押し付け，押え縁で押える方法．

b）鋼製建具

ⓐ押縁止め（図18・12(a)）

押え縁で押え，シーリング材を充てんする方法．

ⓑパテ止め（図18・12(b)）

敷パテをして，ワイヤークリップをサッシに差し込み，ガラスを止めてパテ押えする方法．

c）アルミニウム合金製建具

ⓐシーリング止め（図18・13(a)）

セッティングブロックを置き，ガラスを2点で支持し，バックアップ材で面クリアランスを確保し，シーリング（又はグレイジングビートを押し込む）を充てんする方法．

ⓑガスケット止め（図18・13(b)）

グレイジングチャンネルをガラスの四周に巻く方法．

d）養生・清掃

竣工まで破損防止のため張り紙をし，注意をすると共に塩化ビニル・ポリエチレンなどのフィルムを張り養生する．

汚れは，通常水洗いとし，油分などは，磨き粉の上澄み液や中性洗剤で清掃する．

---

【問題 1】 建具・ガラス工事に関する次の記述のうち，最も不適当なものはどれか．
1．木製フラッシュ戸の框及び桟には，人工乾燥による，重量比における含水率15％以下の木材を用いた．
2．現場内に搬入した障子とガラス戸は，種類別に立てかけて保管した．
3．外部に面する鋼製ドアの枠周囲の充てんモルタルに，塩化カルシウム系の防水剤を混入した．
4．高さ2.0mの木製建具の丁番として，ステンレス鋼製のものを3枚使用した．
5．外部に面する複層ガラスをはめ込む下端ガラス溝には，排水用水抜き孔を3箇所以上設けた．

【問題 2】 建具・ガラス工事に関する次の記述のうち，最も不適当なものはどれか．
1．建具の保管に当たって，フラッシュ戸は平積みとし，格子戸は立てかけとした．
2．防煙垂れ壁にフロート板ガラスを使用した．
3．アルミサッシがモルタルと接する部分に，絶縁処理の塗装を行った．
4．鋼製ドア枠のアンカーとコンクリートに埋め込んだ差し筋とを，最短距離で溶接した．
5．鉄筋コンクリート造において，アルミサッシの周囲充てん用モルタルの調合は，容積比でセメント1：砂3とした．

【問題 3】 建具・ガラス工事に関する次の記述のうち，最も不適当なものはどれか．
1．現場内に搬入した障子・襖類は，種類別に平積みにして保管した．
2．フラッシュ戸は，平積みにして保管した．
3．現場内に搬入したガラス戸は，種類別に立てかけて保管した．
4．建具の保管に当たって，格子戸は立てかけとした．
5．アルミサッシは変形しやすいので，現場内での仮置きは，立てかけとした．

表18・2 板ガラスのクリアランス表 [1]

| 形式 | 普通板ガラス | | 磨き板ガラス | | |
|---|---|---|---|---|---|
| $t$ mm | 5 | 6 | 8 | 10 | 12 |
| $a$ mm | 3 | 3 | 4 | 4 | 4 |
| $b$ mm | 4 | 4〜6 | 6〜10 | 6〜12 | 6〜12 |
| $c$ mm | 6〜10 | >8 | 10〜15 | 12〜15 | 14〜19 |

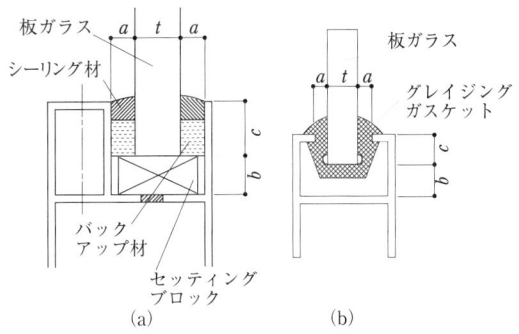

図18・10 各部のクリアランス

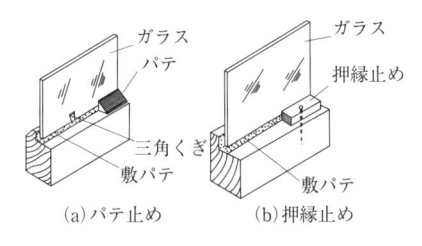

図18・11 木製建具のガラスのはめ込み [1]

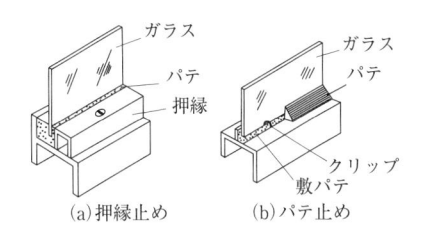

図18・12 鋼製建具のガラスのはめ込み [1]

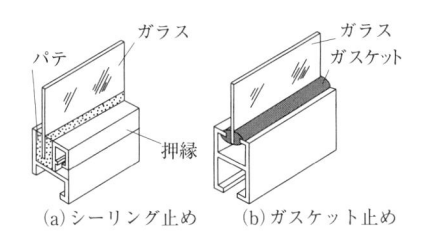

図18・13 アルミサッシのガラスのはめ込み [1]

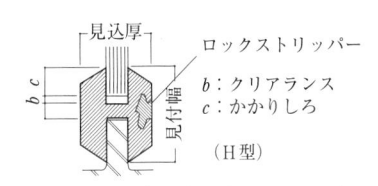

図18・14 ジッパーガスケット [1]

# 19 内装工事・断熱工事

## 19・1 内装工事

内装工事とは,床・壁・天井などを対象にしたタイル工事・石工事・左官工事・塗装工事以外の仕上げ工事である.

**(1) 床仕上げ工事**(表19・1)

乾式と湿式に大きく分けられ,

乾式は,

　木質系

　プラスチック系（タイル・シート）

　カーペット

　畳

湿式は,

　塗り床

表19・1 床仕上げの種類 *1

| 区 分 | | 仕上げの種類 |
|---|---|---|
| 乾式工法 | 木質系フローリング | フローリングボード,フローリングブロック,モザイクパーケット,天然木化粧複合フローリング,特殊加工化粧複合フローリング,天然木化粧複合ブロック,特殊加工化粧複合ブロック |
| | プラスチック系タイル | ビニルタイル,ゴムタイル,コルクタイル |
| | プラスチック系シート | ビニルシート,ゴムシート,リノリウムシート |
| | カーペット | 薄織カーペット,手織カーペット,機械織カーペット,刺繍カーペット,縫付カーペット,接着カーペット,圧縮カーペット,編物カーペット |
| | 畳 | |
| 湿式工法 | 合成高分子系塗り床 | エポキシ樹脂,ポリウレタン,ポリエステル |

a) 木質系

　図19・1に示す.

　● フローリングボード

　　寸法・形状等は表19・2,図19・2に示す.

　　施工に先立ち,根太又は,捨張りの上に数日間並べ環境になじませておいてから張り込む.板厚の2.5倍以上のくぎを使用し,150mm間隔で隠しくぎ打ちとする.

　● フローリングブロック

　　寸法・形状等は表19・2,図19・3に示す.

　　湿式工法：側面につけた足金物をモルタルのなかに埋込んで固定する方法.

　　乾式工法：コンクリート床にエポキシ樹脂系接着剤で張り付ける方法.

　・湿式の場合,仕上しろは下地面より50mm程度とする.

　・張り方は,中央部より四周に向けて張る.

b) プラスチック系床タイル張り（図19・4）

　300角程度のビニルタイル,ゴムタイル,コルクタイルを接着剤で張る.

　ビニル床タイルは,下地のみ接着剤を塗布して張る片面圧着工法.

　ゴム床タイルは,両面に接着剤を塗布して張る両面接着工法.

　● プラスチック系床シート張り

　　ビニル系・ゴム系・リノリウム系に分けられる.

　　施工に先立ち仮敷きし,特にリノリウムでは最低1週間の仮置きが必要である.

　　張り付けは全面接着とする.

　　水がかり部分は,エポキシ樹脂系接着剤を使用する（プラスチック系床タイルも同様）.シートの接合は熱による溶接と接着液による溶着とがある.

表19・2 単層フローリングの定義と標準寸法　　　　〔mm〕

| 用語 | フローリングボード | | フローリングブロック | モザイクパーケット | |
|---|---|---|---|---|---|
| 定義 | 1枚の板（ひき板または単板を縦接合したもの，および構成層が1の集成材を含む）を基材とした単層フローリング． | | ひき板，単板または構成層が1の集成材を2枚以上並べて接合（縦接合を除く）したものを基材とした単層フローリングであって，素地床の上のみに張り込むのに適当な強度を有するもの． | ひき板または単板の小片（最長辺が22.5cm以下，「ピース」という）を2個以上並べて紙などを使用して組み合わせたものを基材とした単層フローリングであって，素地床の上のみに張り込むのに適当な強度を有するもの． | |
| 区分 | 直張用 | 根太張用 | | ピース | モザイクパーケット |
| 厚さ | 10, 12, 14, 15, 18 | 14, 15, 18 | 10, 12, 15, 18 | 6, 8, 9 | |
| 幅 | 64, 75, 78, 90, 94, 100, 110 | | 240, 300, 303 | 18以上1建て | ピースの幅の整数倍 |
| 長さ | 240以上10建て | 500以上10建て | 240, 300, 303 | ピースの幅の整数倍 | |

（日本建築学会「建築材料用教材」丸善, p.89 表3, 表4を組み合わせた）

表19・3　フローリングボード　〔mm〕

| 厚さ | 幅 | 長さ |
|---|---|---|
| 14<br>15<br>18 | 64・75・90<br>94・100・110 | 500以上10建て<br>1800以上100建て |

表19・4　複合フローリングの種類

| 名称 | 内容 |
|---|---|
| 複合1種フローリング | 合板のみを基材にしたもの |
| 複合2種フローリング | 集成材または単板積層材のみを基材としたもの |
| 複合3種フローリング | 1, 2種以外のもの |

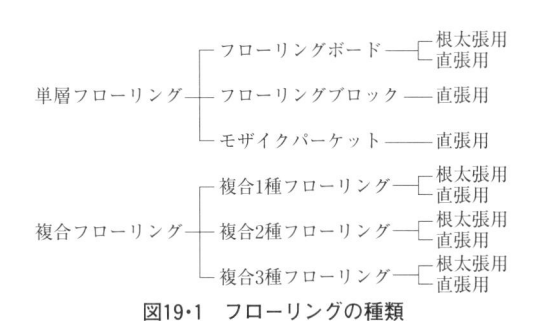

図19・1　フローリングの種類

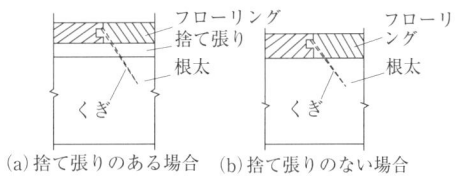

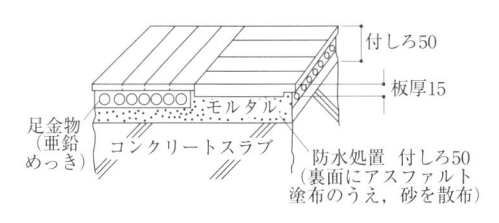

図19・2　床納まり　*1
(a) 捨て張りのある場合　(b) 捨て張りのない場合

図19・3　フローリングブロック張り込み　*1

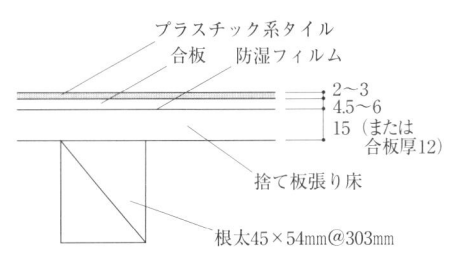

図19・4　プラスチック系床タイル張り（木造下地の場合）

c）畳床

　　畳の大きさは，京　　間（本京間）1910×955
　　　　　　　　　　中京間（三六間）1820×910
　　　　　　　　　　関東間（いなか間）1760×880

　　等級は，わら畳床・サンドイッチ畳床・建材畳等がある．

d）カーペット敷

　　カーペットの種類によって，敷き込みの工法がそれぞれある．

　　敷き方

　（1）敷き詰め

　　　ⓐ直張り工法（接着工法）（図19·7）
　　　　●接着剤により敷き込む．
　　　　●ニードルパンチなどに用いる．
　　　　●フェルト敷きのものには使用しない．
　　　ⓑ両面接着テープ張り工法
　　　　●両面接着テープ（50mm幅）を，カーペットの端から10mm内側に張る工法．
　　　　●取りはずしができる．
　　　ⓒ折り込み工法（図19·8）
　　　　●壁面に接する部分を50mm程度折り込み，カーペットの切端を見せないようにする工法．
　　　ⓓグリッパー工法（図19·9）
　　　　逆斜めに多数のくぎが出た木材（グリッパー）を固定しておき，カーペットの端部を引掛けて張り詰める工法．
　　　ⓔくぎ止め工法（図19·10）
　　　　周辺5cmはフェルトを入れず，カーペットを二重に折り込んで上から50mm間隔にくぎ打ちして止める工法．

　（2）中敷き

　　　部屋の周囲をあけて据置く工法．カーペットは固定しない．

　（3）ピース敷き

　　　中敷同様，必要な部分に据置く工法．

e）合成高分子系塗り床

　　コーティング工法と樹脂モルタル工法がある．材料は，塗る箇所によって使い分ける．

　　　・エポキシ樹脂塗床
　　　・ポリウレタン塗床
　　　・ポリエステル塗床
　　　・アクリル樹脂塗床，などがある．

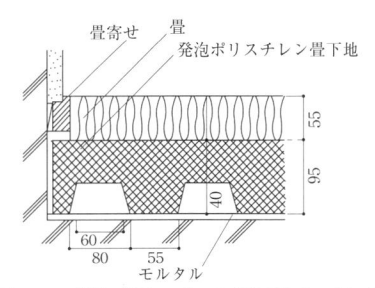

図19・5　発泡ポリスチレン畳下地の工法 *1

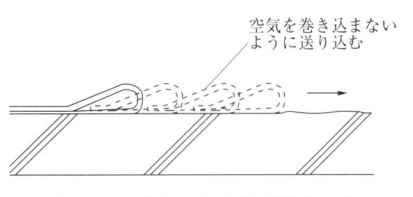

図19・6　床シートの送り込み *1

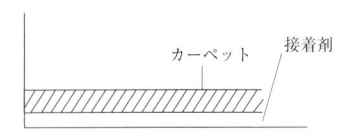

図19・7　接着工法 *1

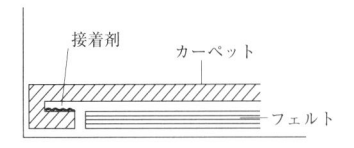

図19・8　折り込み工法 *1

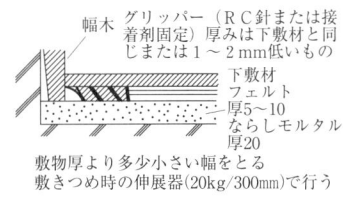

図19・9　グリッパー工法 *1

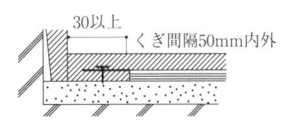

図19・10　くぎ止め工法 *1

表19・5　カーペットの分類

| | | | |
|---|---|---|---|
| パイルカーペット | 敷物カーペット | 手織カーペット | だんつう |
| | | 機械織りカーペット | ウィルトンカーペット，アキスミンスターカーペット |
| | 刺しゅうカーペット | | フックドラグ，タフテッドカーペット |
| | 編物カーペット | | ニットカーペット |
| | 接着カーペット | | 電着カーペット，コードカーペット |
| パイルのないカーペット | 敷物カーペット | 手織カーペット | つづれ織，からみ織 |
| | | 機械織りカーペット | 三笠織，菊水織，平織 |
| | 圧縮カーペット | | ニードルパンチカーペット，毛せん |

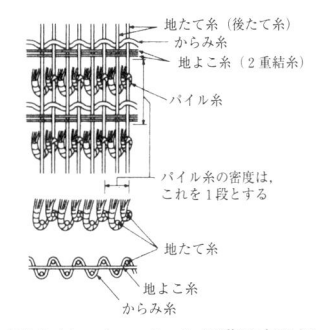

図19・11　カーペットの織り方の例

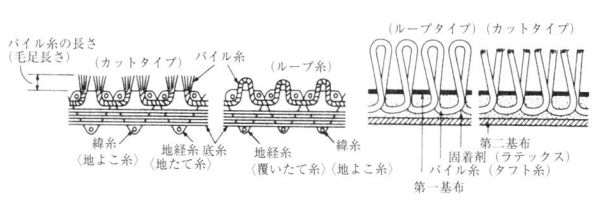

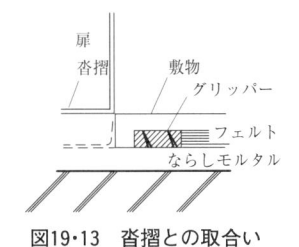

(a) ウィルトンカーペット
(b) タフテッドカーペット
(c) P.V.C（塩化ビニル）バック
(d) 特殊ビチューメンバック

図19・12　パイルの形状

図19・13　沓摺との取合い

(a) ノンスリップのない場合
(b) ノンスリップのある場合

図19・14　階段部分

139

## (2) 壁・天井仕上げ工事

壁・天井の仕上げ材にはボード類・パネル・壁紙等，表19・6に示すような種類がある．

a) 合板，化粧合板，天然銘木化粧合板

合板の表面に化粧板や天然銘木を貼り付けた合板．

b) 繊維板・植物繊維を原料として圧縮加工したもの．

比重により

半硬質 ｝ 湿気を得やすいので雨天時や
軟　質 　 高湿の時は施工をさける．
　　　　インシュレーションボード等，主に断熱材として用いる．

硬　質…比重が大きく，加工性がよい．

表19・6　壁・天井仕上げの種類

| 区分 | | 仕上げの種類 |
|---|---|---|
| 乾式工法 | ボード張り | 合板・化粧合板・練り付け合板 |
| | | 軟質・半硬質・硬質繊維板 |
| | | 木毛セメント板・木片セメント板・パーティクルボード |
| | | ケイ酸カルシウム板 |
| | | せっこうボード |
| | | 岩綿吸音板（天井） |
| | パネル張り | 金属パネル |
| | | サンドイッチパネル（金属・木質） |
| | | ルーバー（天井） |
| | | プラスチックリブパネル（天井） |
| | 壁装 | 布・紙 |
| | | ビニルクロス |

c) パーティクルボード

木材チップに接着剤を吹付け，熱加工したもの．温湿度による伸縮性は少ない．

d) 木毛セメント板

防水・防火の処理した木毛とセメントを混合し，圧縮成形したもの．断熱・遮音性がある．

e) 繊維強化セメント板（無石綿製品）

フレキシブルボード

ケイ酸カルシウム板

波形スレート

防火・断熱・耐久性に優れ軽量で加工性がよい．また，耐水性もあるので水がかり部や湿気の多いところにも用いられる．

f) せっこうボード

壁及び天井の下地材として一般的で種類も表19・8に示すように使用箇所により使い分ける．

木下地に用いる場合，ボード厚の3倍以上のくぎやビスで施工する．

コンクリート下地の場合，だんご状に塗り付けた接着剤にボードを圧着させるGL工法がある（表19・7，図19・17）．

ジョイント部分はテーパーの付いたボードを用いてパテ処理をし，仕上げをする（ドライウォール工法）．

表19・8　せっこうボードの分類

| 種類 | 特徴 | 性能 | 用途 |
|---|---|---|---|
| せっこうボード | 標準品 | 難燃1,2級あり | 塗装，クロス仕上下地 |
| シージングせっこうボード | 両面の原紙と芯のせっこうに防水処理 | 難燃2級，吸水率規定あり | 湿度の高い所の，天井壁下地 |
| 強化せっこうボード | せっこうボードに無機質繊維を混入 | 難燃1級，耐衝撃性規定あり | 防火・耐火構造の構成材料 |
| せっこうラスボード | せっこうボードの表面に凹みを付けたもの | | 塗壁の下地材料 |
| 化粧せっこうボード | せっこうボードの表面を化粧加工（印刷，塗装など）したもの | 難燃1,2級あり，変退色，耐衝撃性規定あり | 天井仕上げ |

（JIS A 6901より）

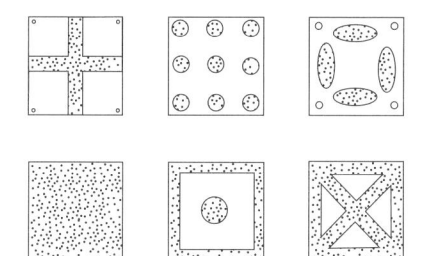

図19・15　接着剤の塗り方

表19・7　GLボード塗り付けピッチ

| 腰 壁 部 | 200～250mm | 床上1.2m以下の部分 |
|---|---|---|
| 腰 壁 上 部 | 250～300mm | 床上1.2m以上の部分 |
| ボード周辺部 | 150～200mm | |

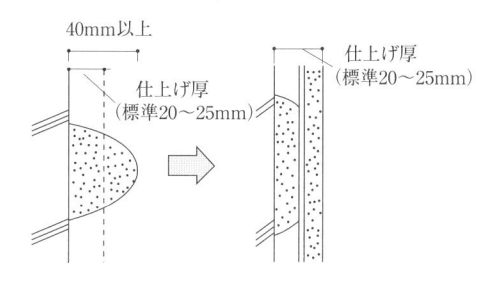

図19・17　接着剤の塗り付け厚と仕上げ厚

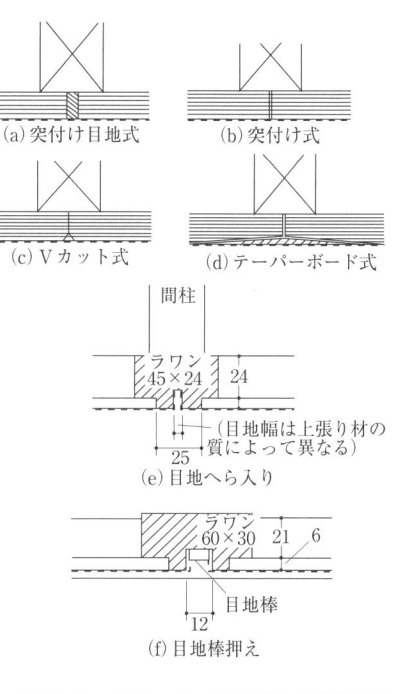

(a) 突付け目地式　(b) 突付け式
(c) Vカット式　(d) テーパーボード式
(e) 目地へら入り
(f) 目地棒押え

図19・16　合板，ボード類下地の継手の例

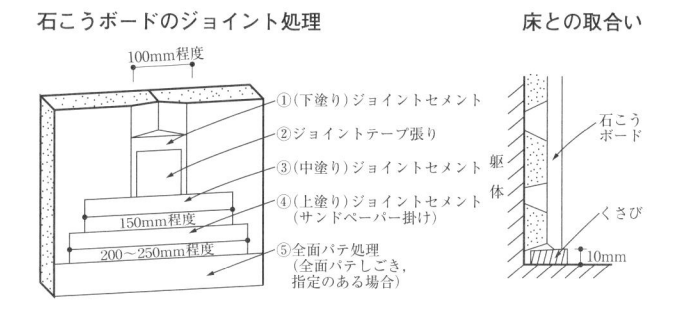

石こうボードのジョイント処理　床との取合い

① (下塗り) ジョイントセメント
② ジョイントテープ張り
③ (中塗り) ジョイントセメント
④ (上塗り) ジョイントセメント (サンドペーパー掛け)
⑤ 全面パテ処理 (全面パテしごき，指定のある場合)

図19・18

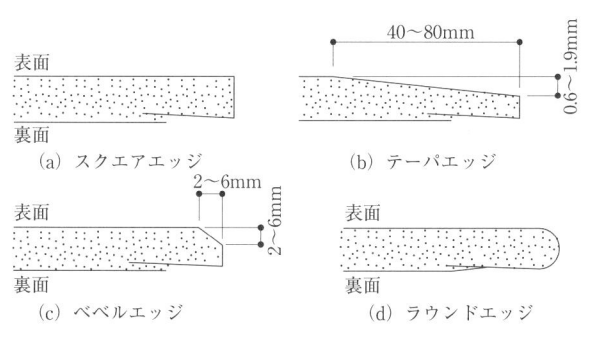

(a) スクエアエッジ
(b) テーパエッジ
(c) ベベルエッジ
(d) ラウンドエッジ

図19・19　せっこうボード断面 (JIS A6901より)

g）ロックウール吸音板（岩綿吸音板）

ロックウールの吸音性を利用して，板状に成形したもので，防火・断熱・吸音にすぐれている．

天井仕上げ材として用いられている．

h）壁装材

布，クロス，ビニルクロス等，分類と特徴は図19・21，表19・9に示す．

施工が容易で養生も比較的簡単である．

i）その他

カーテン・ブラインドの分類は，表19・10, 11, 12に示す．

表19・9 クロスの分類と特徴

| 素材 | 分類 | 特徴 |
|---|---|---|
| 紙 | 加工紙…色紙，プリント紙，エンボス紙<br>紙布…紙製織物<br>和紙…鳥の子紙，ふすま紙 | 通気性がある<br>施工が容易<br>薄手のものは下地の精度が要求される<br>水気，摩擦に弱い |
| 布 | 織物壁紙…平織，綾織，朱子織<br>麻布…ヘンプクロス，ヘシャンクロス，寒冷紗<br>葛布…葛，葦の茎などの織物<br>不織布…植毛壁紙，フェルト | 通気性がある<br>織物特有のテクスチャー<br>端部がほつれやすい<br>汚れが落ちにくい<br>伸縮するため施工に熟練を要する |
| ビニル | 普通ビニル壁紙…エンボス（型押し），プリント<br>発泡ビニル壁紙<br>塩ビチップ壁紙 | 安価で施工性に優れ，広く普及している<br>水洗いができ，汚れが落としやすい<br>印刷，表面成形によって様々なパターンがある<br>通気性に乏しくカビが生えやすい<br>冷たい質感 |
| 無機質 | ガラス繊維壁紙，水酸化アルミ壁紙 | 防火性能に優れる |
| 木質 | 天然木，コルク | 天然素材のもつ柔らかく暖かい質感 |

（日本建築学会「建築材料用教材」より）

## 19・2 断熱工事等

### (1) 断熱工事

無機質系（岩石・金属など）…防火・耐火性がある．

有機質系（合成高分子化合物など）…形状が比較的自由である．

種類は，表19・13に示す．

施工上の注意

- 間仕切壁等の上下部の取合部は，隙間が生じないように気流止めを設ける．
- 外壁に給湯・給水の配管がある場合では，配管の外側に断熱材を設ける．
- 外壁の結露を防ぐため，断熱材の室外側に防風層及び通気層を設け，また室内側に防湿層を設ける．
- 現場発泡のウレタンフォームを施工する場合，吹付けるコンクリートの表面含水率は10％以下とし，気温5℃から35℃の状態で行い，火気・換気などに十分注意して施工する．

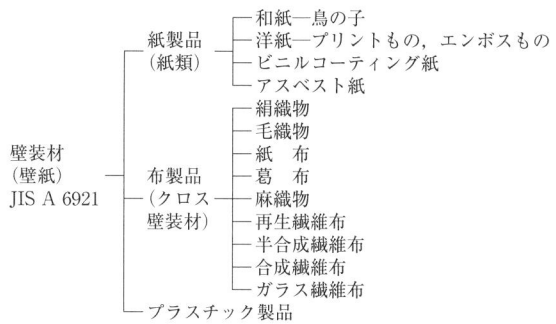

図19・20 壁装材の分類

```
                    ┌ 和紙―鳥の子
         ┌ 紙製品  ├ 洋紙―プリントもの，エンボスもの
         │ (紙類)  ├ ビニルコーティング紙
         │        └ アスベスト紙
         │        ┌ 絹織物
         │        ├ 毛織物
壁装材    │        ├ 紙布
(壁紙)   ┤ 布製品  ├ 葛布
JIS A 6921│(クロス  ├ 麻織物
         │壁装材)  ├ 再生繊維布
         │        ├ 半合成繊維布
         │        ├ 合成繊維布
         │        └ ガラス繊維布
         └ プラスチック製品
```

### 表19・10 形式，操作などによるカーテンの分類

| 形式上の分類 | 操作上の分類 | 機能上の分類 |
|---|---|---|
| ・片引き<br>・引き分け | ・手引き<br>・ひも引き<br>・電動 | ・装飾<br>・遮へい<br>・遮光<br>・防音，吸音<br>・保温，断熱 |

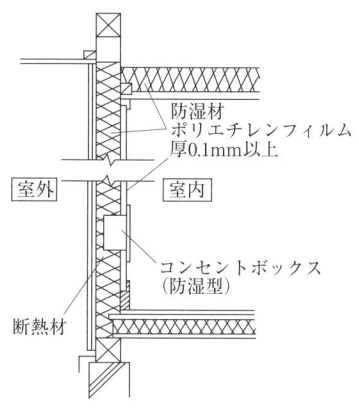

図19・21 施工例（外壁）*1

防湿材 ポリエチレンフィルム 厚0.1mm以上
室外／室内
コンセントボックス（防湿型）
断熱材

### 表19・14 断熱材，防湿材の種類

| 分類 | 材料名 |
|---|---|
| フェルト状断熱材 | グラスウール<br>ロックウール |
| ボード状断熱材 | グラスウール<br>ロックウール<br>インシュレーションボード<br>ポリスチレンフォーム<br>押出発泡ポリスチレン<br>硬質ウレタンフォーム<br>ポリエチレンフォーム |
| ばら状断熱材 | グラスウール<br>ロックウール<br>セルロースファイバー<br>発泡ポリスチレンビーズ |
| 現場発泡断熱材 | 硬質ウレタンフォーム<br>ユリアフォーム |
| 防湿材 | ポリエチレンフィルム（シート）<br>アルミニウムはく |

### 表19・11 カーテンおよびカーテンレールの寸法

| 種類 | 窓の種類 | 幅 | 丈 |
|---|---|---|---|
| カーテン | 腰壁付き窓 | (窓幅)+(左右50～100) | (カーテンレールから窓下端)+(150～300) |
| | テラス窓 | (窓幅)+(左右50～100) | (カーテンレールから床)-20 |
| カーテンレール | | (窓幅)+(左右50～100) | |

（単位：mm）
注　二重カーテンにおいてレースカーテンの丈は，ほかのカーテンより10～20mm短くする．

### 表19・12 ブラインドの種類

| 種類 | 形状 |
|---|---|
| ロールブラインド | 1枚の幕状で，上下開閉のもの |
| ベネシャンブラインド | スラットを水平に取付け，上下開閉のもの |
| 縦形ブラインド | スラットを垂直に取付け，左右開閉のもの |

### 表19・13 断熱材料の種類

| 分類 | 種類 |
|---|---|
| 木質繊維系 | インシュレーションボード<br>硬質繊維板<br>パーティクルボード<br>断熱木毛セメント板<br>木片セメント板 |
| 繊維系断熱材 | グラスウール（ウール）<br>グラスウール保温板<br>ロックウール保温板<br>吹込み用グラスウール<br>セルローズファイバー<br>吹付けロックウール |
| 発泡プラスチック系断熱材 | ビーズ法ポリスチレンフォーム<br>押出法ポリスチレンフォーム<br>硬質ウレタンフォーム<br>吹込み硬質ウレタンフォーム<br>高発泡ポリエチレン<br>フェノールフォーム保温板 |

### 表19・15 断熱材と断熱工法の組合せ

| 断熱工法 | 摘要 | フェルト状断熱材 | ボード状断熱材 | ばら状断熱材 | 現場発泡断熱材 |
|---|---|---|---|---|---|
| 充てん工法 | フェルト状断熱材またはボード状断熱材を，根太や間柱などの下地材の間にはめ込み充てんする工法 | ○ | ○ | | |
| 張り付け工法 | ボード状断熱材を接着剤，ボルト，くぎなどにより壁面などに取付ける工法 | | ○ | | |
| 打込み工法 | ボード状断熱材をあらかじめ型枠に取付けるか，そのものを型枠として用いてコンクリートを打込むことにより取付ける工法 | | ○ | | |
| 吹き込み工法 | ばら状断熱材または現場発泡断熱材を，ホースなどにより吹込む工法，または壁体などの空隙に流し込む工法 | | | ○ | ○ |
| 吹き付け工法 | 現場発泡断熱材またはばら状断熱材を，壁面などに吹付ける工法 | | | ○ | ○ |
| 敷き込み工法 | 屋上の外断熱防水の断熱材，床下断熱の断熱材を敷き込む工法 | | ○ | | |

注1　張り付け工法では，下地材が平滑で十分に接着する場合のみ用いる．
注2　打込み工法では，コンクリートに十分付着する断熱材とする．

## (2) 防音工事

防音工事とは，室の内部で発生した音を室外に漏れないようにするとともに，外部で発生した騒音等を室内に入れないために施す工事であり，遮音材料と，吸音材料とがある（表19·15，表19·16）．

遮音材料：音響透過損失によってその性能を表示し，質量の大きな材料ほど大きくなる．

吸音材料：吸音性能は音の吸音率で表示される．

---

【問題 1】 内装工事に関する次の記述のうち，最も不適当なものはどれか．
1. 石こうボードを壁に直張りする際，その下端をコンクリート床面に接して張り付けた．
2. 壁のビニルクロス仕上げの下地材は，せっこうボードを用い，ステンレス釘打ちとした．
3. 壁の木製下地にせっこうボードを直張りするので，酢酸ビニル樹脂系溶剤形の接着剤を用いた．
4. 1階床の断熱施工に当たっては，床下の地面には防湿措置を講じ，床下には換気口を設けた．
5. 外壁のグラスウール断熱材の屋外側には防風層を設け，防風層の屋外側に厚さ25mmの通気層を設けた．

【問題 2】 木造住宅における内装工事又は断熱工事に関する次の記述のうち，最も不適当なものはどれか．
1. 床にフローリングを釘留めとするとき，下張り用合板を受ける根太の間隔は，300mmとした．
2. 冬期のゴム床シート張りにおいて，採暖して室温を20℃程度に保ちながら施工した．
3. 地下部分の最下階のゴム床タイルの張付けには，合成ゴム系溶剤形接着剤を用いた．
4. グリッパー工法で階段にカーペットを施工する際，ノンスリップを用いないので，けこみに下敷き材を張付けた．
5. 体育館のフローリングボードの特殊張りにおいて，板の割付けは乱張りとし，床の中心から両側に張り分けた．

【問題 3】 地下室のある木造住宅における内装工事・断熱工事に関する次の記述のうち，最も不適当なものはどれか．
1. ニードルパンチカーペットの敷き込みは，グリッパー工法により行なった．
2. 地下室のコンクリート壁は，石こうボードを石こう系接着剤により張り付け，10日間放置して乾燥を確認後，ボード表面を通気性のある材料で仕上げた．
3. 地階のコンクリート床のビニル床タイル張りにおいて，エポキシ樹脂系接着剤を使用した．
4. 外壁内の結露を防ぐために，グラスウール断熱層の室内側を厚さ0.15mmのポリエチレンフィルムで覆った．
5. 屋根面に断熱層を施工したので，断熱層の室内側に通気層を設けた．

【問題 4】 木造住宅における内装工事・断熱工事とその使用材料との組合せとして，最も不適当なものは，次のうちどれか．

| | 内装工事・断熱工事 | 使用材料 |
|---|---|---|
| 1. | 洗面室まわりの壁仕上げの下地 | 普通合板（1類） |
| 2. | 内壁の石こうボードのテーパー部分の継目処理 | ジョイントセメント |
| 3. | 地下部分の最下階のコンクリート床のゴム床タイル張りの接着 | エポキシ樹脂系接着剤 |
| 4. | 外壁のグラスウール断熱材施工部分の防湿 | 農業用ポリエチレンフィルム（0.1mm厚） |
| 5. | 布基礎コンクリートの断熱（打込み工法） | フェルト状断熱材 |

**表19・16 遮音材料の種類** *1

| 材料構造 | | 製品 |
|---|---|---|
| 一重構造 | 単一板 | 鉄板，アルミ板，合板，せっこうボード，石綿セメント板，フレキシブルボード，板ガラス |
| | 単一壁 | 鉄筋コンクリート コンクリートブロック |
| 複合構造 | 積層板 | 中空層サンドイッチ 多孔質系サンドイッチ 発泡材系サンドイッチ |
| | サンドイッチ板 | |
| すき間処理 | パッキング | 軟質材料 |
| 多重構造 | 現場施工 | 鉄筋コンクリート コンクリートブロック 塗り壁 二重壁 |
| 建具類 | サッシ・ドア | 防音サッシ 防音ドア 防音窓戸数 |

**表19・17 吸音材料の種類** *1

| 材料構造 | | 製品 |
|---|---|---|
| 多孔質材料 | 繊維を一定の厚さにしたもので，多数の小さな空隙をもつ | ロックウール グラスウール 吹付け繊維 木毛セメント板 繊維類 |
| 軟質成型板材料 | 繊維を原料として板状に成型したもので，多数の空隙をもつ | 軟質繊維板 ロックウール吸音板 |
| 穴あき板材料 | 硬質の板に多数の穴を貫通させたもので，穴と背後の空気層で構成 | 穴あき合板 穴あきせっこうボード 穴あき石綿セメント板 穴あきアルミニウム板 |
| 柔軟材料 | 発泡させた弾性のあるもので，多数の気泡で構成 | 軟質ウレタンフォーム |
| 板(膜)状材料 | 硬質の板または膜状で，材料は空隙はほとんどないもので，背後の空気層とで構成 | 合板 せっこうボード 石綿セメント板 ビニールシート |

**表19・18 吸音材料の分類（吸音構造による）**

| 構造 | 材料 |
|---|---|
| 多孔質形 | ロックウール，グラスウール，木毛セメント板，木片セメント板，軽量コンクリートブロック，フェルト，ひる石プラスター，軟質ウレタンフォーム，織物，カーテン，じゅうたん，植毛製品，軟質繊維板，ロックウール吸音板 |
| 振動板形 | 合板，せっこうボード，石綿セメント板，ハードボード，パーティクルボード |
| 共鳴形 | 孔あき合板，孔あきせっこうボード，孔あき石綿セメント板，孔あきハードボード，孔あきアルミニウム板，孔あきケイ酸カルシウム板 |

# 20 設備工事

## 20・1 給排水衛生設備工事

配管材料（表20・2）

　①給水用鋳鉄管……………水道本管や敷地内埋設管に使われる．
　　耐食性・耐水性・強度はあるが重い．
　②亜鉛めっき鋼管……………酸に弱い．
　　配管用炭素鋼鋼管（黒ガス管：SGP）に亜鉛めっき処理したもので白ガス管という．
　③硬質塩化ビニルライニング鋼管…給湯管・排水管には使用しない．
　　黒ガス管に塩化ビニルを内張した鋼管．
　　強度・耐食性・耐久性にすぐれているが熱に弱い．
　④ステンレス鋼鋼管…………給水・給湯及び冷暖房用温水配管にも用いられる．
　　耐食性・耐久性にすぐれている．
　⑤鉛　　管………………給湯管には使用しない．
　　耐食性・耐久性にすぐれ，柔軟であり，施工性がよい．
　　酸に強いがアルカリに弱い．
　⑥銅　　管………………給水・給湯及び冷暖房用配管にも用いられる．
　⑦硬質塩化ビニル管…………給湯管には使用しない．
　　耐食性が大きく，施工性がよいが，熱に弱い．
　⑧耐熱性硬質塩化ビニル管…給湯管に使用する．

### (1) 給水

　①給水管の地中埋設深さは
　　一般敷地では土かぶり　　300mm以上
　　車両道路では　　　　　　750mm以上（600mm以上　公道における浅層埋設基準）
　　寒冷地では　　　　　　　凍結深度以上
　②給水管と排水管を平行して埋設する場合，
　　水平間隔は500mm以上．
　　給水管を上方に，排水管は下方に埋設．
　　交差する場合もこれに準ずる．
　③給水横走り管
　　上向き給水（直結）の場合は，先上り勾配（図20・2）．
　　下向き給水（高架タンク）の場合は，先下り勾配（図20・3）．

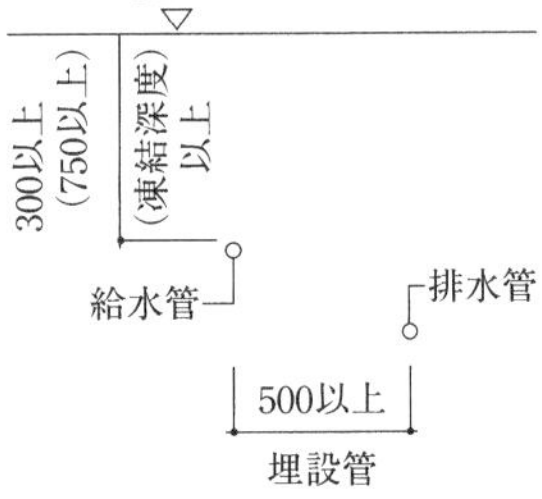

図20・1　埋設管の位置

　④電気室・エレベーター機械室・エレベーターピット・シャフト内に配管してはならない．
　⑤給湯管は，管中に空気だまりができないように配管し支持するときは，石綿などの保護材を使用して固定する．
　⑥配管に漏水が生じた場合は速やかに取替え修理を行い，シーリング材による修理としてはいけない．

### 表20・1 給水・給湯設備工事の要点 *1

① 配管材料の選定は，使用目的に応じて，無害性，耐食性，耐衝撃性，施工性，経済性，遮音性，耐火性などを考慮して行う．
② 給水配管の結露によって発錆や内装材を汚すおそれがある場合には，断熱材で配管を被覆してこれを防止する（防露工事）．
③ 給水配管の凍結によって配管材や機器などの破損のおそれがある場合には，一般に断熱材でこれを保護する（凍結防止）．
④ 給湯配管からの熱損失を防ぐ目的で，グラスウールなどを使用して保温被覆を行う．
⑤ 給水を急に閉止すると，配管内の水圧が瞬間的に上昇した衝撃で，配管や器具を破損させることがある．これを水撃作用（ウォーターハンマー）という．
⑥ 給水配管に漏れを認めた場合には，速やかな取替え修理が必要である．給水管内の水圧は，曜日や時間帯によって常に変動しており，シーリング材等による簡易な処置では，水圧上昇時に思わぬ大事故を誘発する恐れがある．

### 表20・2 給水・給湯・排水配管の管材料使用区分 *1

| 種類 | 名称 | 蒸気 | 高温水 | 冷温水 | 冷却水 | 冷媒 | 油 | 給水 | 給湯 | 排水 | 通気 | 消火 | ガス |
|---|---|---|---|---|---|---|---|---|---|---|---|---|---|
| 鋼管 | 水道用亜鉛めっき鋼管 | | | | ○ | | | ○ | | ○ | ○ | ○ | |
| | 水道用塗覆装鋼管 | | | | | | | ○ | | | | | |
| | 配管用炭素鋼鋼管 | ○¹ | ○ | ○ | ○ | ○¹ | ○¹ | | | ○ | ○ | ○ | ○ |
| | 圧力配管用炭素鋼鋼管 | ○¹ | ○² | ○ | ○ | ○¹ | ○¹ | | | | | ○ | ○ |
| | 高圧配管用炭素鋼鋼管 | ○ | | | | | ○ | | | | | | |
| | 配管用アーク溶接炭素鋼鋼管 | | | | | | | | | ○ | | ○ | ○³ |
| | 一般配管用ステンレス鋼管 | | | ○ | ○ | | | ○ | ○ | | | | |
| | 配管用ステンレス鋼管 | | ○ | ○ | | ○ | | | ○ | | | | |
| | 水道用ステンレス鋼管 | | | | | | | ○ | | | | | |
| | 水道用硬質塩ビライニング鋼 | | | | | | | ○ | | | | | |
| | 水道用ポリエチレン粉体ライニング鋼管 4 | | | | | | | ○ | | | | | |
| | 水道用エポキシ樹脂粉体内外面コーティング鋼管 | | | | | | | ○ | | | | | |
| | フランジ付硬質塩ビライニング鋼管 | | | | | | | ○ | | | | | |
| | 排水タールエポキシ塗装鋼管 | | | | | | | | | ○ | ○ | | |
| | 水道用ポリエチレン粉体ライニング鋼管(外面1層ポリエチレン被覆) 5 | | | | | | | ○ | | | | | |
| | 水道用内外面硬質塩ビライニング鋼管 | | | | | | | ○ | | | | | |
| | ARFAコーティング鋼管 | | | | | | | ○ | | | | | |
| | ナイロン12被覆鋼管 | | | | | | | | | | | | ○ |
| | ポリエチレン被覆鋼管 | | | | | | | | | | | | ○ |
| | 塩ビ被覆鋼管 | | | | | | | | | | | | ○ |
| | ステンレス製フレキシブル管 | | | | | | | | | | | | ○ |
| | 排水用塩ビライニング鋼管 | | | | | | | | | ○ | | | |
| | 耐熱塩ビライニング鋼管 | | | | | | | | ○ | | | | |
| 鋳鉄管 | 排水用鋳鉄管 6 | | | | | | | | | ○ | ○ | | |
| | ダクタイル鋳鉄管 | | | | ○ | | | | | | | ○ | ○ |
| | 水道用ダクタイル鋳鉄管 | | | | | | | ○ | | | | | |
| | メカニカル形排水用鋳鉄管 | | | | | | | | | ○ | ○ | | |
| | 下水道用ダクタイル鋳鉄管 | | | | | | | | | ○ | | | |
| 合成樹脂管 | 硬質塩化ビニル管 7 | | | ○ | | | | | | | | | |
| | 水道用硬質塩化ビニル管 | | | | | | | ○ | | | | | |
| | 水道用ポリエチレン管 | | | | | | | ○ | | | | | |
| | 耐熱性硬質塩化ビニル管 | | | | ○ | | | | ○ | | | | |
| | 強化プラスチック複合管 8 | | | ○ | | | | | | | | | |
| | 水道用耐衝撃性硬質塩ビ管 | | | | ○ | | | | | | | | |
| | ガス用ポリエチレン管 | | | | | | | | | | | | ○ |
| | 架橋ポリエチレン管 | | | | | | | ○ | ○ | | | | |
| | 下水道用硬質塩ビ管 9 | | | | | | | | | ○ | | | |
| | 下水道用強化プラスチック複合管 10 | | | | | | | | | ○ | | | |
| | 下水道用硬質塩ビ卵形管 11 | | | | | | | | | ○ | | | |
| 鉛管 | 鉛管 | | | | | | | | | ○ | ○ | | |
| | 水道用鉛管 | | | | ○ | | | ○ | | | | | |
| | 排水・通気用鉛管 | | | | | | | | | ○ | ○ | | |
| 銅管 | 銅及び銅合金継目無管 12 | | | ○ | | | | ○ | ○ | | | | |
| | 水道用銅管 | | | | | | | ○ | | | | | |
| | 銅管 13 | | | | | | | | ○ | | | | |
| | 耐火二層管 | | | | | | | | | ○ | | | |
| コンクリート管 | 鉄筋コンクリート管 | | | | | | | | | ○ | | | |
| | 遠心力鉄筋コンクリート管 14 | | | | | | | | | ○ | | | |
| | コア式プレストレストコンクリート管 | | | | | | | | | ○ | | | |
| | 下水道用鉄筋コンクリート管 | | | | | | | | | ○ | | | |
| 陶管 | 陶管 | | | | | | | | | ○ | | | |
| | 下水道用事陶製卵形管 | | | | | | | | | ○ | | | |

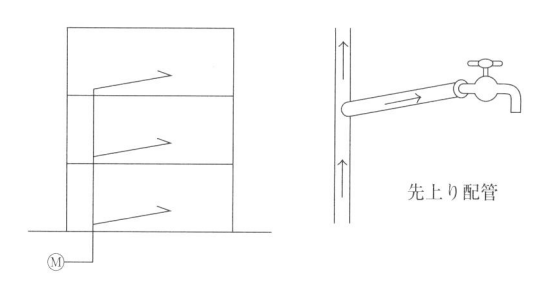

備考：○¹：黒管　○²：スケジュール10　○³：都市ガスのみ
4：SGP-PA（一般配管用）　5：SGP-PD（地中配管用）
6：1，2種　7：VP　8：HIVP　9：外圧管
10：外圧管　11：外圧管VP　12：C1220KLM　13：N（肉薄）
14：ヒューム管

図20・2　上向き給水管方式

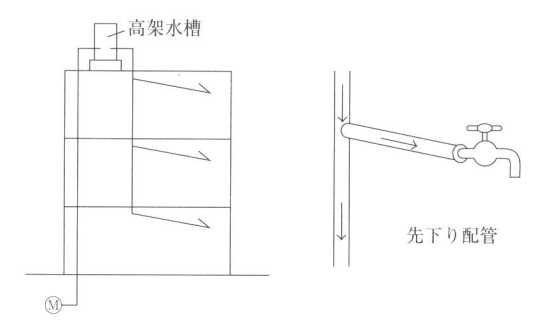

図20・3　下向き給水管方式

### 表20・3　各種器具の給水接続管径

| 器具種類 | 接続管口径（A） |
|---|---|
| 大便器 | 25 |
| 小便器 | 20 |
| 手洗・洗面 | 15 |
| 流し | 15・20 |
| 洋風浴槽 | 20 |
| シャワー | 15〜20 |

## (2) 排水

①トラップ：排水管の悪臭や害虫の逆流を途中の封水によって防ぐ装置（図20・5）．
- 封水とは，たまり水のことで，封水深さは5～10cm程度とする（図20・4）．

a) ドラムトラップ：厨房流しに用いる．
トラップ機能とともにスクリーンなどによる厨芥の阻集機能をもつ．

b) Sトラップ：洗面器・手洗器流し類に取付ける．
Pトラップ　雑排水用に用いる．

c) わんトラップ：浴室の洗い場の床排水用．（ベルトラップ）

d) Uトラップ：雨水横枝管に用いる．

e) ヘアトラップ：理髪店の洗髪器の排水用．（ヘア阻集器）
毛髪・美顔用粘土・布くずなどを有効に分離できる構造．

② ま　す：排水管の会合点や屈曲点に設ける．水あか・泥などが詰まるのを防止し，流れをスムーズにし，配管の掃除口となる．設置箇所は，
- 排水管の起点．
- 排水管の45°を越える屈曲点および会合点（図20・6）．
- 排水管の内径の120倍以内から管の清掃上適切な箇所（図20・6）．
- 排水管の勾配が著しく変化する箇所（図20・7）．
- 排水横主管と敷地排水管との接続箇所．

a) インバートます：汚水用ますで，半円形の溝が底に設けてあり，排水を誘導し，流れをスムーズにする（図20・8）．

b) た　め　ま　す：雨水・雑排水用で，深さ15cm以上の泥だめを設け，ごみ・泥等が配管に詰まるのを防ぐ（図20・9）．

③ 排　水　管：適切な勾配が必要（表20・4）で，器具により，最小管径が定められている（表20・5）．管径が太いものほど勾配は緩くし，細いものほど急勾配とする．
- 雨水排水立管は，汚水排水管，通気管と接続させない．
- 器具排水管などを排水管へ合流させる場合，45°以内で接続する．
- 二重トラップとしてはならない．
- 埋設深さは凍結深さ以下とする．
- エレベーターの昇降路内に配管してはならない．
- 通気管の末端は窓などの換気用開口部から水平距離3m以上離す．または開口部の上部60cm以上立ち上げるようにする．
- 通気枝管は通気立管に向って上り勾配とする．

## 20・2　その他の設備工事

### (1) 空調換気設備

- 機械換気（図20・10）

第1種換気：給気・排気とも機械．無窓居室・実験室・厨房など．
第2種換気：給気は機械，排気は自然排気．汚染した空気の侵入を嫌う室．
第3種換気：給気は自然給気，排気は機械．便所・浴室・台所など．

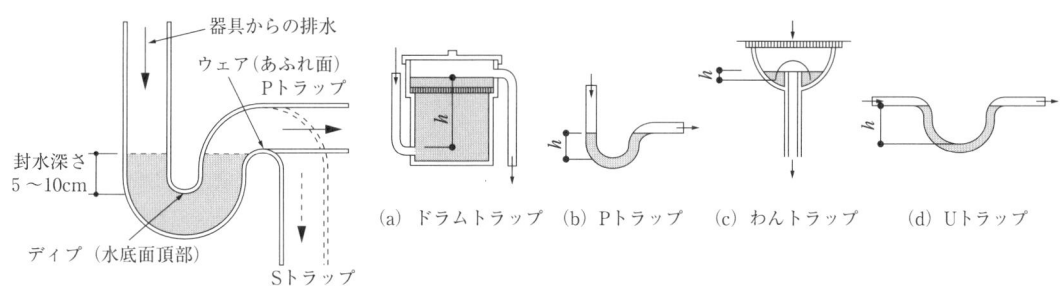

図20・4 トラップの封水深さ ＊5

(a) ドラムトラップ　(b) Pトラップ　(c) わんトラップ　(d) Uトラップ

図20・5 トラップの種類 ＊5

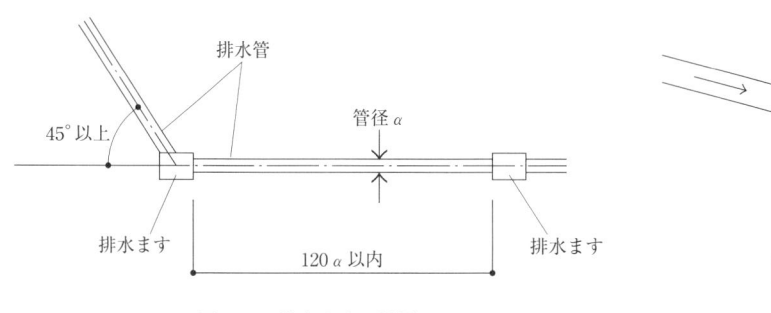

図20・6 排水ますの設置

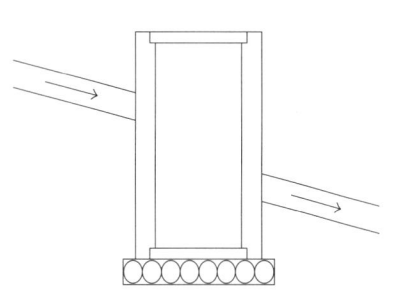

図20・7

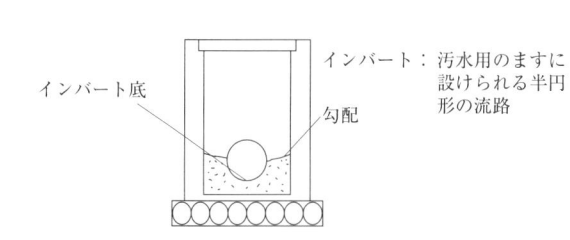

図20・8 インバートます

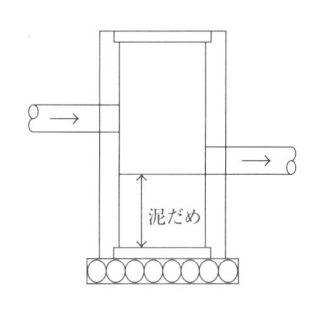

インバート：汚水用のますに設けられる半円形の流路

図20・9 ためます

表20・4 排水横管の最小勾配

| 管　径（mm） | 勾　　配 |
|---|---|
| 65以下 | 1/50以上 |
| 75・100 | 1/100以上 |
| 125 | 1/150以上 |
| 150以上 | 1/200以上 |

表20・5 排水管の管径

| 器具の種類 | 排水管最小管径（mm） |
|---|---|
| 大便器 | 75 |
| 小便器 | 40または50 |
| 洗面器 | 32 |
| 浴槽 | 40 |
| シャワー | 50 |
| 掃除流し | 65 |
| 洗タク・厨房流し | 40 |
| 床排水 | 50 |

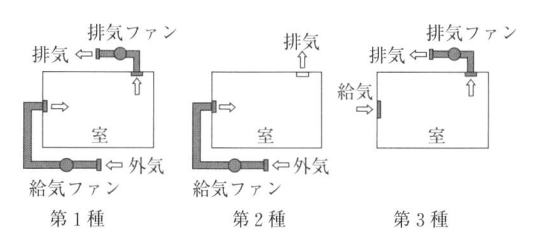

図20・10 機械換気の種類 ＊1

- 防火区画を貫通するダクトは，防火ダンパーを取付け，そのまわりの隙間にはモルタルやロックウールなどの耐火材をつめる．

### (2) その他の設備

- 電気配管のコンジットチューブ（金属配線管）は，コンクリート中の埋設配管で工事に際しては鉄筋工事の配筋作業と併行して行う．
- 誘導灯の常用電源は，分電盤からの専用回線で配線する．
- ガス埋設管は，一般で300mm，車両通行部で600mm以上とする．
- ガス管と電線管は15cm以上離して設置する（図20・11）．
- ガス漏れ探知機の取付け位置（図20・12）．
   都市ガス：天井面またはそれより30cm以内．プロパンガス（LPG）：床上30cm以内．
- 自動火災報知器は天井面またはそれより30cm以内（図20・12）．
- 浄化槽の漏水検査は満水して24時間以上漏水しないことを確認する．
- 建築物の内部に給水タンクを設ける場合，6面点検が可能なように設置（図20・13）．
- ユニットバスの据付工事に際しては，床防水の施工は不要．また床上排水管，給水管立上がり位置は十分検討しておく．

## 20・3　建築と設備の関連

### (1) はり貫通配管・ダクト

　　配管やダクトのはり貫通は構造体の強度に影響するので原則的には避ける．やむを得ない場合は構造設計者と打合せの上，支障のない範囲で行う（図20・14）．

### (2) 天井下地の開口部補強

　　埋込型の照明器具や空調器具など天井に取付ける場合，天井下地材を切断して開口部を設け，補強を行う必要がある（図20・15）．

---

【問題　1】　設備工事に関する次の記述のうち，最も不適当なものはどれか．
1. 雨水排水の立て管の途中に，通気管を連結した．
2. 洗たく機の排水管と床排水口の間には，所要の排水口空間を確保した．
3. 排水管は，建設地域の凍結深度より深く埋設した．
4. 排水横走り管は，細いものほど急勾配にした．
5. 台所の流しの排水口にトラップ付の阻集器が付属していたので，排水経路には，トラップを設けなかった．

【問題　2】　設備工事に関する次の記述のうち，最も不適当なものはどれか．
1. 阻集器を兼ねる排水トラップを，封水深が5cmとなるように設けた．
2. 洗浄弁型の大便器の給水管の径を25mmとした．
3. 給水管と排水管が地中で交差するので，給水管を排水管の下方に50cm以上離して埋設した．
4. 排水設備の通気管末端の開口部は，換気口に接近していたので，換気口の上部より60cm立ち上げた．
5. ガス管と電線管との間を15cm以上離して配管した．

【問題　3】　設備工事に関する次の記述のうち，最も不適当なものはどれか．
1. 排水管には，硬質塩化ビニル管を使用した．
2. 屋内配線は，ガス管と接触しないように離して配線した．
3. 合流式排水横主管に接続する雨水横枝管には，Uトラップを使用した．
4. 排水トラップは，封水深が50mm以上100mm以下となるように設けた．
5. 排水立て管をエレベーターシャフト内に設け，防露措置を施した．

【問題　4】　設備工事に関する次の記述のうち，最も不適当なものはどれか．
1. 雨水排水のためますには，深さ20cmの泥だめを設けた．
2. 雨水横枝管には，Uトラップを使用した．
3. 寒冷地以外の一般敷地内において，給水管の地中埋設深さは，土かぶりを30cmとした．
4. 排水管を地中の給水管の直下に埋設する場合，両配管の間隔を500mmとした．
5. LPガス（プロパンガス）のガス漏れ警報設備の検知器の上端は，床面から上方40cmの位置に取り付けた．

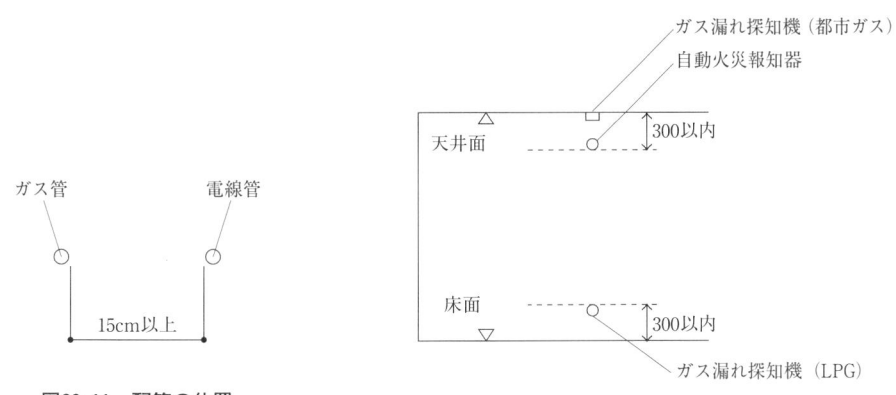

図20・11 配管の位置

図20・12 自動火災報知器等の取付け位置 (mm)

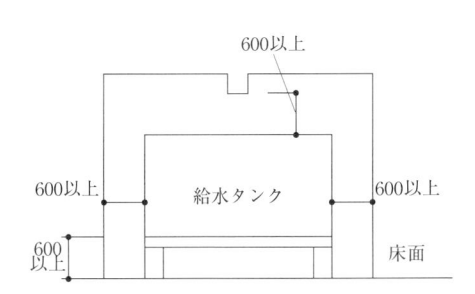

図20・13 給水タンクの点検スペース (mm)

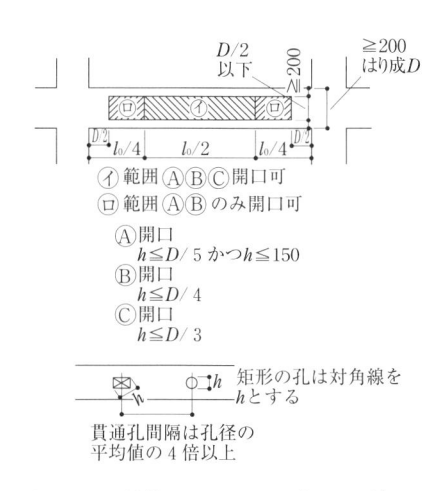

図20・14 鉄筋コンクリートばりの貫通 *1

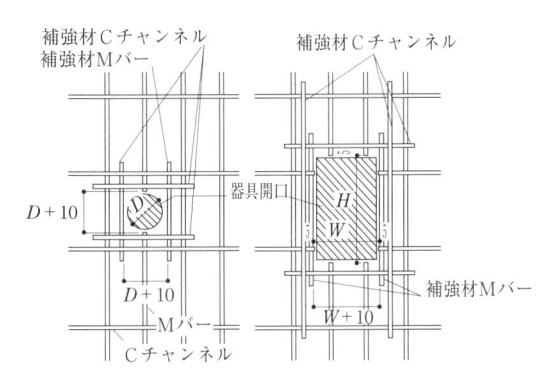

図20・15 天井下地の開口と補強例 *1

# 21　各種工事・総合（屋根工事・金属工事）

## 21・1　屋根工事

勾配屋根と陸屋根に大きく分けられる．

勾配屋根には，図21・1に示すような形状がある．

屋根材料により，屋根勾配が定められている（表21・1）．

屋根の形状が複雑になればなるほど，雨漏りの原因になりやすいため単純な方が好ましい．

　　下葺き：屋根葺きの下地にアスファルトルーフィング（フエルト）を，幅方向（流れ方向）は100mm以上，長手方向は200mm以上重ねて，軒先から棟へ敷き上げていく．

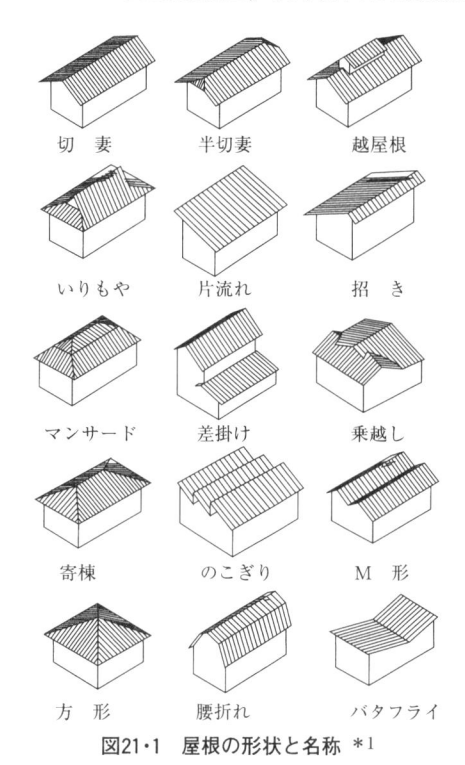

図21・1　屋根の形状と名称 ＊1

（切妻，半切妻，越屋根，いりもや，片流れ，招き，マンサード，差掛け，乗越し，寄棟，のこぎり，M形，方形，腰折れ，バタフライ）

表21・1　屋根葺き材料と勾配

| 屋根材料 | 寸法勾配 | 分数勾配 |
|---|---|---|
| 陸屋根（アスファルト防水など） | 1分～2分 | 1/100～1/50 |
| 長尺折板 | 1寸～2寸 | 1/10～2/10 |
| 瓦棒葺き長尺板 | 1寸～2寸 | 1/10～2/10 |
| 平板葺き金属板 | 3寸～ | 3/10～ |
| ひわだ・こけら板 | 3寸～ | 3/10～ |
| 波形石綿スレート | 3寸～ | 3/10～ |
| 波形亜鉛鉄板 | 3寸5分～ | 3.5/10～ |
| 厚形スレート | 3寸～4寸 | 3/10～4/10 |
| 焼成粘土瓦 | 4寸～5寸 | 4/10～5/10 |
| 草 | 6寸～かね | 6/10～10/10 |

注　屋根勾配は，流れ長さによって変化する．また，葺き足と重ねの関係によっても変化する．

### (1) 瓦葺き

屋根勾配は，4/10以上必要である．

a) 本瓦葺き（図21・3）

　　平瓦と丸瓦を交互に並べて葺く，日本古来の伝統的な葺き方である．

b) 土葺き（図21・4）

　　土留め桟を打ち，葺き土を置き，瓦と下地のなじみをよくし，ずれを防ぐため銅線で野地に止める方法．

c) 引掛桟瓦葺き（図21・5）

　　現在もっとも広く用いられている．

d) 洋形粘土瓦葺き（図21・6）

　　フランス・スペイン・S形などの種類があり，葺き方は和形の瓦と同様である．

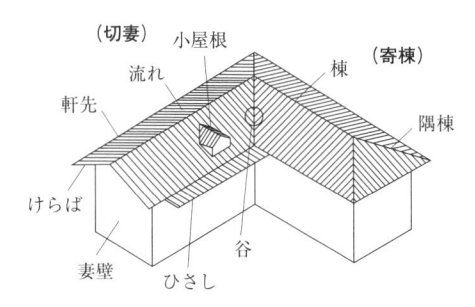

図21・2 勾配屋根の各部の名称 *1

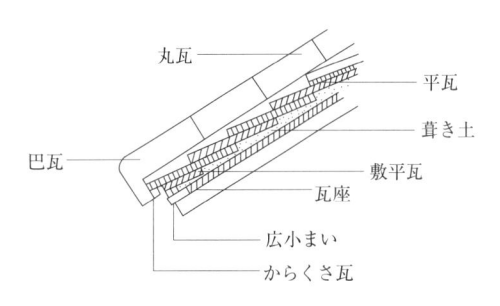

図21・3 本瓦葺き

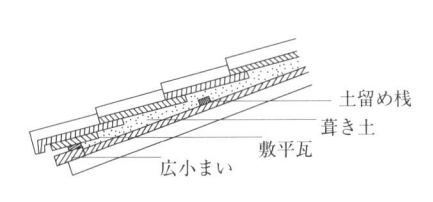

図21・4 土葺き *1

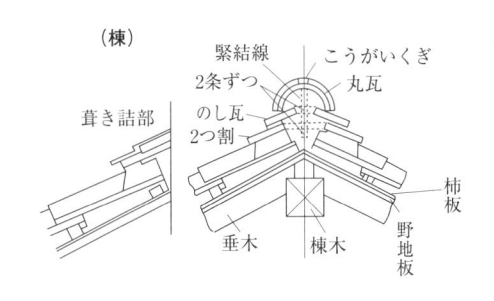

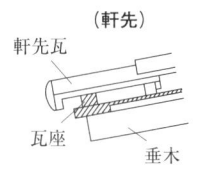

図21・5 引掛桟瓦葺き *1

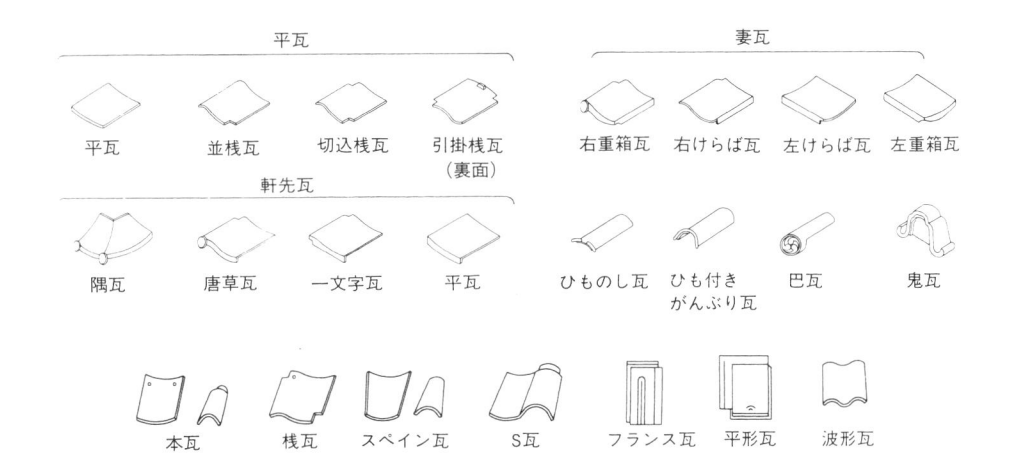

図21・6 瓦葺の形 （日本建築学会「構造用教材」より）

### (2) 金属板葺き

長尺瓦棒葺き・平葺き・折版葺きなどがある．

a）長尺瓦棒葺き（図21・7）

瓦棒の間隔は400〜450mm程度であり，心木の有無・取付け金物の種類などによっていろいろな工法がある．

b）平板葺き（図21・8）

大きな屋根に用いると雨漏りのおそれもあるため，ひさしなど小規模な屋根葺きに適している．はぜ継ぎ等は，図21・10に示す．

はぜは毛細管現象による雨水の浸入を少なくするため，締め付け過ぎないようにする．

c）長尺折版葺き（図21・11）

鉄骨造の工場や倉庫で母屋間隔，最大7m程度まで可能であり，建物の軽量化，工期短縮，コスト削減などに利点がある．

### (3) スレート葺き（図21・12）

波型石綿スレート葺きが一般的であり，長尺折版葺きと同様，工場や倉庫で用いられる．
重ね寸法は通常150mm以上とする．

### (4) 樋工事

谷樋・軒樋・縦樋等があり，図21・13に示す．

樋の主要材料は表21・2に示す．

谷樋（図21・14，図21・15）

　勾配は1/100以上とし，できるかぎり長尺ものとし，現場継手は少なくする．

軒樋（図21・13）

　勾配は1/150程度．軒端金物の間隔は1.0m（多雪地域0.5m）

縦樋

　取付け金物の間隔は，配管用鋼管及び硬質ポリ塩化ビニル管 2.0m程度

　表面処理鋼板及び硬質塩化ビニル雨樋 1.2m以下

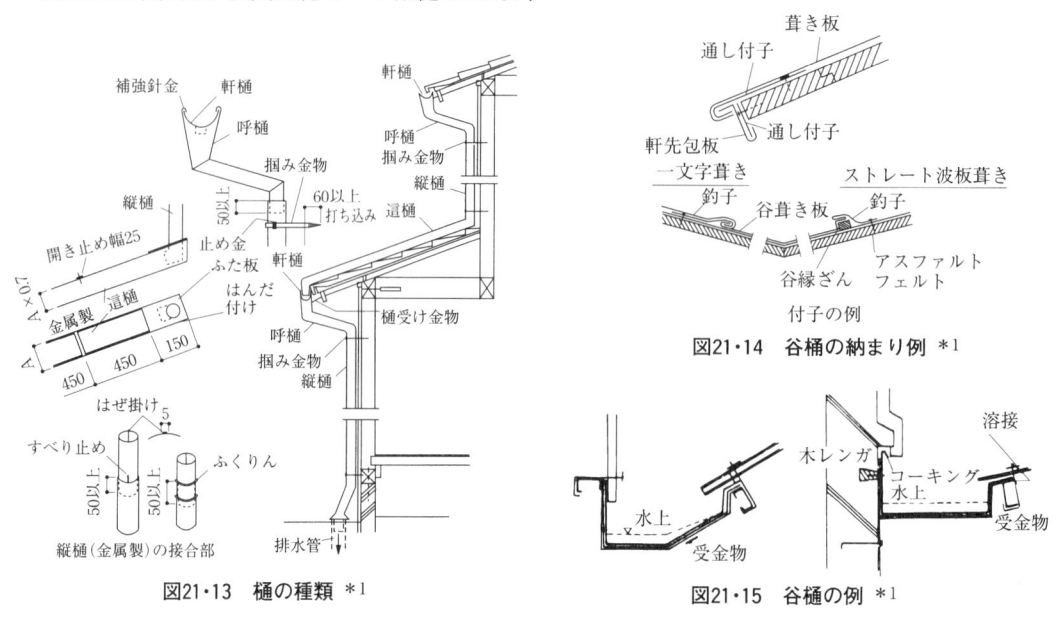

図21・13　樋の種類 *1

図21・14　谷樋の納まり例 *1

図21・15　谷樋の例 *1

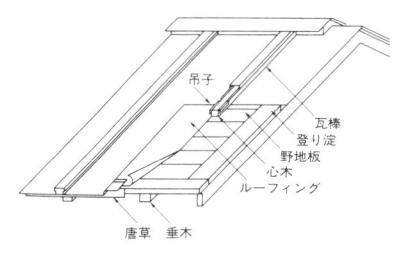

(a) 長尺金属板瓦棒葺き（心木あり） 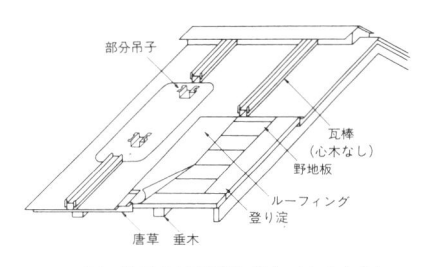　　(b) 長尺金属板瓦棒葺き（心木なし）

図21・7　瓦棒葺きの例

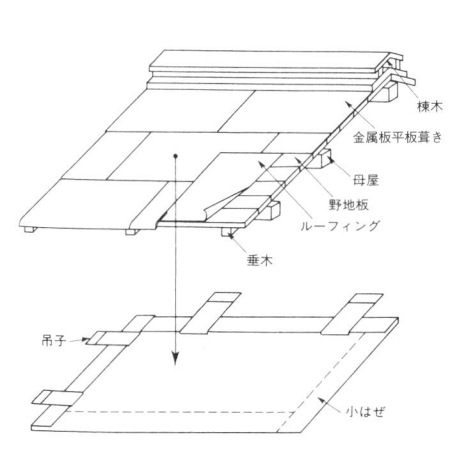

図21・8　金属板平板葺きの例

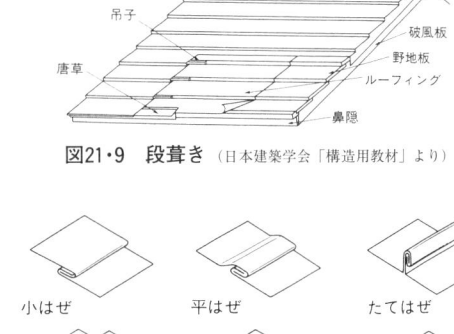

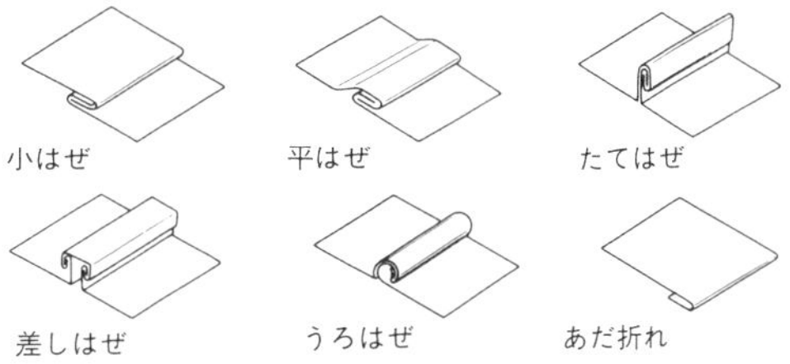

図21・9　段葺き（日本建築学会「構造用教材」より）

図21・10　はぜの種類（日本建築学会「構造用教材」より）

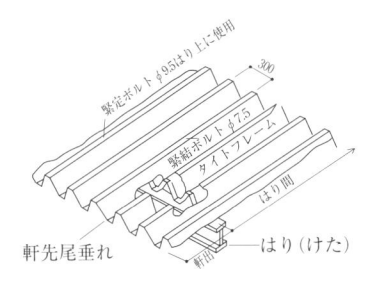

図21・11　長尺折版葺きの例

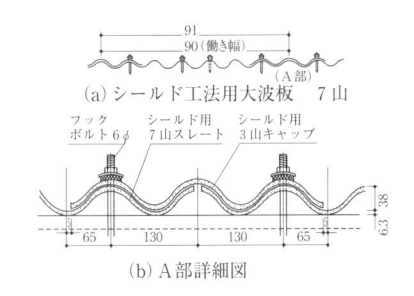

図21・12　波型石綿スレート葺き

表21・2　樋の主要材料

| | 材　料 | 規　格 |
|---|---|---|
| 金属板 | 亜　鉛　鉄　板 | JIS G 3302（溶融亜鉛めっき鋼板及び鋼帯） |
| | 着色亜鉛鉄板 | JIS G 3312（塗装溶融亜鉛めっき鋼板及び鋼帯） |
| | 塩化ビニル樹脂金属積層板 | JIS K 6744（ポリ塩化ビニル金属積層板） |
| | ステンレス鋼板 | JIS G 4305（冷間圧延ステンレス鋼帯）<br>JIS G 4307（冷間ステンレス鋼板） |
| | 銅　　　　　　　板 | JIS H 3100（銅及び銅合金板及び条） |
| | アスファルト又は樹脂被覆鋼板 | 製造業者の規格 |
| 管類 | 配管用鋼管 | JIS G 3452（配管用炭素鋼鋼管）亜鉛めっき品<br>JIS B 2303（ねじ込み式排水管継手）亜鉛めっき品 |
| | 硬質塩化ビニル管 | JIS K 6471（硬質塩化ビニル管） |
| その他 | 硬質塩化ビニル雨樋 | JIS A 5706（硬質塩化ビニル雨樋） |

## 21・2　金属工事

下地や仕上材で，金属を用いて行う工事．

鋼板の種類は，表21・3に示す．

くぎは，使用箇所・使用目的に応じて使いわける（図21・18，21・19）．

### (1) 軽量鉄骨間仕切下地（図21・16）

スタッドが50型・65型・90型・100型とある．

スタッドの間隔は，450mm程度とする．

### (2) 軽量鉄骨天井下地（図21・17）

野縁は，屋外25型，屋内19型とする．

野縁の間隔は，仕上材の寸法による．300mm程度とするが，仕上材が450mmの場合は450mm程度とする．

---

【問題　1】目地に関する次の記述のうち，最も不適当なものはどれか．
1．厚さ5cmの屋上の防水押さえコンクリート層の伸縮目地の深さを，2cmとした．
2．打放しコンクリートの打継ぎ部分に水平目地を設け，シーリング処理をした．
3．内壁の大理石張り部分の目地をねむり目地とした．
4．タイル張り外壁面に，コンクリート躯体に達する伸縮目地を設けた．
5．目地なしの塗装仕上げとするために，テーパーエッジの石こうボードを用いた．

【問題　2】各種工事に関する次の記述のうち，最も不適当なものはどれか．
1．壁の張り石工事において，大理石の引き金はステンレス製のものを用いた．
2．左官工事において，セメントモルタル塗りの中塗りについては，一般部分に先だって，隅，角などの形を決めるために，定規塗りを行った．
3．塗装工事において，合成樹脂エマルションペイントは，下塗りの塗膜を十分に乾燥させてから塗り重ねた．
4．内装工事において，ビニル床シートの貼付けは，シートの搬入後，直ちに室の寸法に合わせて切断して貼り付けた．
5．設備工事において，排水横走り管は，関係が細いものほど急な勾配にした．

【問題　3】屋根工事に関する次の記述のうち，最も不適当なものはどれか．
1．和形粘土瓦葺の軒瓦及び袖瓦は，風圧を考慮して，一枚ごとに釘打ちとした．
2．和形粘土瓦葺の谷どいは，屋根の勾配や集水面積を考慮して，谷の有効幅を450mmとした．
3．スレート波板葺のスレートの重ね幅は，縦方向100mm，横方向1.5山とした．
4．長尺金属板葺の下地に使用するアスファルトルーフィングの重ね幅は，シートの長手方向200mm，幅方向100mmとした．
5．亜鉛鉄板一文字葺のこはぜの折り返し幅は，15mmとした．

【問題　4】工場生産された建築部材の取り付け等に関する次の記述のうち，最も不適当なものはどれか．
1．ユニットバスは，防水措置をしていない床に据え付けた．
2．電子計算機室のフリーアクセスフロアの支持脚部には，緩衝用ゴム付きのものを用いた．
3．事務室の窓のブラインドは，幅及び高さを現場実測して製作されたものを取り付けた．
4．応接室の窓のカーテンレールは，ブラケットを900mm間隔で取り付けた．
5．階段の金属製のすべり止めは，エポキシ樹脂系接着剤及び小ねじを使用して，取り付けた．

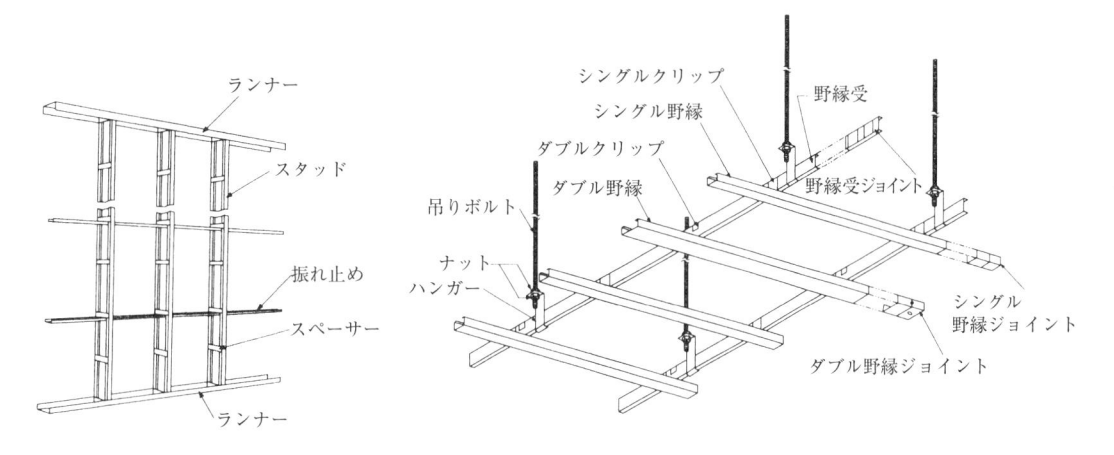

図21・16 鋼製下地間仕切りの例
（公共建築協会「建築工事監理指針」より）

図21・17 天井下地および天井下地材附属金属の名称
（公共建築協会「建築工事監理指針」より）

表21・3 表面処理鋼板の種類

| 亜 鉛 鉄 板 | 溶融亜鉛メッキ法により亜鉛メッキした熱間圧延薄鋼板又は冷間圧延鋼板．俗称トタン．屋根葺き材，外装材，形状：平板，コイル，大波，小波 |
|---|---|
| 着色亜鉛鉄板 | 着色塗料を焼付けた亜鉛鉄板．屋根葺き材，外装材 |
| ブ リ キ 板 | すずメッキした鋼板．建築にはあまり使われない |
| 塩化ビニル樹脂鋼板積層板 | 塩化ビニル樹脂シート・フィルムを圧着又はビニルペーストを塗付した鋼板又は亜鉛鉄板．内装材 |
| ホーロー鋼板 | 硬質のガラス質を焼付け被覆した鋼板．外装材，内装材（便所仕切等） |
| 植毛亜鉛鉄板 | 各種の切断単繊維を植毛した亜鉛鉄板．内装材 |

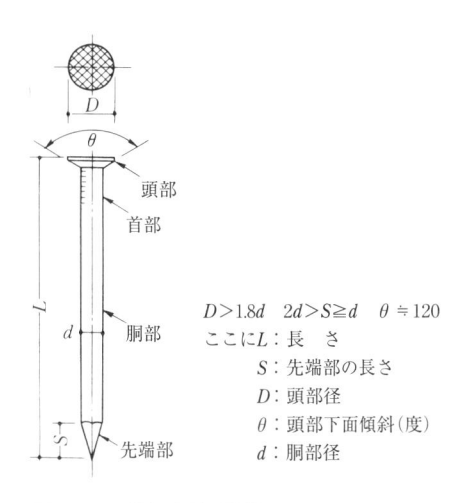

$D > 1.8d \quad 2d > S \geqq d \quad \theta \fallingdotseq 120$
ここに $L$：長さ
$S$：先端部の長さ
$D$：頭部径
$\theta$：頭部下面傾斜（度）
$d$：胴部径

図21・18 鉄丸くぎの形状 （JIS A 5508より）

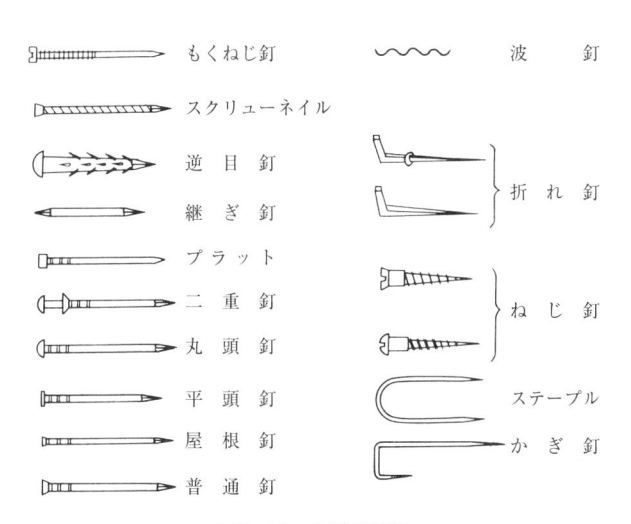

図21・19 くぎの種類

# 22　施工用語・施工機械器具

## 22・1　揚重・運搬用機械

**(1) クレーン**

　　a) タワークレーン（図22・2）：定置型と走行型がある．

　　b) ジブクレーン（図22・3）　：定置型と走行型がある．比較的小規模の揚重用に使用する．タワークレーンの解体作業にも使用することがある．

**(2) 移動式クレーン**

　　a) トラッククレーン（図22・4）：トラックにクレーンを搭載したもの．

　　b) ラフタークレーン（図22・5）：走行用，クレーン用の運転席が兼用となっているもの．

　　c) クローラークレーン（図22・6）：走行装置がキャタピラーのもの．

## 22・2　土工事用機械等（図22・7）

　　　イ　パイルドライバー　　　　　：杭打ちのやぐら
　　　ロ　ドラッグライン　　　　　　：機械より低い所を掘り，前方から手前へ掘る
　　　ハ　クレーン　　　　　　　　　：動力で重量物を吊り上げて移動する
　　　ニ　クラムシェル　　　　　　　：低い所の土をバスケットの開閉でつかみあげる
　　　ホ　パワーシャベル　　　　　　：地盤面より3m程度の高い位置の掘削
　　　ヘ　ドラッグショベル(バックホー)：地盤より低い位置の掘削に適し最も一般的．水中掘削も可能
　　　　　スクレーパー　　　　　　　：軟弱な地盤の掘削，運搬敷きならし

転圧・締固め用機械

　　a) 転圧式：ロードローラー・タイヤローラー

　　b) 衝撃式：タンピングランマー・バイブロランマー（図22・8）

　　c) 振動式：ソイルコンパクター・バイブレーションローラー

## 22・3　各種工事用機械

杭打

　　a) ディーゼルハンマー：打込み方式による杭打機．振動や騒音が大きい．

　　b) バイブロハンマー：上下振動による抜打機械

　　c) アースオーガー：シャフトで吊上げた刃先が回転して穴を掘る．騒音が少ない．

　　d) アースドリル：場所打コンクリート杭をつくるとき，先端に刃のついた回転式バケットで土砂を排出する．

その他工具

　　●タンパー：コンクリートの床面の打込み直後に沈み亀裂を防止するために表面を叩く道具．

　　●シュミットハンマー：コンクリート強度の非破壊試験器．

　　●リーマー：鉄骨の接合部にドリルであけた穴をさらに整調するきり．

　　●インパクトレンチ：高張力ボルトの締付けに用いる工具．エア式と電動式がある．

```
                                                    ┌─ 起伏型 ┬─ マストクライミング
                     ┌─ タワークレーン ─────────────┤         └─ フロアクライミング
                     │   (定置型・走行型)            └─ 水平型 ┬─ マストクライミング
             ┌ クレーン┤                                      └─ フロアクライミング
             │       ├─ ジブクレーン（定置型・走行型）
             │       ├─ 天井クレーン
             │       ├─ 門型クレーン
             │       └─ その他
             │                              ┌─ 機械式
揚重         │       ┌─ トラッククレーン ──┤
・           │       │                      └─ 油圧式
運           ├ 移動式 │                      ┌─ 機械式
搬           │ クレーン├─ ラフタークレーン ─┤
用           │       │                      └─ 油圧式
機           │       │                      ┌─ 起伏式ブーム
械           │       └─ クローラークレーン ┤
             │                              └─ タワー式ブーム
             │ エレ   ┌─ 建設用リフト ──────┬─ 1本溝
             ├ ベー  │                      └─ 2本溝
             │ ター  │                      ┌─ ワイヤー式
             │ 類    └─ 人荷エレベーター ──┤
             │                              └─ ラックピニオン式
             │ ウイ  ┌─ ウインチ ──────────┬─ 電動式
             └ ンチ  │                      └─ クラッチ式
                類   │                      ┌─ ホイスト
                     └─ ホイスト，テルハ ──┤
                                            └─ テルハ
```

図22・1 揚重・運搬用機械 *1

水平ジブ型　　　起伏ジブ型

図22・2 タワークレーン（定置型） *1

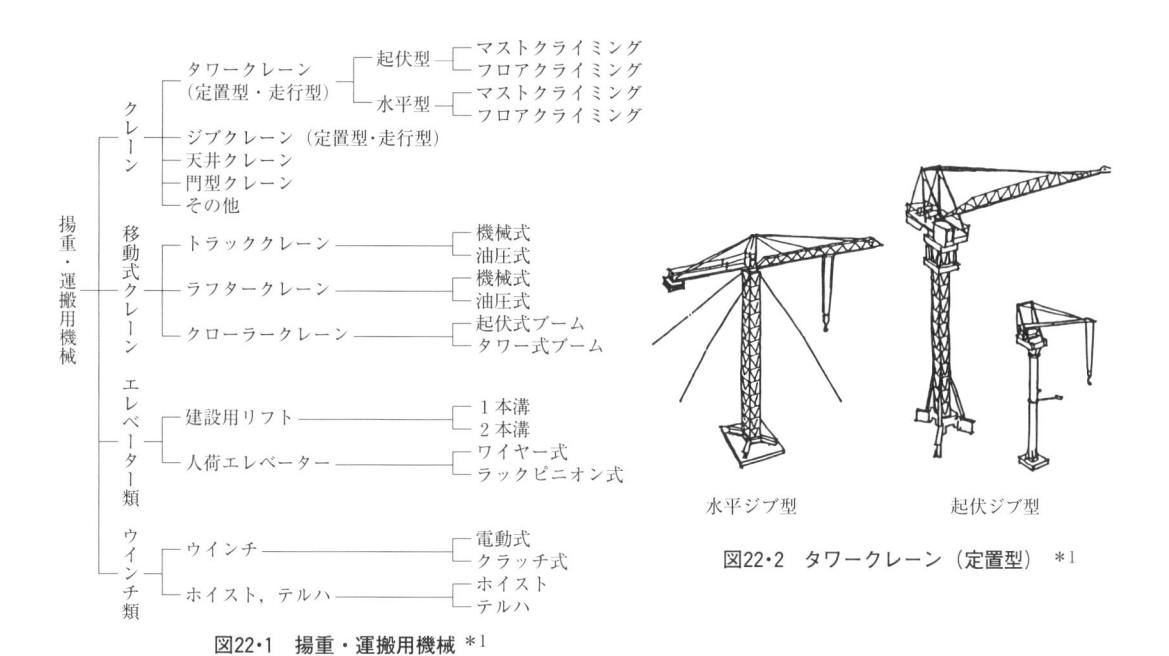

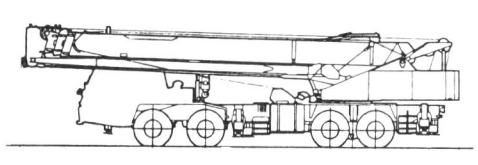

図22・4 トラッククレーン *1

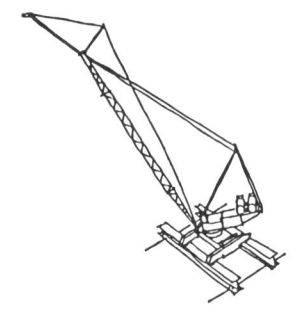

図22・3 ジブクレーン *1

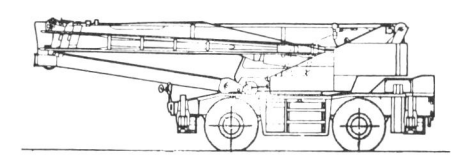

図22・5 ラフタークレーン *1

㋑ パイルドライバー
㋺ ドラッグライン
㋩ クレーン
㋥ クラムシェル
㋭ パワーショベル
㋬ ドラッグショベル
　 （バックホー）
ⓐ クローラー
ⓑ トラック
ⓒ ホイール

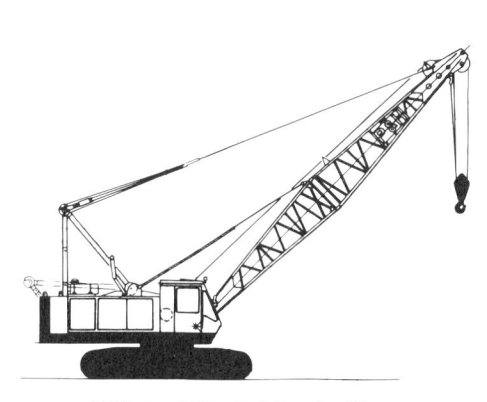

図22・6 クローラクレーン *1

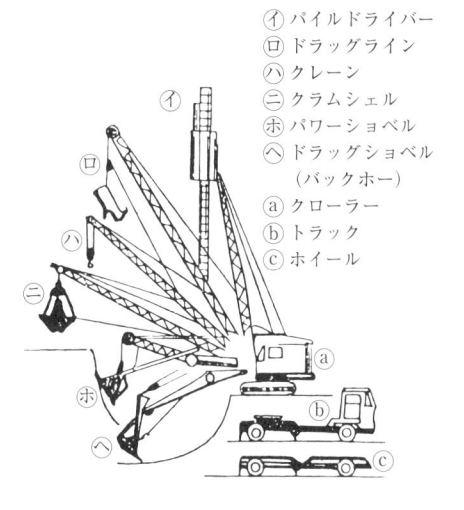

図22・7 ショベル系掘削機の走行形式とアタッチメント *1

- トルクレンチ：高張力ボルトの締付け・検査工具．トルク値（締付け強さ）が明示される．
- コーキングガン：シーリング材の充てんに用いる工具．
- ニーキッカー：カーペットをグリッパー工法で敷込む時に用いる工具．

## 22・4　工法と工事等の関係

- 根切工事
    - リチャージ工法
    - トレンチカット工法
- 山留め工事
    - 水平切梁工法
    - アースアンカー
- 杭地業工事
    - ボーリング
    - エアーリフト方式
    - ベノト工法
    - リバースサーキュレーション工法
- 排水工事
    - ウェルポイント工法
- 地盤改良
    - 固結工法
- 鉄筋工事
    - グリップジョイント工法
- 型枠工事
    - スライディングフォーム工法
- コンクリート工事
    - ワーカビリティー
    - コンシステンシー
    - プレウェッチング——軽量骨材
- プレストレストコンクリート工事
    - アンボンド工法
    - ポストテンション工法
- 鉄骨・溶接：ポジショナー
- 石工事：帯とろ工法
- 床仕上工事：流しのべ工法
- 内装工事
    - ドライウォール工法
    - グリッパー工法

---

【問題 1】 工事とそれに用いる工法の組合せとして，最も不適当なものはどれか．
1. 排水工事——ウエルポイント工法
2. 杭地業工事——中掘り工法
3. 鉄筋工事——グリップジョイント工法
4. 型枠工事——スライディングフォーム工法
5. 鉄骨工事——リバースサーキュレーションドリル工法

【問題 2】 工事とそれに用いる工法との組合せとして，最も不適当なものは，次のうちどれか．
1. 山留め工事——アイランド工法
2. 杭地業工事——セメントミルク工法
3. 鉄筋工事——グリッパー工法
4. 型枠工事——スライディングフォーム工法
5. 防水工事——トーチ工法

【問題 3】 施工機械とその特性に関する次の記述のうち，最も不適当なものは，どれか．
1. ドラグライン——機械の接地面より下方の掘削に適しているが，機体を中心とした掘削半径が小さい．
2. バックホウ——機械の接地面より下方の掘削，硬い土質の掘削及び溝掘りに適し，水中掘削も可能である．
3. パワーショベル——機械の接地面より上方の掘削に適しているが，下方の掘削には向かない．
4. クラムシェル——クレーンブームにバケットをつるし，その口を開いて落下させ，口を閉じて土砂を掘削する．
5. スクレーパー——掘削・積込み・運搬・敷ならしを連続的に行う事ができる．

【問題 4】 施工機械・器具の使用に関する次の記述のうち，最も不適当なものは，次のうちどれか．
1. 機械の接地面より低い位置の土砂の掘削に，ドラグラインを使用した．
2. 鋼矢板の引抜きに，振動コンパクターを使用した．
3. 既製コンクリート杭の打込みに，油圧パイルハンマーを使用した．
4. 3階建の建築物の鉄骨建方に，トラッククレーンを使用した．
5. 高力ボルトの締付けに，インパクトレンチを使用した．

図22・8　タンピングランマーとバイブロランマー

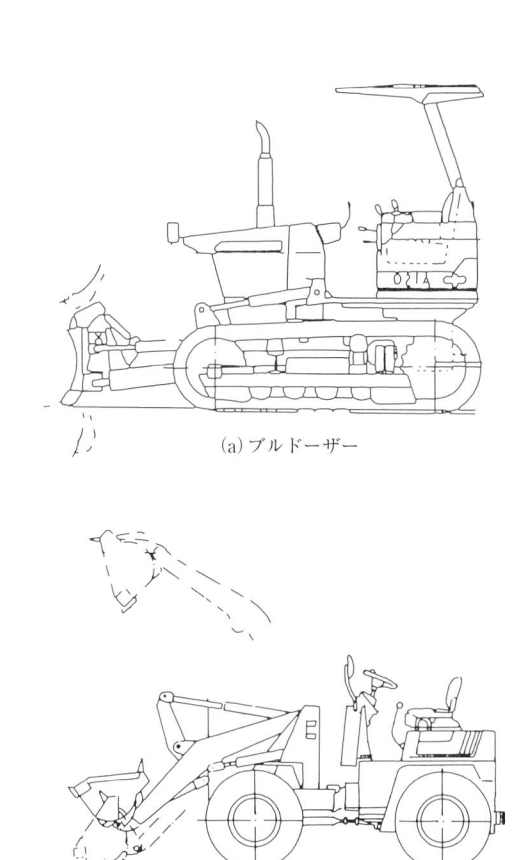

(a) ブルドーザー

(b) トラクターショベル（ホイール式）

図22・9　ブルドーザーとトラクターショベル ＊1

# 23 積　算

## 23・1　工事費の構成

## 23・2　積算用語

- 工 事 原 価：純工事費＋現場経費
- 純 工 事 費：直接工事費＋共通仮設費
- 共　通　費：共通仮設費＋諸経費
- 諸　経　費：現場経費＋一般管理費等
- 共通仮設費：共通仮設工事に係わる費用（仮囲い・現場事務所等）
- 直接仮設費：直接仮設工事に係わる費用（直接工事に係わる費用）
- 現 場 経 費：施工者の現場管理に要する経費
- 一般管理費：現場管理を行う請負者の支店・本店などの経費
- 歩　掛　り：単位工事量の施工に必要な数量．標準的な値を標準歩掛りという
- 材料歩掛り：単位工事量の施工に必要な材料数量
- 労務歩掛り：単位工事量の施工に必要な労務数量
- 複 合 単 価：材料費・労務費など2種類以上の費用を合わせたもの
  例：材工単価（材工共）
- 設 計 数 量：設計図書から計算される正味数量で，割増を含まない．
  例：コンクリート量
  　　左官工事・塗装工事などの仕上げ面積
  　　鉄骨・鉄筋の加工・組立て数量
- 計 画 数 量：図面に寸法のないものについて計画又は推定した施工寸法による数量
  例：土工事・地業工事・山留め工事
  　　仮設工事に関する数量
- 所 要 数 量：設計数量に市場定尺寸法による切りむだや，施工上やむをえない損耗などの割増を含んだ数量
  例：木材量

## 23・3　積算の基本事項

### (1) 土工事・地業

- 根切りの作業上のゆとり幅（図23・2参照）
  根切り深さ　　$h \leqq 2000$　　$b = 400$
  　　　　　　　$h > 2000$　　$b = 600$
  山留めを設ける場合　余幅　$a = 1000$

### (2) 躯体

- 壁のコンクリート数量：開口部の体積が1ヶ所当たり0.05m³以下の場合はコンクリートの欠除はないものとする．

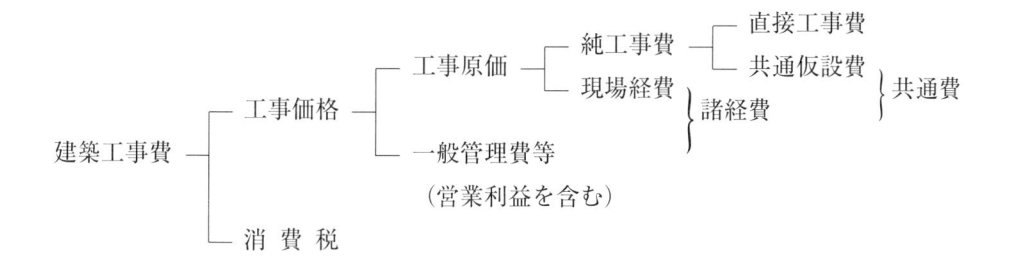

```
建築工事費 ─┬─ 工事価格 ─┬─ 工事原価 ─┬─ 純工事費 ─┬─ 直接工事費
            │            │            │            └─ 共通仮設費 ─┐
            │            │            └─ 現場経費 ─┐              ├ 共通費
            │            │                         ├ 諸経費 ──────┘
            │            └─ 一般管理費等
            │              （営業利益を含む）
            └─ 消 費 税
```

直接工事費：直接工事に必要な費用である．

各工事の科目は表23・2による．

細目には

- 材料費
- 労務費（工賃）
- 機械器具・加工費
- 運搬費

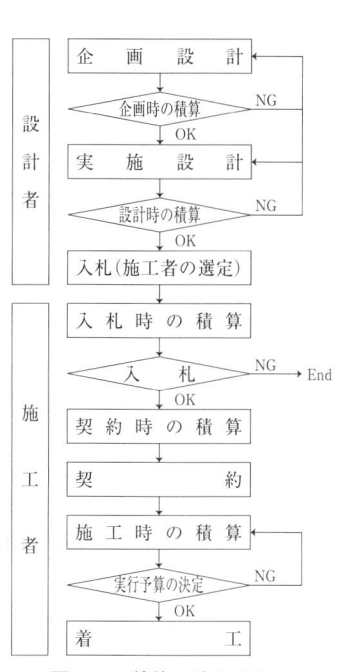

表23・1 [1]

| | 積算作業の要点 |
|---|---|
| 積算着手前 | ・机上説明，現場説明は設計図書や仕様書よりも優先する．説明項目は，一言一句注意して漏れのないように．<br>・積算に使用する資料が揃っているか確認し，優先順位についても整理しておく． |
| 積算時 | ・建物のポイントをよく理解する．設計図，仕様書，現場説明・机上説明事項を十分理解すること．<br>・積算は手もどりのないように手際よく．<br>・不明な点は必ず質問し，書類として残しておくこと．<br>・積算は数人のチームで分担作業となる．担当部分の取合に注意して，重複や漏れのないように． |
| 終了時 | ・大局的な観点からチェックをする．歩掛りや歩止，過去の実績や関連性の大きな項目の照合など．<br>・将来参考になると思われる部分のデータを整理しておく．<br>・設計者や建築主に積算内容が説明できるよう，資料の整理をしておく．<br>・積算に使用した資料一式を整理し，契約時や着工後に設計変更が生じた場合の照合作業に備えておく．<br>・ＶＥ的観点から，コストダウンに有効な項目があれば，参考資料として作成しておく． |

図23・1 積算の流れ [1]

表23・2 建築工事費の構成 [1]

| | | | |
|---|---|---|---|
| 直接工事 | 建築工事 | 直接仮設工事<br>土工事<br>杭地業工事<br>コンクリート工事<br>鉄筋工事<br>鉄骨工事<br>組積工事<br>防水工事<br>石工事<br>タイル工事 | 木工事<br>瓦・スレート工事<br>金属工事<br>左官工事<br>木製建具工事<br>金属製建具工事<br>ガラス工事<br>塗装工事<br>内装工事<br>雑工事 |
| | 設備工事 | 電気設備工事<br>給排水衛生設備工事 | 冷暖房換気設備工事<br>昇降機設備工事 |
| | 屋 外 工 事 | | |

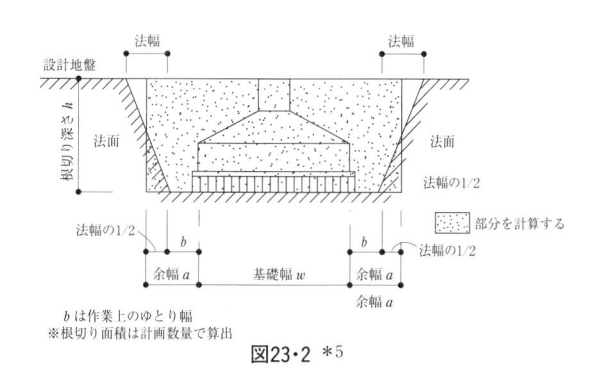

図23・2 [5]

$b$ は作業上のゆとり幅
※根切り面積は計画数量で算出

- 鉄骨鉄筋コンクリート造の鉄骨によるコンクリートの欠除：鉄骨の設計数量7.85tに対して1.0m³の欠除.
- 型枠：傾斜するスラブの上面の勾配が1/2をこえる部分は上面型枠も計算する.
- 梁の全長にわたる主筋の継手：梁ごとに0.5ヶ所, 長さ5.0mごとに0.5ヶ所加える.
- コンクリートスラブの全長にわたる主筋の継手：床版ごとに0.5ヶ所, 辺の長さ4.5mごとに0.5ヶ所加える
- 柱のフープの長さは, 柱のコンクリートの断面寸法による. フックはないものとみなす.
- 各階の柱の主筋の継手：各階ごとに1ヶ所
- 鉄骨のボルト等の孔あけ等の欠除はないものとみなす.
- 鉄骨の溶接の数量は, 種類・形状等ごとに長さを求め, 隅肉溶接脚長6mmに換算する.

### (3) 仕上げ・その他
- シート防水におけるシートの重ねしろは計測しない.
- 仕上面で開口部等1ヶ所当たり0.5m²以下の場合は, その面積の欠除はないものとみなす.

## 23・4　各工事の歩掛・割増率

- 塗装工事
  　　建具の塗装　フラッシュ戸（枠共）　戸の内法寸法　約2.7倍
  　　　　　　　　木製サッシ　　　　　　戸の内法寸法　約1.5～2.5倍
- 屋根面積　図23・3参照

---

【問題 1】 一般的な建築物の積算において, 所要数量を求めるための設計数量に対する標準的な割増率に関する次の記述のうち, 最も不適当なものはどれか.
1. 鉄筋コンクリート造の鉄筋の割増率を4％とした.
2. 鉄骨造の形鋼及び平鋼の割増率を5％とした.
3. 鉄骨造の接合部用ボルト類の割増率を3％とした.
4. 内装用合板類の割増率を5％とした.
5. 床用フローリングの割増率を10％とした.

【問題 2】 建築工事における積算に関する次の記述のうち, 最も不適当なものはどれか.
1. 根切りの数量は, 施工上の余裕や, 必要な法勾配を見込んだ寸法により算出した.
2. 造作材の所要数量は, 図面に記入されている仕上寸法により算出した.
3. 鉄筋の所要数量は, 鉄筋の設計数量の4％とした.
4. 鉄筋コンクリート造のコンクリートの数量は, 鉄筋及び小口径管類によるコンクリートの欠除はないものとみなして算出した.
5. 鉄骨の溶接数量は, 溶接部の種類, 断面形状ごとに長さを求め, すみ肉溶接脚長6mmに換算した延べ長さで算出した.

【問題 3】 建築工事における積算に関する次の記述のうち, 最も不適当なものはどれか.
1. 木材の造作材の所要数量は, 図面に記入されている仕上寸法どおりに算出した.
2. 鉄筋コンクリート壁の型枠の数量は, 30cm角の換気扇用開口部の欠除はないものとして算出した.
3. 鉄筋の所要数量は, 鉄筋の設計数量の4％増とした.
4. 根切り土量は, 施工上必要な余裕や法勾配を見込んだ寸法で算出した.
5. 建具の塗装面積の数量は, 適切な統計値を利用して算出した.

【問題 4】 建築工事における積算に関する次の記述のうち, 最も不適当なものはどれか.
1. 根切り土量は, 施工上の余裕や必要な法勾配を見込んだ寸法で算出した.
2. 鉄筋コンクリートのコンクリート数量は, 鉄筋及び小口径管によるコンクリートの欠除はないものとみなして算出した.
3. 鉄筋コンクリート造の鉄筋の所要数量は, その設計数量の8％増とした.
4. 鉄骨造の形鋼及び平鋼の所要数量は, その設計数量の5％増とした.
5. 内装用合板類の所要数量は, その設計数量の15％増とした.

建築資材の単位重量
- コンクリート ——— 2.3t/m³
- 鉄筋コンクリート ——— 2.4t/m³
- 鋼材 ——— 7.85t/m³
- 木材 ——— 0.6t/m³
- 石材 ——— 2.5〜3.0t/m³
- 砂利 ——— 1.6〜1.7t/m³
- セメント ——— 1.5t/m³

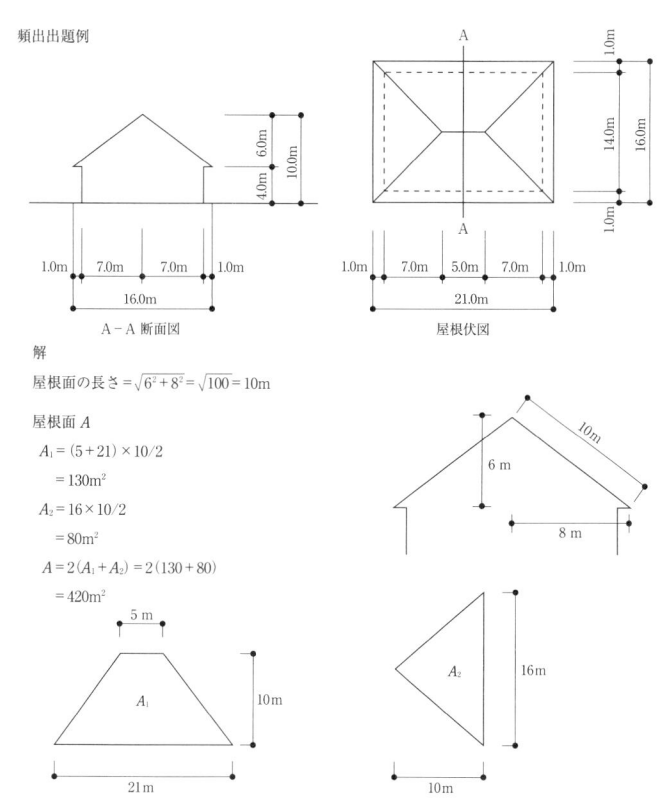

頻出出題例

A－A断面図　屋根伏図

解
屋根面の長さ = $\sqrt{6^2+8^2} = \sqrt{100} = 10$ m

屋根面 $A$
$A_1 = (5+21) \times 10/2$
　　$= 130$ m²
$A_2 = 16 \times 10/2$
　　$= 80$ m²
$A = 2(A_1 + A_2) = 2(130+80)$
　　$= 420$ m²

**図23・3　木造住宅の寄棟屋根の面積の計算**

割増率
　鉄筋 ——— 4%
　鋼材（形鋼・鋼管）——— 5%
　鋼板（切板）——— 3%
　ボルト類 ——— 4%
　木板類
　　｛内装用合板 ——— 15%
　　　フローリング ——— 10%
　木材 ——— 5%

# 24 測　量

## 24・1　縄張り・やりかた等

- 縄　張　り：配置図に示された建物の位置を敷地内に表示すること．
  建物の外郭の線（通り芯や壁芯）の位置に縄を張ること（図24・1参照）．
  一般的に設計者・監理者・発注者立会いのもとに行う．
- や　り　か　た：建物の通り芯や壁芯，基準の高さなどを敷地内に表示する仮設物である．
  通り芯→心出し
  基準の高さ→水盛り
  やり方杭（水杭）と水ぬきで構成（図24・2参照）
  基礎工事完了するまでは，工事の基準となるため，正確かつ堅固に設置しなければならない．
  こちらも縄張り同様，設計者・監理者立会いのもとに行う．
- いすか切り：やり方杭（水杭）の上端をいすかのくちばしのように食い違いに切った形に加工し，外力が加えられたかどうかを先端の損傷で判明しやすくする（図24・3）．
- ベンチマーク：建物の高さや位置の基準となるもの（図24・3）
  位置の基準となるベンチマークは，見通しがよく，トランシットが据付できる位置とし，振動等のおそれのある場所は避ける．
  高さの基準となるベンチマークは，建物付近の不動物（電柱や塀など）を選ぶ．2箇所以上設けておくことが好ましい．
- 墨　出　し：工事の寸法的な基準となる芯や高さなどを表示する作業．

## 24・2　各種測量

### (1) 距離測定
- 間接距離測定…計算によって距離を求める方法
- 直接距離測定…巻尺などで直接距離を測る方法

### (2) 平板測量
特徴
- 長所：現場で直接作図するため，記帳による欠測がない．
  作成の所要時間が短い．
- 短所：高い精度は期待出来ない．
  雨天・強風時の作業は困難である．
  晴天時でも可視距離は50m程度であり，小規模の測量に適している．

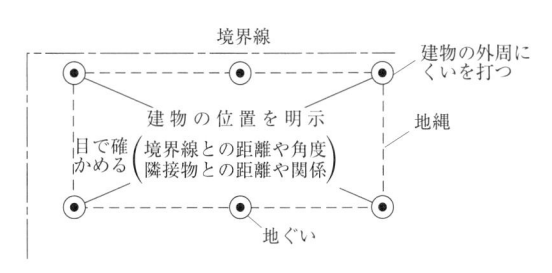

図24・1 縄張りの例 *1

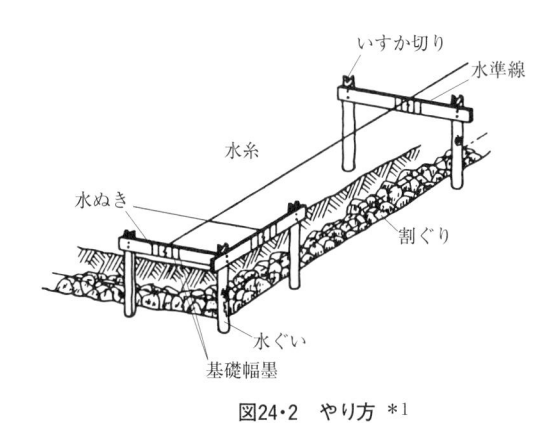

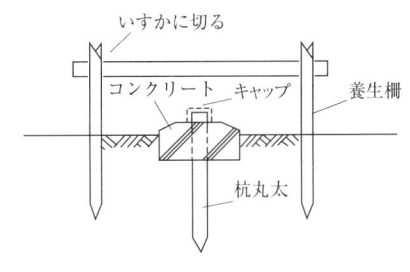

図24・2 やり方 *1

図24・3 ベンチマークの例 *1

表24・1 巻尺の精度

| 布　　巻　　尺 | 1/500～1/2000 |
|---|---|
| 合　成　繊　維　巻　尺 | 1/2000～1/5000 |
| 鋼　　巻　　尺 | 1/5000～1/50000 |

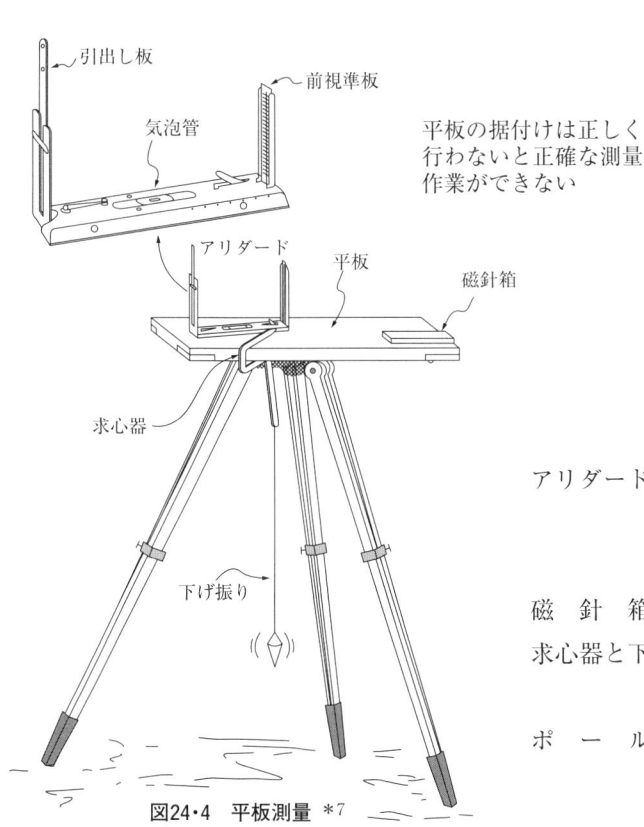

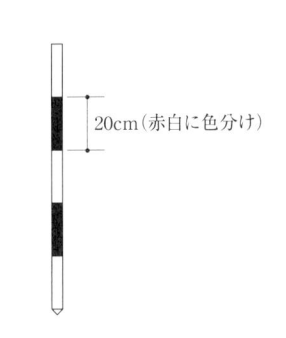

平板の据付けは正しく行わないと正確な測量作業ができない

図24・4 平板測量 *7

図24・5 ポール

アリダード：平板の上で操作しながら，目的物を視準（見通すこと）し，方向線を描くための装置

磁　針　箱：平板の上で方向を求めるもの

求心器と下げ振り：地上の点と図上の点を同一鉛直線上で一致させるための器具

ポ　ー　ル：測定点に鉛直に立てて，測量の目標にするもの

平板測量の方法

　　a）放　射　法：敷地に障害物がなく，直接距離が測定できる場
　（図24・6）　　合に，敷地中央付近に設置して測量を行う．
　　　　　　　　50m以内の小範囲に適している．

　　b）交　会　法：障害物があり，距離が直接測れない場合に，既
　（図24・7）　　知の測点から他の求点を視準したり，求点
　　　　　　　　から既知の測点を視準し，各測点に対する方向
　　　　　　　　線の交わる点を求めて作図する．

　　c）閉合トラバース測量（道線法）：広い敷地で，測量区域の見
　（図24・8）　　通しが出来ない場合に，各測点に順次平板を
　　　　　　　　すえ付けて，各方向線と距離を測って結んで
　　　　　　　　いく方法．

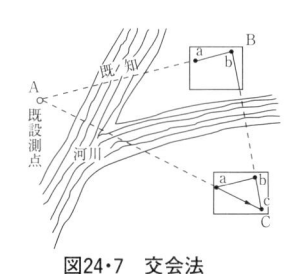

図24・6　放射法

図24・7　交会法

(3) **水準測量（レベル測量）**（図24・10）

　敷地内外の高低差を測量するもの

　　レベル：主要部は望遠鏡・気泡管及び支承部からなる（図24・11）

　　標　尺：視準線の高さを示す
　　　　　　箱形の形状をしているので箱尺ともよばれている．

B点の高さ＝A点の高さ＋(a－b)

図24・10　水準測量

(4) **トランシット測量**

　水平角と鉛直角を精密に測量する

　　トランシット：（図24・12）

　トランシット及びレベルの取扱い

　①機器を箱に収納する際はすべての締め付けねじをゆるめてから静かに入れる．
　②運搬は三脚から取りはずし，収納箱を使用する．近い移動の場合は三脚をはずさずに鉛直にして持ち運ぶ．
　③機器の狂いを防ぐため，直射日光及び雨水を避ける．
　④測点が斜面にあるときには，2脚を下方に設置する．

---

【問題　1】建築測量の用語に関する次の組み合わせのうち，最も不適当なものはどれか．
1．測設————————ポール
2．距離測量——————巻尺
3．平板測量——————アリダード
4．水準測量——————レベル
5．トランシット測量——水平角

【問題　2】平板測量に関する次の記述のうち，最も不適当なものはどれか．
1．平板測量は，測量しながら同時に作図ができる．
2．平板測量は，簡便で敏速に作業できるが，欠測することがある．
3．平板測量は，巻尺，アリダード等を用いて距離や方位を測定し，現場で作図する．
4．ポールは，直径約3cmの棒で，測点上に鉛直に立てて目標とするものであり，短距離の略測にも用いられる．
5．整準とは，アリダードの気泡管を直角2方向に置いて，図板を正しく水平にすることをいう．

【問題　3】測量に関する次の記述のうち，最も不適当なものはどれか．
1．平たん地で平板測量を行ったとき，精度は閉合比で1/1000になるようにした．
2．水準測量には，オートレベルと標尺を用いた．
3．平板測量において，気泡管を用いて地上の測点と図上の測点を同じ鉛直線上に正しく合わせた．
4．レベルの移動時には，各部の締付けねじ，及び三脚の頭部ねじを緩めてから持ち運んだ．
5．敷地測量にあたって，敷地が小面積で見通しがよかったので，放射法による平板測量を行った．

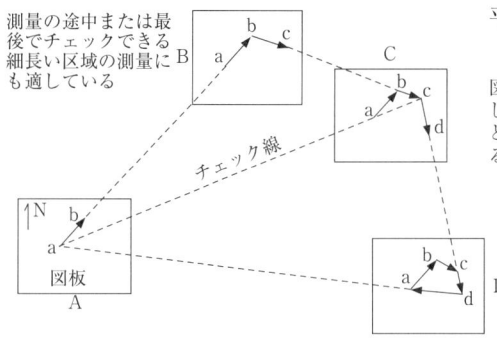

図24・8 閉合トラバース測量（道線法）

測量の途中または最後でチェックできる細長い区域の測量にも適している

表24・2　精度（閉合比）の標準

| 地　形 | 精　度 |
|---|---|
| 平たん地 | 1/1000 |
| 傾斜地 | 1/500～1/800 |
| 山　地 | 1/300～1/500 |

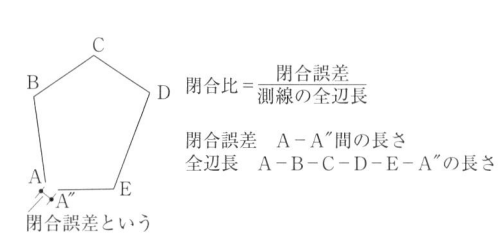

$$閉合比 = \frac{閉合誤差}{測線の全辺長}$$

閉合誤差　A－A″間の長さ
全辺長　　A－B－C－D－E－A″の長さ

図24・9　閉合比（精度）

図24・11　レベル

標尺

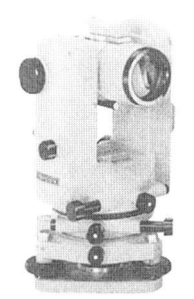

図24・12　トランシット

平成6年　「二級建築士試験」出題を例とする．

平板による骨組測量を推測法によりABCDEA点の順に測量し，作図をしたところ，A点の閉合誤差が1.8cmであった．この誤差を調整した場合，E点の図面上の移動量として，正しいものは，次のうちどれか．ただし，閉合比は平板測量の精度の標準を満たすものとする．

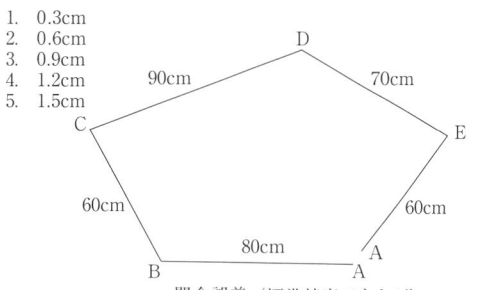

1. 0.3cm
2. 0.6cm
3. 0.9cm
4. 1.2cm
5. 1.5cm

解説　閉合比（精度）＝$\frac{閉合誤差}{全測線長}$〈標準精度であれば，次のように図式で調整する．〉

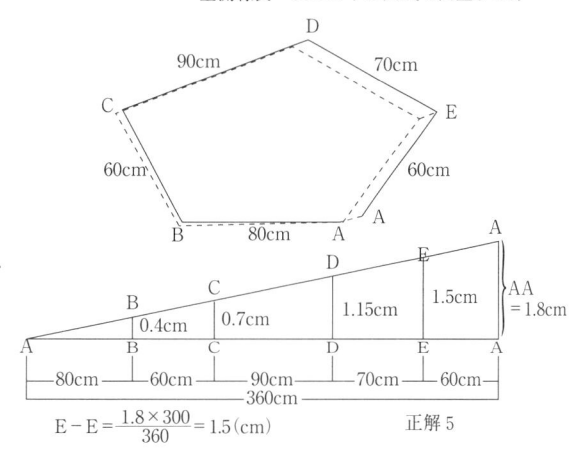

$$E-E = \frac{1.8 \times 300}{360} = 1.5 \text{(cm)}$$

正解 5

平成5年　「二級建築士試験」出題を例とする．

図に示す高低測量において，A点の標高が7mであった場合のD点の標高として，正しいものは，次のうちどれか．

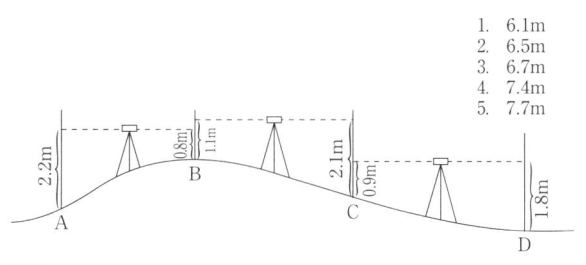

1. 6.1m
2. 6.5m
3. 6.7m
4. 7.4m
5. 7.7m

解説

| 測点 | 後視B.S.(m) | 前視F.S.(m) | 標高(m) | 備考 |
|---|---|---|---|---|
| A | 2.200 | | 7.000 | 測点Aの標高を7.000mとする．<br>ΣB.S. = 4.200<br>ΣF.S. = 4.700<br>－0.500 |
| B | 1.100 | 0.800 | | |
| C | 0.900 | 2.100 | | |
| D | | 1.800 | | |

点Dの標高＝点Aの標高＋後視B.S.の総和－前視F.S.の総和
　　　　＝7.000＋4.200－4.700＝6.500

正解 2

# 25 契約・仕様書

## 25・1 施工方式

- 単価請負：工事単価を定めて契約し，完成後実施数量で精算
- 定額請負：総工事費を確定して契約
- 一式請負：工事の全部を一括して請負う
- 実費報酬加算式請負：工事の出来高に対して一定の比率で精算する
- 共同請負（ジョイントベンチャー）：2以上の業者が共同企業体として請負う

施工者の選択（表25・1参照）

　　特命　　　：1業者を指名し，契約する
　　見積合せ：2〜3の業者に見積を依頼し検討の上決定する
　　競争入札：一般入札と指名入札がある

## 25・2 工事契約

契約には民間（旧四会）連合協定の「工事請負契約約款」が一般的に利用されている．

　　四会とは　　日本建築学会・新日本建築家協会
　　　　　　　　日本建築協会・全国建設業協会　　　である．

記載事項は表25・2による．

　　また約款の内容には

　　　　一括請負・一括委任の禁止等もある．

設計図書の内容及び優先順位は，表25・3による．

　　かし（瑕疵）担保時間は　木造の場合　　　　　　　　1年
　　　　　　　　　　　　　　鉄筋コンクリート造等の場合　2年

　　住宅の新築の場合

　　$\begin{pmatrix}構造耐力上主要な部分\\雨水の浸入を防止する部分\end{pmatrix}$　　については　　10年

　　（住宅の品質確保の促進等に関する法律）

---

【問題 1】 仕様書に関する次の記述のうち，最も不適当なものはどれか．
1．仕様書は，工事請負契約書類の一部である．
2．共通仕様の内容は，特記仕様書に優先する．
3．仕様書は，設計図で表すことのできない事項を文章等で示したものである．
4．仕様書には，材料の規格，品質の指定が含まれている．
5．仕様書には，部品・材料の製造業者及び施工者の指定が含まれている．

【問題 2】 建築工事の請負契約書に，建設業法上，記載を要しない事項は，次のうちどれか．
1．工事内容
2．工事着手の時期及び工事完成の時期
3．主任技術者の氏名及び資格
4．工事完成後における請負代金の支払いの時期及び方法
5．契約に関する紛争の解決方法

【問題 3】 建築工事の設計図書の相互にくい違いがある場合の一般的な優先順位として，最も適当なものは，次のうちどれか．
1．標準仕様書→図面→現場説明書→特記仕様書
2．特記仕様書→標準仕様書→現場説明書→図面
3．図面→特記仕様書→標準仕様書→現場説明書
4．図面→現場説明書→特記仕様書→標準仕様書
5．現場説明書→特記仕様書→図面→標準仕様書

施工方式の種類
- 直営方式
- 請負方式
  - 単価請負
  - 定額請負
    - 分割請負
      - 工事別
      - 工種別
      - 工区・棟別
    - 総合請負
      - 一式請負
      - 実費報酬加算式請負
      - 共同請負（ジョイントベンチャー）

**表25・1　競争入札と特命入札** [1]

① 競争入札
　複数の建設業者に同時に見積をさせ，建築主の最も有利な条件で施工者を選定する方法である．一般競争入札と指名競争入札がある．
　前者は，入札希望者を一般公開により広く募る方法であり，通常，最低の工事金額を提示した者が落札（契約する権利を取得）する．
　後者は，建築主や設計者などが，発注予定の工事に必要な技術力や実績を協議のうえ，これに適合する建設業者を選定・指名して入札をさせる方法である．必ずしも最低金額が選ばれるとは限らない．

② 特命入札
　通常，建築主との特別な関係により，一つの建設業者を選定して入札を行い，請負契約が締結される方法である．

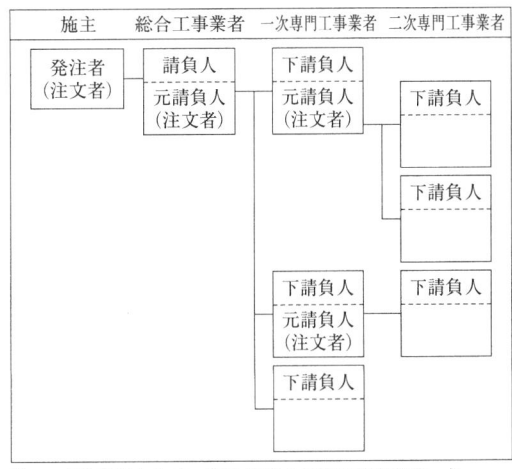

注1　「発注者」とは，建設工事の最初の注文者をいう．
注2　注文者とは，請負契約上の注文者をいう．したがって，請負契約（下請契約を含む）の数と同じ数の注文者が存在する．

**図25・1　建設業における発注形態** [1]

**表25・2　請負契約書記載事項** [1]

① 工事の内容
② 請負代金の額
③ 着工の時期及び完成の時期
④ 請負代金の支払時期及び方法
⑤ 天災などの不可抗力による工期の変更などの定め
⑥ 価格などの変動・変更に基づく請負代金の額または工事内容の変更
⑦ 工事代金の支払や工事の遅滞に対する罰則
⑧ 完成検査や引渡しに関する定め
⑨ 第三者が損害を受けた場合の賠償金の負担に関する定め
⑩ 施工一般の損害や損害保険に関する定め
⑪ かし（瑕疵）担保責任に関する定め
⑫ 契約に関する紛争の解決方法

**表25・3　設計図書の優先順位**

① 質疑応答書（質問回答書）
② 現場説明書（見積要項）
③ 特記仕様書
④ 設計図（意匠図・構造図・設備図）
⑤ 共通仕様書

**表25・4　一般的な共通仕様書**

① 国土交通大臣官房官庁営繕部監修建築工事共通仕様書
② 日本建築学会建築工事標準仕様書
③ 新日本建築家協会監修建築工事共通仕様書
④ 都市基盤整備公団工事共通仕様書
⑤ その他，各官庁や設計事務所の仕様書

# [問題]の解答編

## 1 施工計画

【問題 1】正解 2
2．JASS1.4.3.a. 施工計画とは，施工の手段・方法を具体的に記述したものであり，工程計画，仮設計画，揚重計画，工法計画，労務計画，安全・衛生計画を含む．なお，実行予算等の資金計画は施工計画書には通常記載しない．

【問題 2】正解 4
3．現場地の気候・風土・習慣，施工図の承認期間，検査及び施工の立会いを受ける時期などを工程表の作製時に考慮する．
4．バーチャート工程表は各作業の着手と終了を棒線で表わしたもので，わかりやすいが，各作業が多くなると相互関係や余裕時間が把握しにくい．ネットワーク工程表は各作業の相互関係がわかりやすく全体工程に適している．
5．仕上工事は天候に左右されることは少ないが，非常に多くの作業工程を含んでおり，各作業の工程に左右され，次の工程に移れないなどの問題が生じやすいため，工期も十分見込むことが必要である．

【問題 3】正解 2
1．この工事ではA→C→F→Hがクリティカルパスであり，所要時間は，4＋2＋5＋3＝14日である．したがってこの工事全体は最短14日で終了する．
2．B作業は，A，C作業が終了するまでに完了していれば後続作業には影響がない．A作業→C作業は4＋2＝6日，B作業の余裕日数は6－3＝3日であり，誤りである．
3．A→D→Gのパスの所要時間は，4＋3＋5＝12日であり，クリティカルパスに対して14－12＝2日の余裕があるため，D作業の所要日数が2日増加しても，全体工期には影響しない．ただし，この場合G作業は，余裕がなくなり，1日も遅らせることができなくなる．
4．F作業を3日減少すると，A→C→F→Hのパスは，4＋2＋2＋3＝11日となり，クリティカルパスはA→D→G，4＋3＋5＝12日となる．よって，元の工期より14－12＝2日減少する．

## 2 施工管理

【問題 1】正解 5
5．民間（旧四会）連合協定・工事請負契約約款第9条参照 下請負者の選定は請負者に任せられた事項である．しかし，その下請負者が不適当と認められるときは，請負者に対して必要な措置をとるべきことを要求できる．

【問題 2】正解 4
4．瓦の保管は，小端立てとする．

【問題 3】正解 1
1．建築基準法施行令第136条の3第4項参照 深さ1.5m以上の根切工事においては，安全上支障がないときを除き，山留を設けなければならない．
2．労働安全衛生規則第524条
3．建築基準法施行令第136条の5第1項
4．労働安全衛生規則第527条
5．労働安全衛生規則第552条第1項第3号

## 3 工事準備

【問題 1】正解 2
1．道路法第32条

2．労働安全衛生法第88条及びクレーン等安全規則第5条により，労働基準監督署長に提出する．
3．労働安全衛生規則第4条第1項及び第2項，様式第3号
4．建築基準法第15条
5．建築基準法第7条
【問題 2】正解 1
1．道路交通法第77条 警察署長あて提出することとされている．
2．建築基準法第18条第5項
3．労働安全衛生法第11条
4．建築基準法第15条第1項
5．消防法第9条の2第1項 危険物の規制に関する政令第1条の10第1項第3号

## 4 仮設工事

【問題 1】正解 1
1．建築基準法施行令第136条の2の20 木造以外で2階以上の建築物の工事を行う場合は，工事期間中工事現場の周囲にその地盤面からの高さが1.8m以上の板塀その他これに類する仮囲いを設けることが原則とされている．
2．公共建築協会「建築工事標準仕様書(令和4年版)」2.2.3.(2)
3．JASS 2.2.3.b
4．建築基準法施行令第136条の5
5．建築基準法施行令第136条の5
【問題 2】正解 2
1．労働安全衛生規則第552条第二号
2．労働安全衛生規則第563条第三号により，墜落により労働者に危険を及ぼすおそれのある箇所に設ける手すりの高さは，85cm以上とされている．
3．JASS2.4.1
4．労働安全衛生規則第569条第1項第一号
5．労働安全衛生規則第562条及び第571条
【問題 3】正解 2
1．労働安全衛生規則第570条第1号第5号イ参照
2．労働安全衛生規則第552条第2号参照 架設通路の勾配は30度以下とする．
3．労働安全衛生規則第552条第3号参照
4．労働安全衛生規則第569条第一号
5．労働安全衛生規則第564条第1項第四号

## 5 土工事・地業工事・基礎工事

【問題 1】正解 2
2．JIS A 1219 N値とは，質量63.5kgのハンマーを76cm自由落下させ，標準貫入試験用サンプラーを30cm打ち込むのに要する打撃数である．
【問題 2】正解 2
2．法付けオープンカットとは，掘削側面を法面（のりめん，傾斜状）に残し，山留めを設けない工法で，敷地に余裕がある場合に適している．腹起しは，切張りと共に山留め壁面にかかる側圧を受けるもので，組み合わせとしては，誤りである．
【問題 3】正解 2
2．捨コンクリート地業（均しコンクリート地業）は，基礎・柱・基礎梁などの墨出し配筋等を正確に行うためのもので，地盤を強化するものではない．

【問題 4】正解 3
3．公共建築協会 「建築工事監理指針」(令和4年版) 4.5.5(3)参照
支持盤への到達は，掘削深度と排出される土により確認する．
5．公共建築協会 「建築工事標準仕様書」(令和4年版) 4.3.6(1)

## 6 鉄筋工事Ⅰ

【問題 1】正解 4
1．～3．JASS 5.10.2.b.c.e
4．公共建築協会「建築工事標準仕様書（令和4年版）」5.3.5(4)
鉄筋相互のあきは(1)粗骨材の最大寸法の1.25倍，(2)25mm，(3)鉄筋の径（呼び名に用いた数値d）の1.5倍，うち最大のもの以上とする．D25の場合，25mm×1.5=37.5となり，35mmでは不足である．
5．公共建築協会「建築工事監理指針（令和4年版）」5.3.2(2)(イ)
丸柱の場合は角柱の四隅に相当する部分がないので，フックなしで定着できる場合はフックを付ける必要がない．
【問題 2】正解 2
1．公共建築協会「建築工事標準仕様書」(令和4年版) 5.2.3
2．公共建築協会「建築工事監理指針」(令和4年版)5.3.6.(3)
床版のスペーサーの個数は，上端筋，下端筋とも，それぞれ1.3個/m²を標準とする．
3．公共建築協会「建築工事施工監理指針」(平成28年版) 5.別図2.1(b)
【問題 3】正解 5
1．公共建築協会「建築工事監理指針」(令和4年版)5.3.3(7)により，結束線の端部は，かぶり厚さを確保するために内側に折り曲げる．（コンクリート表面への突出しによる鉄筋へのさびの誘発を防ぐためにも内側へ水平に折り曲げる．）
2．径の異なる鉄筋の重ね継手長さは，細いほうの鉄筋径(d)の45倍とする（JASS5.11.9b，表11.5（注）より）．
3．公共建築協会「建築工事監理指針」(平成19年版) 5.別図3.1(e)により，大梁の2段目の鉄筋が3本以上ある場合には，受け用幅止め筋を入れる．

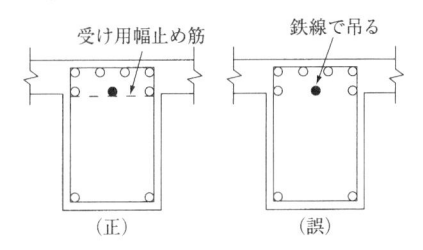

4．公共建築協会「建築工事監理指針」(平成19年版) 5.別図4.2(c)により，ダブル配筋の場合の開口補強筋は，壁筋の内側に配筋する．
5．公共建築協会「建築工事監理指針」(平成19年版) 5.別図2.1(c)により，柱の応力状態及び施工性を考慮して，梁上端より500mm以上の規定を設けている．

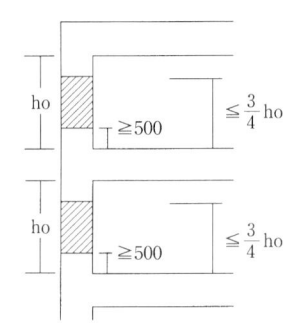

[図: ho、≥500、≤3/4 ho の寸法表示]

## 7　鉄筋工事Ⅱ

【問題　1】正解　1
1. JASS 5.10.5.b．D29以上の異形鉄筋には，原則として重ね継手は用いない．
日本建築学会　鉄筋コンクリート造配筋指針・同解説
3. 解説 6.3.d.
4. 解説 9.5.a.(2)

【問題　2】正解　3
日本建築学会　鉄筋コンクリート造配筋指針・同解説
2. 解説6.3.表6.2
3. 解説6.3.a.3) i)　種類の異なる鉄筋相互には，圧接継手を設けない．

【問題　3】正解　4
4. 公共建築協会「建築工事標準仕様書」(令和4年版)
5.別図2.2
円柱に用いる丸形の帯筋で，端部と端部を溶接しない場合にあっては，その重なり部分の長さは，帯筋径の40倍以上とする．
5. 公共建築協会「建築工事標準仕様書」(令和4年版)
5.別図2.2
溶接する場合の溶接長さLは，両面アーク溶接の場合は，5d以上，片面アーク溶接の場合は10d以上とする．

【問題　4】正解　4
4. 公共建築協会「建築工事標準仕様書」(令和4年版)
5.4.10
圧接完了後の圧接部の試験は，外観試験（全圧接部）と，抜取試験を，それぞれ行わなければいけない．
抜取試験は，超音波探傷試験又は引張試験があり，超音波は1ロット30ヶ所，引張りは1ロット3本としている．
（1ロットは，1組の作業班が1日に行った圧接箇所）

## 8　型枠工事

【問題　1】正解　2
2. 柱型枠を四方から水平に締め付けるための帯鉄．

【問題　2】正解　3
3. 公共建築協会「建築工事監理指針」(令和4年版) 6.8.2 (b)
木製のせき板は，その取り扱いにおいて
①長期間太陽光線（紫外線）の照射を受けた場合
②長時間空気中に暴露された場合
③腐朽菌が表面に生じた場合に，硬化不良を生じやすい．

【問題　3】正解　1
1. 労働安全衛生規則第242条第7項ロ　パイプサポートを継いで用いるときは，4以上のボルト又は専用の金具を用いて継がなければならない．

【問題　4】正解　5
5. JASS5.12.9.c　梁下の支柱の存置期間は，設計基準強度の100％以上のコンクリートの圧縮強度が得られたことが確認されるまでとする．

## 9　コンクリート工事Ⅰ

【問題　1】正解　3
2. 公共建築協会「建築工事監理指針」(令和4年版) 6.6.3(7)(ウ)
3. 公共建築協会「建築工事標準仕様書」(令和4年版) 6.6.1(2)
運搬及び圧送の際には絶対に水を加えてはならない．
4. 公共建築協会「建築工事監理指針」(令和4年版) 6.4.3(2)

【問題　2】正解　1
1. 公共建築協会「建築工事監理指針」(令和4年版) 6.6.3(7)(ウ)
少ない打込み口から落として，型枠内に大山や大傾斜をつくり横流しで平らにしたり，斜めのまま打ち込むと分離やじゃんかができやすい．
2. 公共建築協会「建築工事監理指針」(令和4年版) 6.6.5(3)
3. 公共建築協会「建築工事監理指針」(令和4年版) 6.6.3(7)(エ)
4. 公共建築協会「建築工事監理指針」(令和4年版) 6.6.3(7)(オ)

【問題　3】正解　1
1～4. 公共建築協会「建築工事監理指針」(平成28年版) 6.6.4参照
コンクリートの打込みは速度が速い場合，床版面などに沈みき裂が発生しやすい．
5. JASS 5.7.4. b.　コンクリートの打込み後，少なくとも1日間はその上を歩行したり，作業をしてはならない．

【問題　4】正解　4
4. 公共建築協会「建築工事監理指針」(令和4年版) 6.6.5
コンクリート打込み後1～3時間で，梁上端の鉄筋又は床版面などに発生する図のようなひび割れを沈みき裂という．
平行して並ぶ鉄筋の表面間の最短距離であり，異形鉄筋の場合は，相互の鉄筋のふし・リブなどが最も近接して，不利に並ぶ場合の寸法とする．

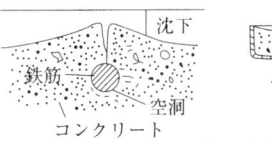

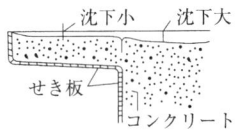

[図　沈みき裂：鉄筋、沈下、空洞、沈下小、沈下大、せき板、コンクリート]

沈みき裂は下記のような場合に発生しやすい．
①締固め，あるいはタンピングが不十分な場合
②水セメント比が大きくスランプが大きいコンクリートの場合
③打込み速度が速い場合
④隣接する部材の断面寸法が大きく違う場合
⑤暑中コンクリートのようにコンクリートの温度が高く，凝結が早い場合
⑥コンクリート打込み後，強い風がコンクリート面に当

たった場合

【問題 5】正解 1
1．公共建築協会「建築工事標準仕様書」（令和4年版）
　6.5.2.
　打設されるコンクリートのスランプと所要スランプとの
　差は，下表のとおりである．

スランプの許容差（単位：cm）

| 所要スランプ | スランプの許容差 |
|---|---|
| 8未満 | ±1.5 |
| 8以上18以下 | ±2.5 |
| 18を超える | ±1.5 |

　したがって，打設されるコンクリートのスランプと所要
　スランプとの差が3cmの場合，調合の調整，運搬方法
　の改善等を行う必要がある．

## 10　コンクリート工事Ⅱ

【問題 1】正解 2
1．公共建築協会「建築工事標準仕様書」（令和4年版）
　6.6.6(2)
2．公共建築協会「建築工事監理指針」（令和4年版）
　6.6.3(7)(イ)
　梁筋と柱筋の交差している箇所から打込むと，特に分離
　しやすい．
3．公共建築協会「建築工事監理指針」（令和4年版）
　6.6.3(2)
4．公共建築協会「建築工事監理指針」（令和4年版）
　6.6.3(7)(エ)
5．公共建築協会「建築工事監理指針」（令和4年版）
　6.6.4(1)

【問題 2】正解 2
1．公共建築協会「建築工事監理指針」（令和4年版）
　6.6.3(7)(イ)(c)
2．公共建築協会「建築工事監理指針」（令和4年版）
　6.6.5(3)(イ)
　コンクリートの締め固めは，振動機をなるべく鉄骨，鉄
　筋等に触れないように差し込み，5〜10秒程度で静かに
　引き抜いて移動する．
3．公共建築協会「建築工事監理指針」（令和4年版）
　6.6.3(7)(カ)
4．公共建築協会「建築工事標準仕様書」（令和4年版）
　6.6.3(7)(エ)
5．公共建築協会「建築工事監理指針」（令和4年版）
　6.6.3(7)(オ)

【問題 3】正解 4
1．JASS 5.5.3.(a)
3．AE剤はコンクリート中に微細気泡を連行させ，所定の
　スランプを得るのに必要な単位水量を少なくすることが
　でき，ワーカビリティーも改善される．
4．コンクリートの強度は，水セメント比との間に相関関係
　があり，スランプの大小は，施工性に関係するとともに
　コンクリートの品質，耐久性に影響をおよぼす．

【問題 4】正解 4
1．公共建築協会「建築工事標準仕様書」（令和4年版）
　6.4.3(2)
2．公共建築協会「建築工事標準仕様書」（令和4年版）
　6.9.3(1)

3．公共建築協会「建築工事標準仕様書」（令和4年版）
　6.9.2(1)
4．公共建築協会「建築工事標準仕様書」（令和4年版）
　6.9.3(1)
　工事現場における養生は，水中養生とし，養生温度をで
　きるだけ建築物等に近い条件になるようにする．

【問題 5】正解 1
1．JASS 5.1.5　マスコンクリートとは，部材断面の最小
　寸法が大きく，かつセメントの水和熱による温度上昇で
　有害なひび割れが入るおそれがある部分のコンクリート
　をいう．

## 11　鉄骨工事

【問題 1】正解 3
1．公共建築協会「建築工事標準仕様書」（令和4年版）
　7.4.2(5)
2．公共建築協会「建築工事標準仕様書」（令和4年版）
　7.8.2(1)
3．公共建築協会「建築工事標準仕様書」（令和4年版）
　7.4.7(4)
　一群のボルトの締付けは，群の中央部より周辺に向かう
　順序で行う．これは締付けによる板のひずみを周辺に逃
　すためである．
4．公共建築協会「建築工事標準仕様書」（令和4年版）
　7.4.7(6)
　マーキング：本締め完了後に，とも回りの有無を確認す
　るために行う．

【問題 2】正解 3
3．余盛りをしないと断面が不足するおそれがあるが，過大
　な余盛りやビート表面形状が不規則になることは，応力
　集中をまねきやすく避けなければならない．JASS 6 付
　則6.「鉄骨精度検査基準」では，隅肉溶接，突合せ溶
　接のそれぞれの高さを定めている．
5．公共建築協会「建築工事標準仕様書」（令和4年版）
　7.6.13(1)(イ)

【問題 3】正解 3
3．建方時に使用する仮締めボルトは，本接合のボルトと同
　軸径のものを使用する．
5．公共建築協会「建築工事標準仕様書」（令和4年版）
　7.10.5(2)

## 12　組積工事

【問題 1】正解 5
2．公共建築協会「建築工事監理指針」（令和4年版）
　8.2.7(ウ)
　原則としてフェイスシェルの厚さの大きいほうを上にし
　て積む．

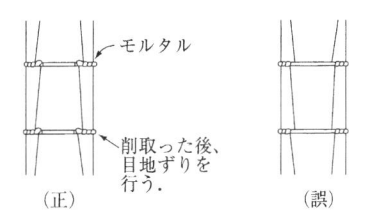

（正）　　　　　　　　　（誤）

4．公共建築協会「建築工事標準仕様書」（令和4年版）

8.2.5(1)(エ)
5．公共建築協会「建築工事標準仕様書」（令和 4 年版）
8.2.5(1)(ア)
壁縦筋に継手を設けてはならない．壁縦筋はブロック中心部に配筋し，上下端は，がりょう，基礎などに定着する．

【問題 2】正解 1
1．公共建築協会「建築工事標準仕様書」（令和 4 年版）
8.2.7(4)
ブロックの 1 日の積上げ高さは，1.6m 以下とする．
2．公共建築協会「建築工事監理指針」（令和 4 年版）8.2.10
配管は，電気配管のみを空洞部に通すこととし，上下水道，ガス管は，壁体に埋め込まないものとする．
5．公共建築協会「建築工事監理指針」（令和 4 年版）
8.2.8(4)

【問題 3】正解 5
5．建築基準法施行令第62条の 8 第七号 高さ1.2m以上の補強コンクリートブロック造の塀にあっては，原則として，基礎の丈は35cm以上，根入れの深さは30cm以上とされている．

## 13　木工事

【問題 1】正解 3
1．床に断熱層を設けた場合でも，水蒸気の放出のため床下換気は必要である．
2．JASS　11.12.2.
3．JASS　11.6.2.a．束心より150mm内外持出し腰掛けあり継ぎ・くぎ 2 本打ち．
4．JASS　11.10.2．木材の性質として，木表に向かってそる傾向があるため，敷居・かもいのみぞじゃくりを行う場合は木表にみぞをつくる．

【問題 2】正解 5
5．公共建築協会「建築工事監理指針」（令和 4 年版）12.5.2
敷居の工法は，下ごしらえの後，一方横ほぞ入れ，他方横せん打，釘打ちとし，敷居下端への間隔450mm程度にくさびをかい，釘打ちとされている．

【問題 3】正解 2
2．木裏は逆目が立ちやすく，また反りぐせを考慮し，木表を下端に使う．

【問題 4】正解 1
1．かね折り金物は，通し柱と胴差の取合い部分に用いる．

## 14　防水工事

【問題 1】正解 3
3　公共建築協会「建築工事標準仕様書」（令和 4 年版）
9.2.4(4)(イ)(C)
アスファルトルーフィング類の継目は，縦横とも100mm以上重ね合せ，原則として水下側のアスファルトルーフィングが下側になるよう張り重ねる．

【問題 2】正解 3
3．公共建築協会「建築工事標準仕様書」（令和 4 年版）
9.2.4(4)(イ)(C)
アスファルトルーフィング類の継目は，縦横とも100mm以上重ね合せる．このとき水下側のアスファルトルーフィングが下側になるよう張り重ねる．なお，絶縁工法の場合の砂付あなあきルーフィングは突付けとする．

【問題 3】正解 3
2．公共建築協会「建築工事監理指針」（令和 4 年版）
9.4.4(1)(ク)(d)
3．公共建築協会「建築工事標準仕様書」（令和 4 年版）
9.4.4
下地に接着剤を塗布する場合は，プライマーの乾燥後，ローラーばけ，くしごて等を用いて当日の施工範囲をむらなく塗布する．

【問題 4】正解 5
5．アスファルトの防水工事において，乾燥が不充分な下地に施工すると，プライマーの浸透が阻害され防水層が下地に密着しないばかりでなく，含有水分が気化してふくれを生ずる．下地は十分乾燥しなければならないが，表面が乾燥しているように見えても，コンクリート内部まで乾燥するには天候の状況によりかなり時間を要する．

## 15　左官工事

【問題 1】正解 1
1．公共建築協会「建築工事監理指針」（平成28年版）
15.2.3(a) モルタル塗り各層の調合は，下に塗る物ほど富調合にし，強度を大きくするのが原則である．
4．公共建築協会「建築工事監理指針」（平成28年版）
15.7.5(f)

【問題 2】正解 3
3．公共建築協会「建築工事標準仕様書」（令和 4 年版）
15.3.5(1)(ウ)
吸水調整剤を全面に塗る．

【問題 3】正解 4
4．公共建築協会「建築工事標準仕様書」（令和 4 年版）
15.3.4(1)
下塗りの放置期間は，乾燥収縮又は下地の挙動によるひび割れを生じさせるため，2 週間以上できるだけ長期間とるのが望ましい．

【問題 4】正解 4
4．公共建築協会「建築工事標準仕様書」（令和 4 年版）
15.3.5(1)(d)
下塗り後，モルタル表面のドライアウトを防止しなければならない．適宜水湿しを行い，乾燥を促進させることは避ける．したがって，不適当．

## 16　タイル工事・石工事

【問題 1】正解 1
1．圧着張りでの，タイルの張付けは，下地側に張付けモルタルをむらなく平らに塗りつけ，直ちにタイルを張付けて，タイルの周辺からモルタルが盛り上がるまで木づちの類を用いてたたき締める．

【問題 2】正解 1
1．公共建築協会「建築工事標準仕様書」（令和 4 年版）
11.2.6(3)

タイル張り工法と張付け材料の塗り厚

| タイルの種類 | タイルの寸法 | 工法 | 張付け材料 種類 | 塗り厚(mm) | 備考 |
|---|---|---|---|---|---|
| 内装タイル | — | 積上げ張り | モルタル | 10～20 | 1枚ずつ張り付ける |
| 内装タイル | | 壁タイル接着剤張り | 有機質接着剤 | 2～3 | |
| 内装タイル | 小口タイル以上二丁掛け以下 | 密着張り | モルタル | 5～8 | 1枚ずつ張り付ける |
| | | 改良積上げ張り | 同上 | 4～7 | 同上 |
| | | 改良圧着張り | 同上 | 下地側4～6, タイル側3～4 | 同上 |
| 内装タイル以外のユニットタイル | 25mmを超え小口タイル未満 | マスク張り | 同上 | 3～4 | ユニットごとに張り付ける |
| | 25mm以下 | モザイクタイル張り | 同上 | 3～5 | 同上 |

上表より塗り厚は，5～8mm

【問題 3】正解 5

1．公共建築協会「建築工事標準仕様書」（令和4年版）
 11.2.6(3)(イ)
2．公共建築協会「建築工事標準仕様書」（令和4年版）
 11.2.6(3)(イ)(d)
4．公共建築協会「建築工事標準仕様書」（令和4年版）
 11.2.6(1)(オ)
5．公共建築協会「建築工事監理指針」（令和4年版）
 11.2.6(4)(イ)(e)
 上部より下部へと張り進めるが，タイルのずれや目地通りが悪くならないように，一段置きに水糸にあわせて張り，その後間を埋めるようにして張る．

## 17 塗装工事

【問題 1】正解 3

3．クリヤラッカー塗りは建築物内部に造作材，建具，造り付け家具などに対する透明仕上げ塗装に用いられる．
4 公共建築協会「建築工事標準仕様書」（平成19年版）
 18.17.1 マスチック塗材は，下地が，コンクリート，モルタル，プラスター，ALCパネルの面に，塗材を多孔質のハンドローラーを用いて塗る工法に適する．
5 塩化ビニル樹脂エナメルは，コンクリート，モルタル，金属面，木部にも塗装可能である．

【問題 2】正解 2

2．合成樹脂エマルジョンペイントは，コンクリート，モルタル，プラスター，石こうボード面などに適し，木部面には使用可能であるが，金属面には使用できない．
5．塩化ビニル樹脂エナメルは，コンクリート，モルタル，金属面（耐水，耐薬品，耐摩耗性の必要なところ），木部に塗装可能である．

【問題 3】正解 2

2．合成樹脂エマルジョンペイントは，JISK5516に規定されており，合成樹脂共重合エマルジョンやラテックスをベースとして，着色顔料や体質顔料，補助剤，添加剤等を加えた水系塗料である．JISでは，1種（外部用），2種（内部用）が規定されているが，金属面には適用できない．

【問題 4】正解 3

材料による乾燥の目安

| 下地材料 | 夏期 | 春・秋期 | 冬期 |
|---|---|---|---|
| コンクリート | 21日 | 21～28日 | 28日 |
| セメントモルタル，石こうプラスター | 14日 | 14～21日 | 21日 |
| ドロマイトプラスター，しっくい | 2箇月 | 2～3箇月 | 3箇月 |

## 18 建具工事・ガラス工事

【問題 1】正解 3

1．公共建築協会「建築工事標準仕様書」（令和4年版）
 16.7.2(1)
3．外部建具の周囲充てんモルタルに用いる防水剤は，塩化カルシウムなどの金属の腐食を促進するものであってはならない．

【問題 2】正解 2

2．JASS 17.7.3.e. 解説 建築基準法施行令第126条の3によると，防煙垂れ壁は不燃材料でつくり，又は覆われたものと規定されているが，破損したときの落下防止の観点から網入又は線入板ガラスを使用しなければならない．

【問題 3】正解 1

1．JASS 16.2.5.d. 現場内に搬入した障子・襖類は種類別に立てかけておく．

## 19 内装工事・断熱工事

【問題 1】正解 1

1．公共建築協会「建築工事監理指針」（令和4年版）
 19.7.3(5)(エ)
 ボードの圧着の際，床面からの水分の吸上げを防ぐためにくさびなどを飼い，床面から10mm程度浮かして張付ける．

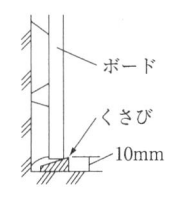

床取合の例

【問題 2】正解 3

3．公共建築協会「建築工事標準仕様書」（令和4年版）
 19.2.2(6)(イ)
 ゴム床タイルの接着剤の種類は，施工箇所に応じたものとする．一般床の場合は，合成ゴム系溶剤形の接着剤を使用するが，地下部分の最下階や玄関ホール等湿気及び水の影響を受けやすい箇所においては，エポキシ樹脂系の接着剤を使用する．

【問題 3】正解 1

1．JASS 26 .3.6.d カーペットの工法には，接着工法・グリッパー工法・置き敷き工法がある．接着工法は，接着剤によりカーペットを下地に直接固定する工法であり，全面張りと部分張りがある．グリッパー工法は，下敷き用フェルトを敷き，壁際に固定したグリッパーと呼ばれる部材のピンにカーペットを引っ掛けて固定する工法である．ニードルパンチカーペットでは接着工法のみが採用される．
2．公共建築協会「建築工事標準仕様書」（令和4年版）
 19.7.3(5)(カ)
 通気性のある仕上材の場合7日以上，通気性のない仕上材の場合20日以上放置する．石こうボードを石こう系接着剤により張りつける場合，十分乾燥させた後に仕上げを施さないとカビなどの発生により仕上げ後に支障をきたすことがある．

【問題 4】正解 5

1．公共建築協会「建築工事監理指針」（令和4年版）19.7.2(2)
 (b) 普通合板1類は，長期間の外気および湿潤露出に耐

え得る接着性を有するものであり，台所，浴室の内装床材などに用いられる．
4．住宅金融公庫　木造住宅工事共通仕様書7.2.2．農業用ポリエチレンフィルムに適合するもので，厚さ0.05mm以上のものは，防湿材として使用できる．
5．JASS 24.2.3．布基礎コンクリートの断熱工法（打込み）については，ボード状断熱材とする．

## 20　設備工事

【問題　1】正解　1
1．昭和62年建設省告示第1924号第三の一のハ　雨水配水管立て管は，汚水排水若しくは通気管と兼用し，又はこれらの管に連結しないこと．

【問題　2】正解　3
3．住宅金融公庫　木造住宅工事共通仕様書平成15年度版（全国板）給水管と排水管を平行して埋設する場合には，両配管の水平間隔をできるだけ離し，かつ，給水管は排水管の上方に埋設するものとする．また，両配管が交差する場合もこれに準じる．

【問題　3】正解　5
5．建築基準法施行令第129条の2の5第1項第三号　給水，排水その他の配管設備はエレベーターの昇降路内に設けないこと．ただし，エレベーターに必要な配管設備を除く．

【問題　4】正解　5
1．公共建築協会「機械設備工事監理指針」（平成9年版）20.3.3(c)
雨水排水のためます・マンホールには，配水管等に泥がつまらないように，底部に150mm以上の泥だめを設ける．
5．昭和56年建設省告示第1099号第2第二号　プロパンガスのような空気より重いガスの検知器は，床面からの高さが30cm以内の場所に設ける．したがって，不適当．

## 21　各種工事・総合（屋根工事・金属工事）

【問題　1】正解　1
1．公共建築協会「建築工事監理指針」（令和4年版）9.2.5(6)
防水押えコンクリートの伸縮目地の深さは，防水層の上の保護層に達するまでとしなければならない．この場合は深さ5cmとなる．
4．JASS19.3.3.2.a.(1)　躯体および下地の亀裂誘発目地の位置にタイルがあるとひび割れが発生する．このためタイル面の伸縮目地は，下地の亀裂誘発目地と一致させる必要がある．タイル面のみに伸縮目地を設けることはほとんど意味をなさない．

【問題　2】正解　4
4．公共建築協会「建築工事監理指針」（令和4年版）19.2.3(4)
縮み，幅の方向に伸びる性質があるので長めに切断して仮敷きし，24時間以上放置する．
5．HASS206.4.2.2　排水横管は，凹凸がなく，かつ適切なこう配で配管するものとし，そのこう配は管形が細いものほど急な勾配にする．

【問題　3】正解　3
1．JASS12.3.3.a　軒瓦・袖瓦・谷縁の瓦は，ずれたり，飛んだり，落下したりしやすいため，1枚ずつ全ての瓦を緊結するか釘を打って固定する．
3．スレートメーカーの標準仕様13.6.3（b）
スレートの重ねは縦方向150mm，横方向1.5山とする．
4．JASS12.2.2.a　アスファルトルーフィングまたはアスファルトフェルトの重ね幅は長手方向200mm以上，幅方向100mm以上とする．
5．JASS12.7.3.b　上はぜ15mm，下はぜ18mmの折り返しとする．

【問題　4】正解　4
1．浴室ユニット自体に防水性があるため，床の防水処置は考えなくてよい．
2．フリーアクセスフロア：支柱脚部は緩衝用ゴム付きとし振動を防止する．
3．ブラインド：窓の幅・高さを実測して工場製作した，受注生産品とする．
4．公共建築協会「建築工事標準仕様書」（平成19年版）20.2.14　ブラケットの間隔は，450mm以内とする．
5．エポキシ樹脂系接着剤：接着強度が大きく，耐水性・耐薬品性に優れる．

## 22　施工用語・施工機械器具

【問題　1】正解　5
1．工事中に支障を及ぼす地下水を，強制排水する工法の一つ．
2．中掘り工法は場所打ちコンクリート杭工法の一つで，先端開放型の杭の中に，掘削機（アースオーガー）を挿入して内部を掘削しながら杭を貫入する工法．
3．鉄筋の特殊継手の一種．
4．スライディングフォーム工法とは，サイロなどで採用され滑動型枠工法ともいう．コンクリートを継続的に打設しながら，一定速度で型枠を滑動・せり上げていく工法．
5．リバースサーキュレーションドリル工法は，場所打ちコンクリート杭工法の一つで，孔壁保護に水またはベントナイト溶液を用い，遊星機構という特殊の機構をもつ回転ビットを，地上に設置したターンテーブルで連続的に回転させて掘削する工法．削り取られた土砂は，水と一緒に逆循環方式で吸い上げられ沈殿槽で沈殿し除去される．水は掘削孔に還流し再利用する．

【問題　2】正解　3
1．アイランド工法は，中央部先行，周囲部後掘り工法で，根切り面積の広い場合適する山留め工法の一つである．
2．セメントミルク工法は，既製コンクリート杭の埋込み杭工法の中で一般的なプレボーリング工法の一つである．
3．グリッパー工法は，ウイルトンカーペットなどを固定したグリッパーのピンに引っ掛ける工法で，内装工事で用いられる．
5．トーチ工法は，改質アスファルトシート防水工事において，トーチバーナーでシートの裏面を熱して，改質アスファルトを溶融させながら下地に溶着する工法である．

【問題　3】正解　1
1．機械の接地面より低いところを掘る掘削機で，軟弱地盤等により掘削目的地に近寄れない掘削半径が大きい場合に適する機械である．
3．ディッパーを下から上に操作して掘削するショベル系掘削機．接地面より下方の掘削には向かない．
5．掘削，積込み，運搬，敷きならしなど一連の作業を同一機械で連続して行うことができる．

【問題　4】正解　2
1．ドラッグライン：土工事用掘削機．クレーンで吊ったバ

ケットを前方に投げ，たぐり寄せながら土をすくう掘削機．表土のかき取り・整地用．
2．振動コンパクター：下部についた平板を上下に小きざみに振動させて，地盤を締め固める機械．
3．油圧パイルハンマー：杭打ち機．コンクリート杭・形鋼・鋼管等を打撃によって打込む機械．ディーゼルハンマーなどがある．
4．トラッククレーン：トラックに360度旋回可能な揚重装置を搭載した移動式クレーン．
5．インパクトレンチ：圧縮空気を利用してボルトを締め付ける工具．

## 23 積算

【問題　1】正解　4
建築積算研究会制定　建築数量積算基準・解説より
1．Ⅱ躯体の部　3.2.1（9）により4％を標準とする．
2．3．Ⅱ躯体の部　4.2.1．
　　（6）鉄骨材料について，所要数量を求めるときは，設計数量に次の割増をすることを標準とする．
　　形鋼，鋼管及び平鋼5％
　　鋼板（原版）13％
　　ボルト類3％
4．5．Ⅲ仕上の部　（12）木材（4）により15％を標準とする．
　　（4）板類の木材による主仕上について，材料としての木材の所要数量を求める必要があるときは，その設計数量に次の割増率を加えたものを標準とする．
　　　　（ⅰ）板材突き付けの場合　　10％
　　　　　　実はぎの場合　　　　　　15％
　　　　　　相手じゃくり，羽重ねの場合　15％
　　　　（ⅱ）各種合板類　　　　　　15％
　　　　（ⅲ）各種フローリング類　　10％

【問題　2】正解　2
1．建築積算研究会制定　建築数量積算基準・解説　Ⅰ土工・地業の部1.2.2
2．建築積算研究会制定　建築数量積算基準・解説　Ⅲ仕上の部2.2.3.12）
造作材の所要数量は，ひき立寸法により算出する．ひき立寸法が示されていないときは，図示の長方形または正方形の辺の長さに，削り代として片面削りの場合は3mm，両面削りの場合は5mmを加えた寸法をひき立寸法とみなす．
3．建築積算研究会制定　建築数量積算基準・解説　Ⅱ躯体の部3.2.1
4．建築積算研究会制定　建築数量積算基準・解説　Ⅲ仕上の部2.2.1(a)
5．溶接数量：溶接長さ×換気率（すみ肉溶接脚長6mmの断面積が基準）

【問題　3】正解　1
1．建築積算研究会制定　建築数量積算基準・解説　Ⅲ仕上の部2.2.3.12）
造作材の所要数量は，ひき立寸法により算出する．ひき立寸法とは，所定の寸法に製材したままの寸法をいう．仕上寸法とは，かんな削り等により仕上げた寸法をいう．
2．建築積算研究会制定　建築数量積算基準・解説　Ⅱ躯体の部2.2.1(b)
型枠の数量の積算では，1箇所当たり内法面積0.5m²以下の開口部による型枠の欠除は，原則として，ないものとみなす．

3．建築積算研究会制定　建築数量積算基準・解説　Ⅱ躯体の部3.2.1
4．根切り土量：根切り面積（設計寸法プラス余幅）に根切り深さを乗じた体積を所要数量とする．
5．建具の塗装面積：建具の内法面積×塗装係数（両面フラッシュ戸…2.7，額入れ両面フラッシュ戸…2.2，引違い窓…1.5，シャッター…3.7）

【問題　4】正解　3
1．建築工事の数量積算に当たって，根切り土量や足場面積のように，設計図に示されていないものや寸法表示のないものは，施工上の余裕や必要な法勾配を見込んだ施工計画に基づいて算出する計画数量とする．建築数量積算基準．

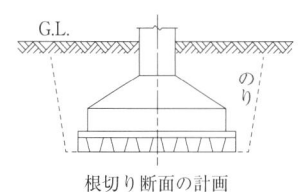

根切り断面の計画

3．鉄筋コンクリート造の鉄筋の所要数量を求めるための設計数量に対する割増率は，4％とする．建築数量積算基準．

## 24 測量

【問題　1】正解　1
1．測設は，建築工事測量で，基準点や基準線を求め，標示する作業をいう．
墨打ちが代表的なものであり，心墨，逃げ墨，陸墨，地墨，立て墨などがある．ポールは，20cm間隔に赤白に塗り分け，測定するときに目立ちやすくしてある器具で，距離測量・平板測量で使用される．
2．距離測量は，巻尺を用いて測量する．
3．平板測量は，アリダードで視準線を書く測量である．
4．水準測量は，レベルを用いて測量する．
5．トランジット測量は，水平角，鉛直角を測量する．

【問題　2】正解　2
2．平板測量は，直接現地で図示するから測り忘れがない．
4．ポールは，遠方から見分けやすいように20cm又は30cmごとに赤白に塗り分けられており，測点上に鉛直に立てて目標とするものであるが，短距離の略測にも用いられる．
5．整準とは，図板を正しく水平にすることであり，これには整準装置を用い，図板が水平であるかどうかはアリダードの気泡管を直角2方向に置いて調べる．

【問題　3】正解　3
1．平板測量の精度は，閉合比$\left(\frac{閉合誤差}{全測線長}\right)$で表わされ，測量の方法や器具の種類によって異なるが，精度の標準は，地形によって表のように示される．

平板測量の精度（閉合比）の標準

| 地形 | 精度 |
|---|---|
| 平たん地 | 1/1,000 |
| 傾斜地 | 1/500 〜 1/800 |
| 山地 | 1/300 〜 1/500 |

2．水準測量とは，敷地などの高低を測量するレベル測量であり，レベル（オートレベル含む）と標尺（箱尺ともい

う）を使って測量する．
3．気泡管は，図板を水平に設置するためのもので，アリダードに内蔵されている．
地上の測点と図板の測点を同じ鉛直線上に合わせるもの（求心）は，求心器と下げ振りを用いる．
5．放射法は，図のように，敷地内の一測点から放射線によって各測点の位置を求める方法である．作業効率がよく，測量誤差の検査もしやすくなるが，各測点が見通せない場合には適さない．

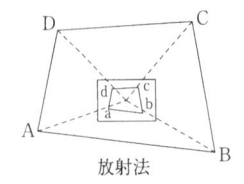

放射法

## 25 契約・仕様書

【問題 1】正解 2
2．公共建築協会「建築工事監理指針」（令和4年版）
1.仕様書は，一般的なものについて記載してある共通仕様書と，共通仕様書に記載されている選択事項の指定や特殊な材料・工法などについて記載した特記仕様書の2つに分けられ，特記仕様書は共通仕様書に優先する．

【問題 2】正解 3
3．建設工事の請負契約に記載しなければならない事項は建設業法第19条に規定されているが，その中に主任技術者の氏名及び資格に関することは含まれていない．

【問題 3】正解 5
公共建築協会「建築工事標準仕様書」（令和4年版）
1.1.1(6)
全ての設計図書は，相互に補完するものとするが，設計図書間に相違がある場合においては，設計図書の優先順位は，一般に，次の(1)から(4)の順番のとおりである．
(1) 現場説明書及び現場説明に対する質問回答書
(2) 特記仕様書
(3) 図面
(4) 標準仕様書

## 引用参考文献

＊1 「図解テキスト二級建築士［学科Ⅳ］建築施工」
　　西島一夫・蔦谷博/著（学芸出版社）
＊2 「初めての建築施工」
　　〈建築のテキスト〉編集委員会/編（学芸出版社）
＊3 「初めての建築材料」
　　〈建築のテキスト〉編集委員会/編（学芸出版社）
＊4 「わかる建築施工」森安四郎/著（学芸出版社）
＊5 「まるまる覚える建築施工」
　　建築資格試験研究会/編（学芸出版社）
＊6 「コンクリート工事のチェックポイント100」
　　加賀秀治/著（学芸出版社）
＊7 「イラストでわかる二級建築士用語集」
　　中井多喜雄・石田芳子/著（学芸出版社）
＊8 「イラストでわかる建築施工管理用語集」
　　中井多喜雄・石田芳子/著（学芸出版社）

## その他引用参考文献

「最新建築施工」新版（技報堂出版）
「建築工事標準仕様書（JASS5）」日本建築学会
「型枠の設計・施工指針（案）・同解説」日本建築学会
「建築基礎構造設計指針」日本建築学会
「建築施工」脇山広三・高橋尚/監修（実教出版社）
「建築工事監理指針」公共建築協会
「建築工事標準仕様書」公共建築協会

◆執筆者紹介
*福田健策
1948年生まれ，工学院大学専門学校建築科卒業，一級建築士，スペースデザインカレッジ所長，株式会社KAI代表取締役．住宅設計，店舗デザイン，家具デザインなど数多くの設計・デザイン業務を手がけるとともに，建築士・インテリアデザイナーを養成する学校を主宰する．著書に『二級建築士製計製図の基本』『〈専門士課程〉建築計画』『〈専門士課程〉建築法規』『〈専門士課程〉建築構造』などがある．

*渡邊亮一
1959年生まれ，東京工芸大学工学部建築学科卒業，一級建築士，住宅性能評価員，スペースデザインカレッジ講師，渡邊設計室主宰．住宅建築を中心に，数多くの設計業務を手がけるとともに，新築住宅の性能評価検査にも携わる．著書に『〈専門士課程〉建築法規』がある．

第二版 〈専門士課程〉建築施工

2004年3月30日　第1版第1刷発行
2018年2月20日　改訂版第1刷発行
2023年2月20日　改訂版第3刷発行

著　者　福田健策・渡邊亮一
発行者　井口夏実
発行所　株式会社　学芸出版社
　　　　京都市下京区木津屋橋通西洞院東入　〒600-8216
　　　　tel 075-343-0811　　fax 075-343-0810
　　　　http://www.gakugei-pub.jp
組版　立生
印刷　イチダ写真製版
製本　山崎紙工
装丁　前田俊平
　　　　　　　　　　　　　　　　　　　　Ⓒ福田健策・渡邊亮一 2004
　　　　　　　　　　　　　　　Printed in Japan　ISBN 978-4-7615-2333-6

JCOPY 〈(社)出版者著作権管理機構委託出版物〉
本書の無断複写は著作権法上での例外を除き禁じられています．複写される場合は，そのつど事前に，(社)出版者著作権管理機構（電話03-5244-5088，FAX 03-5244-5089，e-mail: info@jcopy. or. jp）の許諾を得てください．
また本書を代行業者等の第三者に依頼してスキャンやデジタル化することは，たとえ個人や家庭内での利用でも著作権法違反です．

## 図説 やさしい建築法規

今村仁美・田中美都 著
B5変判・224(2色176)頁・定価3360円(本体3200円)⑤　　ISBN978-4-7615-3156-0〔2007〕

●建築基準法は年々複雑となり、関連法規も新たに加わることで、法規学習のハードルは高くなったと感じる初学者が多い。建築士試験や実務遂行でも、つまづくことが増えていることを実感する声も多い。簡潔な文とイラスト主体で説明した、二級建築士受験レベルの法規解説書。重要ポイントは青刷、ゴシック書体で強調!

## 図説 やさしい建築環境

辻原万規彦 監修／今村仁美・田中美都 著
B5変判・144(2色刷、うちカラー8)頁・定価2940円(本体2800円)⑤　　ISBN978-4-7615-2476-0〔2009〕

●難しいという印象がある、光、温熱、空気、音、地球の『建築環境工学』分野。イラストを多用して、内容をイメージからつかめるように構成したテキスト誕生。環境分野を身近に捉え、基本が確実に理解できるよう工夫した。建築士受験レベルにも対応させ、重要ポイントは青刷やゴシック体で強調、章末にはまとめ問題を付けた。

## 図説 やさしい建築材料

松本　進 著
B5変判・160頁・定価2730円(本体2600円)⑤　　ISBN978-4-7615-2417-3〔2007〕

●建築材料の発展は、建築の歴史そのものといえ、建築様式に多大な影響を与えている。現在では工業製品として流通し、多種多様な広がりを見せている。本書では、三つの主な構造材料(木材、コンクリート、鉄鋼)を軸に、各種の仕上材料から塗料、接着剤に至るまで、図やイラストを通じて、初学者にも学べるように工夫している。

## 図説 やさしい建築一般構造

今村仁美・田中美都 著
B5変判・192(2色160)頁・定価2940円(本体2800円)⑤　　ISBN978-4-7615-2477-7〔2009〕

●材料、骨組み、構造形式、各部の名称としくみなど、建築物の構造の基本を初学者にも容易に理解できるよう工夫されたテキスト。木構造、鉄骨造、鉄筋コンクリート造の3つを中心に、その他の構造、基礎、下地と仕上げの各分野を、イラストを多用してイメージをつかみ理解を深めるように構成した。建築士受験レベルにも対応。

## 図説 やさしい構造設計

浅野清昭 著
B5変判・200頁・定価2940円(本体2800円)⑤　　ISBN978-4-7615-2392-3〔2006〕

●高等数学や物理をきちんと理解できていない人に向け、難しい数式はできるだけ使わずに解説した、建築構造設計初学者のための入門教科書。手描きによるイラストで図解し、丁寧な解説をこころがけ、複雑な内容をできるかぎりわかりやすく工夫した。例題をとおして設計法の理解をはかり、〈手順〉どおりにやれば誰でも解ける。

## 図説 やさしい構造力学

浅野清昭 著
B5変判・192頁・定価2730円(本体2600円)⑤　　ISBN978-4-7615-2349-7〔2004〕

●数学や物理はよく理解できていないけれども、初めて、あるいはもう一度、構造力学を勉強しなければならない人に向けた入門教科書。すべてを手描きによるイラストで図解し、丁寧な解説をこころがけ、〈手順〉どおりにやれば誰でも解けるように構成を工夫した。二級建築士の資格試験(一級建築士レベルの基礎的学習)に対応。

## カラー版 図説 建築の歴史　西洋・日本・近代

西田雅嗣・矢ヶ崎善太郎 編
B5変判・184頁・定価3240円(本体3000円)⑤　　ISBN978-4-7615-3207-9〔2013〕

●西洋建築史・日本建築史・近代建築史を、68のテーマで様式別に整理した定番の1冊、待望のオールカラー化。臨場感溢れる鮮やかなカラー写真から、国・時代の多様さを感じながらも、精細なイラストも豊富に盛り込み、複雑な様式や空間構成が一目で理解できるよう工夫を凝らした。歴史を体系的に理解できるコンパクトな一冊。

## 図とキーワードで学ぶ 建築設備
飯野秋成 著
B5変判・192(2色160)頁・定価2940円(本体2800円)⑤　　ISBN978-4-7615-2498-2〔2010〕
●設備総論、空気調和設備、給排水・衛生設備、電気設備、省エネルギー技術、消防・防災・バリアフリー設備、そして設備図面の描き方について、図とキーワードで解説した。さらに、資格試験に出された問題を取り入れ、理解チェックを図れるよう工夫した。建築設備の基本知識が体系化され、その面白さが実感できるテキスト。

## 一目でわかる建築計画　設計に生かす計画のポイント
青木義次・浅野平八 他著
B5判・200頁・定価2835円(本体2700円)⑤　　ISBN978-4-7615-2290-2〔2002〕
●設計に必要な計画の基本が一目でわかるよう、悪い例とその解決策を並べて示した画期的テキスト。全編を通じ、建築全般および各種施設を設計する際、気をつけたいことや犯しやすいミスなどを明快なイラストで表現し、何が問題で、どうすればよくなるかが直感的に理解できるよう構成した。すぐに役立つ計画・設計のノウハウ集。

## 建築製図 基本の基本
櫻井良明 著
A4変判・128(2色96)+折図16頁・定価3360円(本体3200円)⑤　　ISBN978-4-7615-3189-8〔2010〕
●初めて建築製図を学ぶ人のテキスト。縮尺1／100図面を1／50の大きさで描くことで、基本となる描き方やルールがしっかり身につく。各種図面は作図手順を丁寧に示し、他図面と関連付けて解説することで、理解しながら図面が描ける。屋根、開口部は特に丁寧に説明して、演習課題も随所に入れることで作図力アップも目指した。

## 名作住宅で学ぶ建築製図
藤木庸介 編著
A4変判・96頁(折図4頁)・定価2940円(本体2800円)⑤　　ISBN978-4-7615-2438-8〔2008〕
●篠原一男「白の家」など、建築デザインとしても魅力的である日本の近代名作住宅を題材にした、製図演習のための学習テキスト。建築家の生い立ちや、作品写真などの参考資料により、製図と実際の建築の関係性をより密に捉えることができる。設計のための基礎体力づくりを目的とした、意欲的に学びたい学生のための一冊。

## 新しい建築の製図
「新しい建築の製図」編集委員会 編
A4変判・128(カラー8、2色32)+折図16頁・定価2520円(本体2400円)⑤　ISBN978-4-7615-2375-6〔2005〕
●初めて学ぶ人に最良のテキスト。初学者から実務に携わる建築技術者まで、さらには建築士試験の製図受験者にも役立つよう、基本事項を網羅した。木造2課題(平家・2階建)、RC造2課題(ラーメン+壁式)、S造1課題で、それぞれの基本図面をJIS建築製図通則に準拠して描いた。描き方のプロセスも、2色刷でわかりやすく説明した。

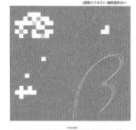

## 初めて学ぶ建築製図　2色刷ワークブック
〈建築のテキスト〉編集委員会 編
A4変判・112頁(2色刷)・定価2730円(本体2600円)⑤　　ISBN978-4-7615-2448-7〔2008〕
●木造2階建住宅と鉄筋コンクリート造2階建会館、鋼構造2階建専用事務所を題材に、初めて建築図面を描く場合の基本事項を、プロセスを踏みながら分かりやすく解説。平面図に始まり、断面図・立面図・かなばかり図・伏図・軸組図・詳細図など各種図面の作図手順を色分けして示し、一つ一つ確実に描き方を習得できるよう工夫。

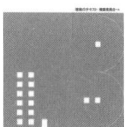

## 新装版 初めての建築製図　2色刷ワークブック
〈建築のテキスト〉編集委員会 編著
A4変判・112頁(2色刷)・定価2940円(本体2800円)⑤　　ISBN978-4-7615-2398-5〔2007〕
●木造2階建住宅と鉄筋コンクリート造2階建専用事務所を題材に、はじめて建築図面を描く場合の基本事項をわかりやすく解説した。平面図からはじまり、断面図・立面図・かなばかり図・伏図・軸組図・詳細図など、各種図面の作図順序を4〜8のプロセスにわけ、それぞれを色刷で示すことで迷わず描き進めるよう工夫をほどこしている。